Jan Fleischhauer, geboren 1962 in Hamburg, studierte Literaturwissenschaft und Philosophie. Nach dreißig Jahren beim »Spiegel«, wo
er unter anderem als Berliner Büroleiter und Wirtschaftskorrespondent
in New York tätig war, wechselte er im Sommer 2019 zum »Focus«.
Seine Kolumnen, die unter dem Titel »Der schwarze Kanal«
erscheinen, gehören regelmäßig zu den meistgelesenen
Meinungsartikeln in Deutschland. 2009 erschien der Bestseller
Unter Linken. Von einem, der aus Versehen konservativ wurde,
2017 sein Trennungs-Buch *Alles ist besser als noch ein Tag mit dir,*
das ebenfalls auf die Bestsellerliste gelangte

How dare you! in der Presse:

»Sind sich alle einig, schert Fleischhauer garantiert aus der Reihe:
Er legt den Finger in die Wunde und kämpft für das Recht auf eine
eigene Meinung – auch wenn diese mitunter weh tut.«
Rhein-Neckar-Zeitung

»Böse Geistesblitze, schärfste Ironie.«
BR2 »Jazz&Politik«

Außerdem von Jan Fleischhauer lieferbar:
Alles ist besser als noch ein Tag mit dir

Jan Fleischhauer

How dare you!

Vom Vorteil, eine eigene Meinung zu haben,
wenn alle dasselbe denken

PENGUIN VERLAG

Penguin Random House Verlagsgruppe FSC® N001967

1. Auflage 2022
Copyright © dieser Ausgabe 2022 by Penguin Verlag, München,
in der Penguin Random House Verlagsgruppe GmbH,
Neumarkter Str. 28, 81673 München
Copyright © 2020 der Originalausgabe by Siedler Verlag, München
Covergestaltung: Favoritbüro, München
Autorenfoto: © Robert Brembeck
Satz: Greiner & Reichel, Köln
Druck und Bindung: GGP Media GmbH, Pößneck
Printed in Germany
ISBN 978-3-328-10808-5

www.penguin-verlag.de

Inhalt

»Denn es hat sich herumgesprochen, dass das Unglück nicht entsteht wie Regen, sondern von etlichen gemacht wird, welche ihren Vorteil davon haben.«

Bertolt Brecht, *Die heilige Johanna der Schlachthöfe*

Über Glanz und Elend des Kolumnisten:
Ein Vorwort

Die meisten Journalisten wollen, dass man sie mag. Sie wünschen sich, dass ihre Kollegen nicht schlecht über sie denken. Wenn ausnahmsweise doch jemand einmal schlecht über sie denkt, soll er wenigstens nicht schlecht über sie reden. Werden sie gefragt, wo sie politisch stehen, wählen sie einen Platz links der Mitte. Das ist der Ort, an dem auch die Mehrheit von ihnen steht.

Für meinen Beruf sind das schlechte Voraussetzungen. Wer den Job des Kolumnisten ernst nimmt, macht sich nicht beliebt. Es hagelt regelmäßig Eingaben an die Chefredaktion. Eine Reihe von Kollegen schaut misstrauisch auf das, was man macht. Entweder gilt man als überbezahlt oder als überschätzt. In jedem Fall aber als entbehrlich.

Das Dasein als Kolumnist hat Vorzüge. Man kann arbeiten, wo man will. Niemand verlangt von einem, jede Woche an Redaktionssitzungen teilzunehmen oder seine Zeit in Telefonaten mit Politikern zu vertrödeln. Man kommt notfalls ohne lästige Recherche aus. Um sich eine Meinung zu bilden, reicht die Zeitungslektüre. Man darf sogar zu allem seine Meinung äußern. Wer allerdings darauf spekuliert, dass einen die Menschen ins Herz schließen, sollte sich eine andere Beschäftigung suchen.

Es gibt Fans, sicher. Anders wäre es ja auch nicht auszuhalten. Aber auf jeden Fan kommt ein Hater. Ich will mich nicht beklagen, um Gottes willen. Ich lebe von den Menschen, die mich zum Teufel wünschen, und zwar mindestens genauso wie von denjenigen, die mich zu schätzen wissen. Wenn ich einen Hinweis absetze, dass eine neue Kolumne erschienen ist, können viele Leute dem Impuls nicht widerstehen, einmal nachzuschauen, was ich diese Woche wieder angestellt habe. Sie haben sich fest vorgenommen, keine Kolumne von mir mehr zu lesen. Aber dann sehen sie eine Überschrift, die sie aufregt, und, wusch, sind sie wieder dabei. Man nennt das masochistisches Lesen. Ich bin davon ein großer Profiteur.

Was macht eine gute Kolumne aus? Man muss sich, zumindest kurzzeitig, aufregen können. Wer alles mit der Gelassenheit eines buddhistischen Mönchs betrachtet, wird niemals einen Satz schreiben, der Schwung und Kraft hat. Es ist zweifellos auch hilfreich, wenn man so formuliert, dass die Leute nicht den Eindruck haben, sie wären im Proseminar oder in der Kirche. Es ist wie überall im Leben: Humor und die Fähigkeit zur Selbstironie, und sei diese nur vorgetäuscht, erleichtern die Sache. Dazu sollte ein Gedanke kommen, den noch nicht alle gefasst haben. Letzteres klingt wie eine Selbstverständlichkeit, ist aber nach meiner Beobachtung eine Voraussetzung, auf die weniger Menschen in meinem Gewerbe Wert legen, als man annehmen sollte.

Jeder Journalist hat seine Vorbilder. Zu meinen gehört der österreichische Autor Anton Kuh. Von Kuh stammt der Satz: »Warum sachlich, wenn's auch persönlich geht?« Damit lässt sich arbeiten.

Der Journalist solle sich mit nichts gemein machen, auch nicht mit einer guten Sache, lautet ein Rat, der angehenden Journalisten in Seminaren gegeben wird. Der einfachste Weg, dieser Empfehlung gerecht zu werden, ist, es sich mit Leuten, auf die es ankommt, zu verscherzen. Das wäre, wenn Sie so wollen, die Kombination aus Satz eins und zwei. Also angewandter Anton Kuh.

Eine nahezu todsichere Methode, Distanz zwischen sich und anderen zu schaffen, ist die Beleidigung. Als Stilform ist die Beleidigung etwas in Verruf geraten, zu Unrecht, wie ich meine. Einige meiner liebsten Journalisten waren große Beleidiger. Karl Kraus hatte am Ende nicht nur seine Leserschaft so weit dezimiert, dass er die »Fackel« einzeln austragen konnte, auch die Zahl der Menschen, die ihn auf der Straße noch grüßten, war überschaubar. Kurt Tucholsky, Alfred Kerr, Alfred Polgar – sie alle waren Meister der Boshaftigkeit. Das macht es ja bis heute auch so vergnüglich, sie zu lesen. Eines der Projekte, das auf meiner Liste unerledigter Aufgaben steht, ist ein Kompendium der schönsten Verbalinjurien. Titel: »Die Beleidigung durch die Jahrhunderte – wie man sich andere gekonnt zum Feind macht«.

Heinrich Heine über Alexandre Dumas: »Der Kopf von Dumas gleicht einem Gasthof, wo manchmal gute Gedanken einkehren, die sich dort aber nicht länger als eine Nacht aufhalten; sehr oft steht er leer.« Jean Cocteau über Jean Anouilh: »Er hat eine neue Mätresse? Unmöglich – bei dem schläft doch nur das Publikum.« Hans Wollschläger über Gabriele Wohmann: »Gabriele Wohmann oder: Mein Psychoanalytiker hat gesagt, ich solle mehr schreiben.« Sie ahnen, worauf es hinausläuft.

Es gilt als unfein, über andere in herabwürdigender oder abwertender Absicht zu schreiben. Das könne man doch nicht sagen, heißt es dann, das gehe zu weit. Dem würde ich erstens mit dem Kabarettisten Werner Finck entgegenhalten: Da, wo's zu weit geht, fängt die Freiheit erst an. Außerdem steht die Spottlust am Anfang der Aufklärung, um mal ins hohe Fach zu greifen. Insofern sehe ich mich hier ganz in demokratischer Tradition.

Der Freiheitsgrad einer Gesellschaft lässt sich ziemlich genau daran bemessen, wie die Obrigkeit mit Leuten umspringen darf, die nach ihrem Geschmack zu frech und zu aufsässig zu sind. Nicht mehr im Gefängnis schmoren zu müssen, wenn sich einer auf den Schlips getreten fühlt, ist eine der großen Errungenschaften der Moderne. Es ist noch nicht so lange her, da reichte ein falscher Satz, um sich seine Karriere und auch seine Gesundheit zu zerstören. Dem Rechtsanwalt William Prynne ließ der englische König Karl I. wegen einer Theaterkritik beide Ohren vom Kopf säbeln. Die angebliche Beleidigung waren vier Worte, die Königin Henrietta als Anspielung auf sich verstanden hatte: »Schauspielerinnen sind gewohnheitsmäßige Huren.« Die Königin hatte kurz nach Erscheinen von Prynnes Kritik eine Rolle in einer dramatischen Darstellung am Hof übernommen. Bad timing, wie man so schön sagt.

Bei der üblen Nachrede kommt es, wie bei allen Stilformen, auf Witz und Originalität an. Die beste Form wird verhunzt, wenn Stümper sich daran versuchen. »Blödmann« oder »Idiot«, das kann jeder, dazu muss man nicht viel im Kopf haben. Aber die treffende Abwertung, die wirklich schmerzt, die verlangt den Könner. Mein Kollege Henryk M. Broder stand einmal vor Gericht, weil er über eine Kulturmoderatorin des ZDF gesagt hatte, sie halte beim Reden den Kopf immer leicht schräg, damit sich die Gedanken auf einer Seite sammeln könnten. Das nenne ich eine gelungene Beleidigung. Die arme Frau wollte diese Gemeinheit nicht hinnehmen und zog vor das Landgericht in Düsseldorf, das ihr 10000 Euro an Schmerzensgeld zusprach. Zum Glück für Leute wie mich kassierte das Oberlandesgericht die Entscheidung wieder. Am Ende musste Broder 40 Prozent der Gerichtskosten tragen, was für ihn viel Geld war, für die Verteidigung der Meinungsfreiheit aber ein akzeptabler Preis ist, wie ich finde.

Die wahre Kunst ist die Beleidigung nach oben. Menschen herabzusetzen, die ohnehin schon klein sind, ist billig. Das schönste Spottwort ist nichts wert, wenn das Urteil über denjenigen, dem man es verpasst, längst gefallen ist. Leider herrscht auch hier in Deutschland ein unseliger Hang zum Herdentrieb. Wir sind inzwischen wahnsinnig empfindlich bei jeder Form der Diskriminierung, worunter bereits die vermutete Diskriminierung fällt. Undenkbar, dass jemand heute noch eine Kolumne schreiben könnte, die »100 Zeilen Hass« heißt. Auch Karl Kraus hätte in unserer diskriminierungsaversen Zeit einen schweren Stand. Aber wenn einer dann mal zum Abschuss freigegeben ist, arbeiten sich alle an ihm ab.

Ich versuche mich beim Schreiben an zwei Regeln zu halten. Die eine Regel habe ich von Harald Schmidt übernommen: »Keine Witze über Leute, die weniger als 10 000 Euro im Monat verdienen.« Ich kann nicht garantieren, dass ich dem immer gerecht werde. Aber ich bemühe mich. Die andere lautet: Kein böses Wort über Leute, die ohnehin schon am Boden liegen.

Wenn alle sich in ihrem Verdammungsurteil einig sind, braucht es nicht noch einen Kommentar von mir, der den Geschlagenen ein weiteres Mal trifft. Im Zweifel ergreife ich für den in Bedrängnis Geratenen lieber Partei, wenn es sonst schon keiner tut. Als alle über Jürgen Trittin herfielen, weil er als AStA-Aktivist in Göttingen mal einen Aufruf unterschrieben hatte, indem die Freigabe von Sex mit Kindern gefordert wurde, habe ich mich hingesetzt und eine Kolumne verfasst, weshalb ich es niederträchtig finde, Leute an 40 Jahre alten Zitaten aufknüpfen zu wollen. Ich würde mich auch vor Claudia Roth oder Katrin Göring-Eckardt stellen, wenn ich den Eindruck hätte, dass sich halb Mediendeutschland gegen sie zusammenrottet. Die Parteizugehörigkeit ist dabei für mich zweitrangig. Man sollte den Anwendungsfall für seine Prinzipien nicht danach ausrichten, ob er einem politisch genehm ist. In der Hinsicht denke ich ganz konservativ.

Manchmal treffe ich auf die Opfer meiner Texte, das lässt sich nicht immer vermeiden. Ich versuche, Politikern aus dem Weg zu gehen. Ich hänge nicht auf Partys herum, auf denen sie verkehren. Ich bin auch nicht Mitglied in irgendwelchen Hintergrundkreisen.

Ich kenne mich: Ich bin durch Nähe absolut korrumpierbar. Bei »Maybrit Illner« bin ich einmal auf Katja Kipping gestoßen, die langjährige Vorsitzende der Linkspartei. Nach der Talkshow standen wir noch etwas beisammen und tranken ein Glas Wein. Wir haben über die Probleme bei der Kindererziehung geplaudert. Ich fand sie sehr nett, außerdem sieht sie für eine Politikerin fabelhaft aus. Ich weiß, das darf man nicht schreiben, weil es als sexistisch gilt. Aber meine Kolumne heißt aus gutem Grund »Der schwarze Kanal«, manchmal muss das auch Vorteile haben. Wenn ich das nächste Mal über Katja Kipping schreiben müsste, würde es mir schwerfallen, etwas Boshaftes zu schreiben. Sie sehen das Problem: Würde ich ständig Politiker oder andere wichtige Menschen treffen, bliebe irgendwann niemand mehr übrig, über den ich noch einen wahren Satz zu Papier bringen könnte.

Trotzdem kommt es natürlich hin und wieder vor, dass ich auf Leute stoße, über die ich schon mal hergezogen habe. Einige Monate nach dem Zusammentreffen mit Katja Kipping saß ich mit Heiko Maas und der AfD-Vorsitzenden Alice Weidel bei »Maischberger«. In dem Fall hatte ich mich über beide gerade lustig gemacht, bei Maas über seine Hemden, seine Freundin und seine politische Geschniegeltheit – bei Weidel über ihre dünnen Nerven. Die Sache ging glimpflich aus. Die beiden zogen es vor, einfach so zu tun, als sei nichts vorgefallen. Der gemeinsame Wein nach der Sendung fiel allerdings flach.

Ich glaube, hier liegt ein Grund, warum viele Journalisten Mühe haben zu schreiben, was sie wirklich denken. Wer damit rechnen muss, demjenigen, über den er sich abfällig äußert, morgen wieder zu begegnen, neigt dazu, milder zu urteilen. Die amerikanische Kultursoziologin Phillipa Chong hat ein Buch über die Literaturkritikszene in den USA veröffentlicht. Alle, mit denen sie redete, äußerten sich im privaten Gespräch sehr viel kritischer über die von ihnen rezensierten Bücher, als sie das zuvor in ihren Artikeln getan hatten. Chong führt die Zurückhaltung beim öffentlichen Qualitätsurteil darauf zurück, dass die Literaturszene sehr überschaubar ist und man sich Ärger ersparen will. Kritiker und Kritisierte gehören meist der gleichen sozialen Gruppe an. Früher oder später laufen sie sich wieder über den Weg. Ich glaube, das lässt sich auch auf den Politjournalismus übertragen. Die Zeit, als Journalisten stolz darauf waren, dass Politiker sie als »Scheißpack«, »Pinscher« und »Fünf-Mark-Nutten« beschimpften, sind vorbei. Klar, alle sind irgendwie kritisch. Aber die Kritik ist so kalibriert, dass man sich beim »Stern«-Fest oder beim Sommerfest der SPD dann wieder zuprosten kann, und sei es mit einem falschen Lächeln im Gesicht.

Die Anpassungsfähigkeit nach innen wird mit der Zurschaustellung der Aggressivität von außen kompensiert. Inzwischen ist es üblich geworden, Beschimpfungen wie ein Ehrenabzeichen zu tragen. Jeder und jede halbwegs begabte SchreiberIne kann heute eine Latte an Mails vorweisen, in denen er oder sie wüst angegangen wird. Eine Zeit lang war es üblich, vor Publikum auf »Hate Slams« die schlimmsten Stellen vorzulesen. Mich hat diese Art von Spektakel immer skeptisch gestimmt. Es erinnert mich an Flagellanten, die ihre Wunden ausstellen, um besondere Glaubensstärke zu demonstrieren.

Haben sich die Reaktionen der Leser über die Jahre verändert? Ich würde sagen: ja. Am Anfang, als ich bei »Spiegel Online« mit dem »Schwarzen Kanal« startete, gab es zu 90 Prozent Beschimpfungen. Dem ersten Kolumnenband, der alle Texte aus dem Anfangsjahr versammelte, hängte ich statt eines Nachworts ein Kompendium der Protestnoten der Ge- und Betroffenen an. Ich fürchte, es waren die am meisten gelesenen Seiten.

Inzwischen halten sich Lob und Ablehnung die Waage. Mit jedem empörten Aufschrei erreicht mich auch eine Aufmunterung. Ich führe das auf die steigende politische Spannung in der Gesellschaft zurück. Offenbar haben die Leser, die mir zustimmen, den Eindruck, sie müssten mir etwas Nettes schreiben, damit ich durchhalte. Genauso steht es denn auch in vielen Zuschriften: »Halten Sie durch!«

Mir wird oft nachgesagt, ich sei Provokateur. Das ist ein Missverständnis. Ich will nicht provozieren. Ich würde nie etwas schreiben, von dem ich nicht überzeugt bin, zumindest zu 51 Prozent. In dem Punkt halte ich mich an Rudolf Augstein, dem ich meine erste Festanstellung verdanke. Wenn das, was ich schreibe, eine Provokation darstellt, dann vor allem in dem Milieu, in dem ich mich bewege, also unter Journalisten und Journalistinnen sowie den Menschen, die in den deutschen Großstadtvierteln zu Hause sind, in denen der Anteil von Grünen-Wählern seit Jahren verlässlich bei über 40 Prozent liegt.

Es gibt zwei Sätze von Rudolf Augstein, die ich mir gemerkt habe. »Die Hand, die den Wechsel fälscht, darf nicht zittern«, lautet einer der beiden. Wer heute Chefredakteure reden hört, muss den Eindruck haben, dass sie kurz davor stehen, ins Schloss Bellevue einzuziehen. Der Satz von Augstein erinnert daran, dass mein Berufsstand auch immer etwas Schillerndes und Halbseidenes hatte. Über Journalisten, die vor Bedeutung nicht laufen können, hätte Augstein nur den Kopf geschüttelt.

Anlässlich des zehnten Todestags des Herausgebers hat der »Spiegel« Teile seines Briefverkehrs mit Helmut Schmidt veröffentlicht. Darin findet sich ein Schreiben, in dem Augstein auf den Vorwurf antwortet, der »Spiegel« würde Einseitigkeit und Häme fördern. Was der »Spiegel« leiste, lasse sich nun einmal nicht »nach dem Muster der Kollegen bei der ›Süddeutschen Zeitung‹ und der ›Zeit‹ bewerkstelligen«: »Das sind piekfeine Leute, und piekfein sind wir nicht.« Für mich einer der Gründe, warum ich mich beim »Spiegel« immer wohlgefühlt habe.

Der andere Augstein-Satz, den ich mir gemerkt haben, um ihn bei passender Gelegenheit zu zitieren, lautet: »Das Schwert der Guillotine darf nicht zu kurz sein.« Der Satz fiel in einem Gespräch über einen Artikel von mir, der gegen einen Mann ging, bei dem man sich zweimal überlegen musste, ob man ihn sich zum Feind machen wollte. Jemand hatte den Verleger über den Vorgang unterrichtet. Also rief er mich an, um sich ins Bild setzen zu lassen. »Natürlich drucken wir den Text«, sagte Augstein. Ich besaß die Geistesgegenwart zu fragen, ob denn auch in der vorgesehenen Länge. Jeder Artikel lässt sich durch Kürzungen vernichten. Darauf nahm er den Abstecher in die Französische Revolution. Woraus man zweierlei lernen kann: Neben der Distanz kann eine gewisse Kaltblütigkeit nicht schaden. Und man sollte sich, wie Augstein, einen Sinn für historische Proportionen bewahren.

Ich wollte immer möglichst viele Menschen erreichen. Deshalb habe ich nach der Journalistenschule auch in Hamburg beim »Spiegel« angeheuert, von dem es hieß, dass er seine Redakteure verheize, und nicht bei einer kleinen, aber feinen Zeitung mit einem garantiert diskriminierungsfreien Klima. Wenn man mir die Wahl zwischen einer Kapelle und einer Großkirche lässt, entscheide ich mich immer für die große Bühne. Ich dachte am Anfang, alle würden so denken. Aber da habe ich mich geirrt. Den meisten meiner Kollegen ist der Applaus ihrer Umgebung wichtiger als der publikumswirksame Auftritt.

Der Leser spielt, anders als man vielleicht vermuten sollte, auf Redaktionskonferenzen oft nur eine marginale Rolle. Die erste Frage, die sich viele Journalisten stellen, lautet: Was werden die Kollegen über meinen Text denken? Der mit der SPD-Berichterstattung betraute Redakteur hat vor allem die anderen mit der SPD-Berichterstattung betrauten Redakteure im Blick, der für die CDU zuständige Redakteur den Kreis der CDU-Kenner. Da den Experten andere Dinge interessieren als den

Laien, verschiebt sich der Fokus der Berichterstattung: vom Allgemeinen aufs Spezielle und vom Außergewöhnlichen aufs Detail, mit dem man unter Seinesgleichen glänzen kann. Im Prinzip gilt das für alle Themengebiete, bei denen sich ein Spezialistentum herausbildet: Die Feministin richtet sich mit ihren Texten vornehmlich an andere Feministinnen, die Klimawandelwarner*in an die anderen Klimawandelwarner*innen, der Nazijäger an die Gemeinde der Nazijäger.

Das Internet hat die Dinge nicht zum Besseren gewendet. Tatsächlich verstärkt es die Tendenz zum Peer-Group-Denken. Das ist ein interessantes Paradox, weil die Netzpioniere ja mit dem Versprechen angetreten waren, auch denen eine Stimme zu geben, die vorher vom Diskurs ausgeschlossen waren. Von diesem basisdemokratischen Anspruch lebt das Internet bis heute. Nichts bewirtschaften die sogenannten Netzaktivisten so erfolgreich wie den Mythos des freien Meinungsaustausches, mit kaum etwas sind sie so schnell zur Hand wie dem Vorwurf der Zensur. Die Wahrheit ist: Jeder kann seine Meinung sagen, aber nicht alle sollen es können dürfen. Sobald es ernst wird mit Meinungsfreiheit und Pluralität, werden übergeordnete Argumente ins Feld geführt, um diese zu suspendieren: der Kampf gegen Rechts. Der Kampf gegen das Virus. Der Kampf gegen den Hass. Irgendein Kampf findet sich immer.

Um Missverständnissen vorzubeugen: Ich wäre der Letzte, sich über das Internet zu beklagen. Ich verdanke dem Netz meine Bekanntheit als politischer Autor. Es wäre vor zehn Jahren völlig undenkbar gewesen, dass mir jemand im »Spiegel« eine wöchentliche Kolumne gegeben hätte. Dass es auf »Spiegel Online« dazu kam, ist, neben meiner Beharrlichkeit, der Tatsache geschuldet, dass damals kaum jemand im Mutterhaus die Onlinewelt wirklich ernst nahm. Ich war lange Zeit auch einer der ganz wenigen »Spiegel«-Redakteure, die regelmäßig für die Onliner schrieben. Irgendwann hatten sich die Dinge dann umgedreht. Über zwölf Millionen Klicks im Jahr ist eine Zahl, die selbst den netzskeptischsten Chefredakteur nachdenklich stimmt.

Warum fällt es gerade Journalisten so schwer, andere Meinungen zu ertragen? Niemand verlangt ja, dass sie diese teilen. Sie dürfen sogar an prominenter Stelle vehement widersprechen, dafür gibt es unzählige Debattenplätze. Aber schon die Aussicht, auf jemanden zu stoßen, der ganz anderer Meinung ist, führt bei einigen dazu, dass sie Milieuschutz verlangen.

Ich glaube, in Wahrheit sind viele Medienleute eher ängstliche Naturen. Nur weil jemand in Texten kräftig hinlangt, bedeutet das nicht, dass er auch im persönlichen Kontakt mutig wäre.

Die sozialen Medien haben einen eigenartigen Effekt auf Menschen. Alles tritt klar und ungeschminkt hervor: die Eitelkeit, die Rechthaberei, der Narzissmus. Jemand schreibt etwas Nettes, und das Erste, was derjenige, der gelobt wurde, tut, ist, alle daran teilhaben zu lassen, wie großartig ihn jemand anderes gefunden hat. Noch erstaunlicher ist allenfalls das maßlose Cheflob. Der Politikchef hat einen Text geschrieben, auf den er erkennbar stolz ist, und die Korrespondentin im Außenbüro twittert ergriffen, dass sie selten etwas so Weitsichtiges und Kluges gelesen habe, ja, dass sie bei der Lektüre beinahe habe weinen müssen, worauf der Politikchef dieses mit einem Herzchen versieht und seinerseits retweetet. Früher hätte das als Gipfel der Peinlichkeit gegolten, heute geht das als normaler Netzbeitrag durch.

Ich bin immer wieder überrascht, wenn ich sehe, wie Leute im Netz die Nerven verlieren und sich in wüsten Streitereien verzetteln. Es ist wie in einem Dorf, in dem die Dorfältesten peinlich genau darauf achten, dass niemand gegen die Dorfregeln verstößt. Es gibt den Prediger, der versucht, die Gemeinde von der Heiligkeit seines Anliegens zu überzeugen. Es gibt den Oberlehrer, der seine Tage damit verbringt, das Fehlverhalten anderer zu geißeln. Es gibt den Bully, der die Meute aufheizt und aufhetzt und erst Ruhe gibt, wenn das Objekt seiner Wut sein Profil löscht und alle Aktivitäten einstellt. Natürlich haben wir auch den Netzweisen, der zur Mäßigung aufruft, und den trockenen Netznutzer, der sich indigniert abwendet und gelobt, für immer das Twittern einzustellen, nur um dann beim ersten Erregungssturm wieder rückfällig zu werden.

Eine der interessantesten Gestalten der Netzwelt ist der Blockwart, der jeden sperrt, mit dessen Meinung er nicht einverstanden ist. Ich habe den Sinn des Blockens nie ganz verstanden. Ist man nicht gerade deshalb auf Twitter und Facebook dabei, weil man hier Menschen trifft, denen man im normalen Leben nie begegnen würde? Sicher, es gibt furchtbare Nervensägen, die einem die Timeline vollspammen. Aber dafür hat das System eine praktikable Lösung. Ich stelle solche Leute einfach auf »stumm«. Sie können einem zwar weiter folgen, aber alle Antworten oder Ausfälligkeiten bleiben im Stummen-Filter hängen.

Dieses Buch trägt den Untertitel »Vom Vorteil, eine eigene Meinung zu haben, wenn alle dasselbe denken«. Ich empfinde das wirklich so. Es ist ungemein befreiend, sich von den Vorurteilen seiner Umgebung zu lösen. Wovor haben die Leute solche Angst? Wir leben nicht in Nordkorea oder China, wo einen schon ein unbedachtes Wort ins Lager bringt. Das Schlimmste, was einem bei uns passieren kann, wenn man sich nicht an die vorgegebenen Sprachregelungen hält, ist, dass man ein paar Freunde vor den Kopf stößt. Möglicherweise waren es auch gar nicht wirkliche Freunde, wenn sie einem schon bei einem offenen Wort die Freundschaft aufkündigen.

Ich glaube, in der Hinsicht bin ich ein Linker geblieben. Emanzipation ist für mich bis heute kein Übel, sondern eine Verheißung. Ich bin in den Siebzigerjahren politisch groß geworden. Was die Bewegung damals stark gemacht hat, war das Versprechen, dass jeder so leben könne, wie er wolle, unabhängig von den Konventionen, Ängsten und Zwangsvorstellungen der Gesellschaft. »Easy Rider«, »Pourquoi pas!«, »Macht kaputt, was euch kaputt macht« – das war der Sound, der eine ganze Generation in die Arme der Linken trieb. Sicher, vieles ist in der Übertreibung geendet, manches im Wahnsinn. Aber dennoch: Gibt es etwas Schöneres, als im Kopf frei zu sein? Einfach darauf zu pfeifen, was irgendwelche Leute, die sich als Sittenwächter aufspielen, über einen denken?

Ich habe im Sommer 2019 den »Spiegel« verlassen, um zu Burda zu wechseln. Ich war 30 Jahre »Spiegel«-Redakteur, das ist länger, als die meisten Ehen halten. Es hat mich niemand gezwungen zu gehen. Ich wurde auch nicht schlecht behandelt, ganz im Gegenteil. Als ich meinen Chefredakteur über meinen Entschluss informierte, wirkte er ehrlich betroffen, jedenfalls tat er so. Ich wollte noch einmal etwas anderes ausprobieren. Einfach so weiterzumachen wie bisher empfand ich nicht als tröstliche, sondern als erschreckende Aussicht.

Manche Kritiker haben mir vorgeworfen, ich sei im Laufe der Jahre immer weiter nach außen gerutscht. Ich finde, das Gegenteil ist wahr. In letzter Zeit rede ich wie Frank-Walter Steinmeier, der die Deutschen in seinen Reden mittlerweile ermahnt, es sich im eigenen Meinungswinkel nicht zu gemütlich zu machen. Nichts ist so drückend wie die Kuhstallwärme der Gesinnungsgemeinschaft. Wenn es einen Grund gibt, warum ich bei der Linken Reißaus genommen habe, dann der Hang, sich ständig gegenseitig auf die Schultern zu klopfen, wie widerständig man doch denke.

Ich halte nichts davon, seinen Widerspruchsgeist zu zeigen, indem man sich möglichst unangepasst gibt. Was wäre damit bewiesen? Wo ich allerdings nicht mehr mitmache, ist, wenn ich den Eindruck habe, jemand gibt eine Richtung vor, und alle marschieren mit. Wenn die Kanzlerin sagt: »Hier entlang«, gehöre ich zu denen, die fragen: »Geht es nicht auch andersherum?« Man mag das für kindisch halten, für mich war es einer der Gründe, in den Journalismus zu gehen.

»Alternativlos« ist ein Wort, das in meinem Sprachgebrauch nicht vorkommt. Ich denke immer in Alternativen. Schon der Herrgott hat für eine Alternative gesorgt, als er den Teufel erschuf. Theologisch übrigens eine vertrackte Sache: Ist das Böse eine eigene Kraft, unabhängig vom Willen des Herrn? Oder ist der Teufel ein Werkzeug Gottes und damit das Eingeständnis, dass der Herr nicht nur Gutes im Schilde führt?

Es geht nicht um Denkverbote. Man darf in Deutschland denken, was man will. Man findet sogar meist eine Plattform, auf der man das, was man denkt, der Allgemeinheit zugänglich machen kann. Was mich stört, ist, wenn so getan wird, als sei es unanständig, eine Minderheitenmeinung zu vertreten. Oder wenn Journalisten glauben, sie dienten einer höheren Wahrheit. Inzwischen glauben viele, dass es ihre Aufgabe sei, selbst aktiv zu werden, um Deutschland vor Schlimmerem zu bewahren. Heute geht es gegen den Faschismus, morgen gegen das Virus. Das Virus ist noch gefährlicher als der Faschismus, also müssen die Anstrengungen verdoppelt werden.

Es wird auch immer enger, ist mein Gefühl. Inzwischen reicht es schon, dass im Buchregal drei falsche Bücher stehen, damit die Vertreter der guten Sache das Weite suchen. Oder aber die Aussicht, dass sie, Gott behüte, auf fremde Menschen stoßen könnten.

Im vergangenen Herbst war ich zu einer Podiumsdiskussion zum Thema Heimat eingeladen. Auf der Bühne sollte auch die Autorin Fatma Aydemir sitzen, die gerade als Herausgeberin eines Buches mit dem Titel »Eure Heimat ist unser Albtraum« hervorgetreten war. Einen Tag vor der Veranstaltung sagte sie ab. Sie habe nicht gewusst, mit wem sie auf dem Podium sitzen würde, erklärte sie. Der Veranstalter rollte nur mit den Augen, als ich ihn darauf ansprach. Vielleicht liest sie ja nie ihre Mails und guckt auch nicht in die Programmtexte, die man ihr zuschickt, sagte er. Ich glaube, in Wahrheit hatte sie Angst vor der eigenen Courage bekommen. Dass man sich nicht mit den falschen Leuten zeigt, ist auf der Linken ein Dogma geworden, gegen das man nur unter Androhung der Exkommunikation verstoßen darf. »Fast hätte sich Fatma Aydemir mal getraut, neben jemandem zu sitzen, der anders denkt und anders spricht als sie«, schrieb ich als Kommentar zu der seltsamen Fremdenangst von links. »Aber dann hat sie es doch vorgezogen, lieber dort zu bleiben, wo sie alles kennt, auch jedes Argument.«

Seit ich im Kolumnengeschäft bin, höre ich, dass meine Zeit abgelaufen sei. Wahrscheinlich schreibe ich deshalb so manisch gegen das Ende an. Noch ein paar Monate, und dann kommen die Nachwuchskräfte und schieben mich mit ihren vorbildlichen Ideen und ihrer aufregenden neuen Sprache zur Seite. Aber es passiert nichts. Ich warte, dass es mich erwischt, und dann ist schon wieder Donnerstag, und die Redaktion ruft an und fragt, wo denn der Text bleibe. Inzwischen glaube ich, dass Kolumnist ein Beruf ist, in dem weder Alter noch Hautfarbe oder Geschlecht eine Rolle spielen. Es ist der gerechteste Job der Welt. Es kommt allein darauf an, dass man so schreibt, dass einen die Leute lesen wollen. Alles andere ist nebensächlich.

Als ich in Berlin lebte, zählte zu meinen Nachbarn der »Bild«-Kolumnist Franz Josef Wagner. Wagner setzt sich jeden Tag an den Computer, um seine »Post von Wagner« zu schreiben – an die Queen, die Kanzlerin, das Wetter, den Fußballgott, was gerade anliegt. Nur Samstag hat er frei, weil am Sonntag keine »Bild« erscheint. Wahrscheinlich ist er der dienstälteste Kolumnist Deutschlands, in jedem Fall ist er der ausdauerndste.

Es sieht von außen so leicht aus, 25 Zeilen am Tag. Aber ich weiß, wie sehr sich Wagner quält. Zunächst braucht es eine Idee. Es gibt Tage, da passiert so viel, dass man zehn Briefe voll bekäme. Aber dann wieder gibt es diese Hundstage, an denen die Zeit still zu stehen scheint. Wagner ist Romantiker, das hilft. Er hat einen furchtbaren Ruf, doch in Wahrheit ist er ein ausgesprochen sentimentaler Mensch. Er hält an den Sozialdemokraten fest, selbst wenn sie Leute wie Saskia Esken und Norbert Walter-Borjans an die Spitze wählen. Er mag Merkel, weil sie ihn an seine Mutter erinnert. Zur Not schreibt er über seine Mutter und die Kindheit in Regensburg.

Auch 25 Zeilen können zur Qual werden, jedenfalls wenn man wie Wagner auf der Suche nach dem perfekten Satz ist. Einmal hat er mir gesagt, wie seine Erfolgsquote aussieht. Zwei Kolumnen seien Mist, zwei mittelmäßig und zwei gelungen. Wenn man den Schnitt halte, sei man gut. Ich habe in diesem Buch alle Texte versammelt, die nach meiner Meinung zu den zwei Texten gehören, die zu lesen sich lohnen. Auf der Suche nach dem perfekten Satz bin ich noch immer.

Über die sexuelle Veranlagung von Politikern

Ist Peter Altmaier schwul? Komische Frage, mögen Sie jetzt sagen: Was geht mich das an? Viel wichtiger ist doch, dass er seinen Job ordentlich erledigt.

Natürlich haben Sie völlig recht, wenn Sie so denken. Aber so abgeklärt kann man die Dinge nur sehen, wenn man nicht den ganzen Tag in Redaktionskonferenzen hockt, wo man sich zwangsläufig über die Leute an der Spitze Gedanken macht – oder zu dem Teil Deutschlands gehört, der jede private Frage nach wie vor für eine politische hält. Womit wir bei der »taz« wären, die genau die oben genannte Frage aufgebracht hat, wie es eigentlich um die sexuellen Präferenzen des Ministers steht.

Den Anstoß zu den Überlegungen gab Altmaier mit einem Interview in der »Bild am Sonntag«, in dem er auch zu der Frage Stellung nahm, warum man nie eine Frau an seiner Seite sehe. »Der liebe Gott hat es so gefügt, dass ich unverheiratet und allein durchs Leben gehe«, antwortete Altmaier in seiner angenehm barocken Art. Das nun wiederum fand die Redaktion der »taz« ein solches »Geschwurbel«, dass sie eine Übersetzung beziehungsweise »Dechiffrierung« für nötig hielt, wonach mit dem Bekenntnis zum Alleinleben wohl nur gemeint sein könne, dass Altmaier eigentlich schwul sei, dies offen zu sagen sich aber nicht traue.

Nun halten die Schwurbelspezialisten an der Rudi-Dutschke-Straße in Berlin grundsätzlich jeden für einen Klemmgeist, der sich auf Gott bezieht und damit eine Schicksalsergebenheit an den Tag legt, die in diesen Kreisen schon immer als Ausdruck von Hinterwäldlertum galt. Damit hätte es dann aber auch sein Bewenden haben können, wenn die Redaktion nicht anderntags Bedenken gekommen wären, ob sie mit ihrer Dechiffrierungsnummer nicht zu weit gegangen sei. Also folgte eine Entschuldigung der Chefredakteurin, was wiederum einige politisch besonders rege Geister so erzürnte, dass sie der »taz« vorwarfen, der Tabuisierung der Homosexualität Vorschub zu leisten.

Es scheint unausweichlich, aber jede Diskussion über sexuelle Minderheiten landet irgendwann auf der Ebene der Befreiungstheorie. Die meisten öffentlichen Vertreter der schwulen Sache operieren mit ihren Aufrufen zum Outing bis heute unter der Annahme, dass jedes Bekenntnis ein wertvoller Tabubruch sei. Dieser Lesart zufolge können Spitzenpolitiker über ihre Homosexualität nur kodiert reden, weil die Gesellschaft abweichendes Verhalten bestraft.

Umgekehrt wird daraus für mehr oder weniger bekannte Menschen die Pflicht abgeleitet, sich zu ihrem Anderssein zu bekennen, da nur so auf Dauer eine Normalität hergestellt werden könne, die es Schwulen erlaube, sich frei in der Öffentlichkeit zu bewegen.

Die Wahrheit ist, dass es den meisten Leuten ziemlich egal ist, welche sexuellen Vorlieben ihre Politiker haben. Sicher, es ist immer interessant, Näheres über das Privatleben von Prominenten zu erfahren, darauf beruht die Existenz einer ganzen Klatsch-und-Tratsch-Industrie. Aber die wenigsten machen von solchem Nebenwissen ihre Zustimmung, geschweige denn ihre Wahlentscheidung abhängig.

Selbst im konservativen Lager lockt man heute kaum noch jemanden mit dem Bekenntnis zur Homosexualität hinter irgendeinem Ofen hervor. Wer bei der CSU zum Parteivorsitzenden einen Mann bestimmt, der nicht nur ein uneheliches Kind erwartet, sondern dann auch noch Mühe hat, sich zwischen Geliebter und Ehefrau zu entscheiden, der ist so leicht nicht mehr aus der Fassung zu bringen.

Das mag vor einer Generation noch anders gewesen sein, als man als Mitglied der Bundesregierung tunlichst darauf achtete, größere Normabweichungen zu verheimlichen. Aber schon damals konnte jeder, der es partout wissen wollte, herausfinden, welche Männer im Kabinett Kohl nur Männer liebten. Inzwischen sind viele Wähler der Union schon froh, wenn sie nicht jede Woche auf ein neues Familienmodell verpflichtet werden.

Ich habe einmal nachgezählt, wer zum Zeitpunkt des »BamS«-Interviews in der Regierung ganz klassisch in erster Ehe mit mindestens zwei Kindern lebte. Wenn ich mich nicht verrechnet habe, dann erfüllten sieben von 15 Mitgliedern im Kabinett dieses Kriterium. Das ist erkennbar die Minderheit. Die anderen waren geschieden oder kinderlos oder schwul oder wichen aus einem anderen Grund ab. So sieht die gesellschaftliche Wirklichkeit aus, da passt Herr Altmaier in jeder Kombination hinein.

Der Minister selbst scheint die Sache übrigens entspannt zu sehen. Seine Twitter-Gemeinde ließ er auf Nachfrage wissen, Politiker müssten immer mit »Spekulationen leben«. Außerdem habe er viel für Schwule, Frauen und Ausländer in der CDU getan, »weil es mir um Überzeugung, nicht um eigene Interessen ging«.

Es mag für einige ein überraschender Gedanke sein: Aber es soll vorkommen, dass man auch als Heteromann nicht die richtige Frau findet. Oder sich für das Alleinsein entscheidet, weil einem das Zusammenleben mit wem auch immer einfach zu anstrengend ist. Das verträgt sich allerdings ganz schlecht mit der Unterdrückungsthese, die hinter allem eine gesellschaftliche Verantwortung vermutet.

Über radikalen Tierschutz

Schicksalswochen für alle Freunde der Sodomie: Die Bundesregierung will den Geschlechtsverkehr mit Tieren verbieten. Seit dem Bewegungsjahr 1969 ist der Beischlaf mit anderen Arten straffrei gestellt – sofern das Tier dabei keine Schmerzen leidet. Es war ein erster Schritt zur sexuellen Befreiung der Deutschen. Nun drohen 25 000 Euro Bußgeld, wenn es bei den neuen Plänen bleibt. Das ist ziemlich viel Geld für Sex mit seinem Hund oder Schaf, entsprechend groß ist die Aufregung in den interessierten Kreisen.

Dabei waren die Tierfreunde gerade auf dem Weg, als Randgruppe respektabel zu werden. Als aufgeklärter Mensch spricht man nicht mehr von Sodomie, sondern von Zoophilie. Es gibt eine rege Unterstützerszene und natürlich jede Menge Foren, auf denen sich die Anhänger zusammenfinden und mit Gleichgesinnten austauschen können.

Die Bewegung hat sogar eine eigene Dachorganisation, die sich für »Toleranz und Aufklärung« und »eine offen gelebte Zoophilie ohne gesellschaftliche Benachteiligung« einsetzt. Wer die Webseite besucht, lernt dort, dass die Tierfetischisten ganz viel vom Kuscheln halten und jede Form der Gewalt in Beziehungen grundsätzlich ablehnen. Vermutlich dauert es nicht mehr lange, dass von einer kalifornischen Hochschule die Theorie um die Welt geht, dass neben dem Geschlecht auch die Artengrenze ein soziales Konstrukt sei, womit die Tür endgültig aufgestoßen wäre zu einer dann in jeder Hinsicht wirklich genderneutralen Zukunft.

Wie konnte es also so weit kommen, dass in Deutschland wieder von einem Verbot die Rede ist? Was auf den ersten Blick nach einem Versuch der Union aussieht, ihr konservatives Profil zu schärfen, ist offenbar eine Art Ablasshandel.

Treibende Kraft sind in diesem Fall die Tierschützer, die hartnäckig an der Vorstellung festhalten, dass es sich beim Sexualverkehr zwischen Mensch und Tier um einen widernatürlichen Akt handelt. Eigentlich sollte es bei der anstehenden Novelle des Tierschutzgesetzes unter anderem den Pferdezüchtern an den Kragen gehen, die ihre Fohlen immer noch mit Brandeisen traktieren. Aber weil diese als eine bedeutende Wählergruppe der Konservativen gelten, hat sich die Landwirtschaftsministerin die Sodomiten vorgenommen, die politisch bislang eher unauffällig waren.

Wer sich die Toleranz auf die Fahnen geschrieben hat, kann normalerweise auf Nachsicht hoffen. Die Zugehörigkeit zu einer Randgruppe ist gemeinhin der sicherste Weg, Anteilnahme und Zuwendung der Öffentlichkeit zu gewinnen. Das Problem beginnt dort, wo zwei Minderheiten in Konkurrenz zueinander treten. Man hat das schon bei dem Mahnmal für die im Nationalsozialismus verfolgten Homosexuellen gesehen, bei dem nun auf Intervention der Lesbenverbände auch der Frauen gedacht wird, obwohl sich die Verfolgung ausschließlich gegen schwule Männer richtete.

Mit den radikalen Tierschützern ist ebenfalls nicht zu spaßen, das haben schon andere festgestellt. Wenn es um die Durchsetzung ihrer Anliegen geht, schrecken die Vertreter dieser Minderheit vor fragwürdigen Aktionen nicht zurück. 2012 musste der Europäische Menschenrechtsgerichtshof darüber urteilen, ob es zulässig sei, das Schicksal von Hühnern mit dem von KZ-Häftlingen gleichzusetzen. Es wurde dann erst einmal nichts mit der Wanderausstellung »Der Holocaust auf Ihrem Teller«, weil man auch in Straßburg die Kampagne als unzulässige Banalisierung des Judenmords empfand.

Sogar das Angeln erscheint in diesen Kreisen als krimineller Zeitvertreib. Als der Royal Fishing Club in Heiligenhafen vor einigen Jahren zum »Jugendangeln« aufrief, mobilisierten die Aktivisten von PETA gegen das »Blutbad«, weil Angeln »die Empfindungslosigkeit und die Ignoranz gegenüber allem Leben« verstärke. »Wenn Kinder und Jugendliche angeln, kann damit ein Grundstein dafür gelegt werden, dass sie sich später zu Gewalttätern entwickeln«, erklärte ein Sprecher, man wisse schließlich aus Untersuchungen, »dass Massenmörder im Vorfeld bereits Tiere gequält oder getötet haben«. Da können die Tierfetischisten noch von Glück sagen, wenn es für sie künftig bei einem Ordnungsgeld bleibt.

Die große Frage ist jetzt, wie man den praktizierenden Sodomiten auf die Schliche kommen will. Das Tier leidet stumm, wie man weiß. Vermutlich wird es demnächst die ersten Selbsthilfeorganisationen geben, die sich auf das Aufspüren von Missbrauchsopfern spezialisieren, eine Art »Wildwasser« gegen Tierschänder. Natürlich müssen entsprechende

Aufklärungskampagnen folgen, und auch die Einrichtung eines Bundesbeauftragten für Fragen des sexuellen Missbrauchs von Tieren wird, wie man den Lauf der Dinge kennt, nicht mehr lange auf sich warten lassen.

So bleibt eigentlich nur offen, welches Ministerium künftig zuständig sein soll: das Familienministerium, das in Fragen des Missbrauchs ansonsten federführend ist. Oder doch eher die Landwirtschaftsministerin, in deren Haus der Tierschutz ressortiert. Aber das werden die Damen schon untereinander klären. Notfalls spricht die Kanzlerin ein Machtwort.

Über Bettina Wulff und das therapeutische Sprechen

Die Woche ist erst halb rum, und schon hat man wieder etwas dazugelernt. Zum Beispiel, dass »exklusiv« ein relativer Begriff ist, jedenfalls in der Welt der Illustrierten. Als »Exklusiv-Interview mit Bettina Wulff« kündigte der »Stern« auf seinem Titel ein Gespräch an, in dem die »ehemalige First Lady« über ihre Eheprobleme und andere Sorgen Auskunft gibt – zeitgleich mit Interviews zum selben Themenkreis in »Bunte«, »Gala« und »Brigitte«.

Bislang dachte man, dass »exklusiv« so etwas wie »ausschließlich« bedeutet, nicht »besonders lang« oder »besonders tiefschürfend«, sonst könnte man ja gleich von Tiefen- oder Längeninterviews sprechen. Aber der People-Journalismus hat seine eigenen Gesetze.

Man weiß jetzt auch einiges über die Frau unseres ehemaligen Bundespräsidenten, was man so noch nicht wusste, angefangen von den Magenschmerzen, den Hautausschlägen und den Gewichtsproblemen, die das Leben im Schloss Bellevue mit sich brachte. Wenn man den Stand der bisherigen Auskünfte zusammenfassen sollte, scheint ein Grund für den Gang in die Öffentlichkeit gewesen zu sein, dass Christian Wulff in der Endphase seiner Präsidentschaft zu wenig Zeit fand, sich angemessen um die Bedürfnisse seiner Frau zu kümmern. Medieninteresse als Ersatz für die Vernachlässigung zu Haus: Das kennt man von den Bulimie-Geständnissen der Diana, Princess of Wales.

Wie man sieht, macht das therapeutische Sprechen auch vor CDU-Familien nicht halt. Weite Passagen der Mediengespräche sowie des zeitgleich erschienenen Buches lesen sich wie eine Verlängerung der Paarsitzungen, in die sich das Ehepaar Wulff zur Bewältigung der häuslichen Krise begeben hatte. Zurückhaltende Menschen mögen sich fragen, ob das alles in die Öffentlichkeit gehört. Aber solche Vorbehalte zeigen nur, dass man die Zeit verschlafen hat beziehungsweise keine Ahnung besitzt von den Imperativen der Ich-Kultur. Das therapeutische Sprechen lebt von der Idee, dass in der Mitteilung schon die Heilung liegt. Gerade in der radikalen Subjektivität steckt ein Moment der Befreiung.

»Jenseits des Protokolls«, wie Bettina Wulffs Bekenntnisbuch heißt, gehört zu einer Gattung, die man am besten als Mitleidsliteratur bezeichnet und die eine Kränkung oder Leidenserfahrung, die früher dem diskreten Gespräch mit einer vertrauten Seele vorbehalten geblieben wäre, möglichst anschaulich, um nicht zu sagen »schonungslos« für das große Publikum aufbereitet. Es muss dabei nicht immer Krebs sein, um mit seiner Geschichte erfolgreich auf den Markt zu treten. Es reicht, dass man beim Packen einen Weinkrampf bekommt, wie Miriam Meckel mit ihrem Burnout-Brenner »Brief an mein Leben« bewiesen hat. Oder vom Vater nicht genug beachtet wurde, eine Demütigung, mit der es der Kanzlersohn Walter Kohl auf ein Dauerabonnement in den Bestsellerlisten brachte.

Die Passionsliteratur entzieht sich normalen Bewertungsmaßstäben, weshalb auch jeder Spott ins Leere läuft. Entscheidendes Kriterium ist nicht das Ausdrucksvermögen des Autors, sondern allein der Eindruck, den er beim Leser hinterlässt: Je mehr sich dieser durch das Geschriebene angesprochen (und das heißt betroffen) fühlt, desto authentischer und damit lobenswerter das Buch. Tatsächlich ist die Identifikationsqualität dieser Texte das entscheidende Verkaufsargument, weshalb schon in den Verlagsankündigungen laufend davon die Rede ist, wie »offen« es in dem vorliegenden Werk zugehe.

Die einzige wirkliche Voraussetzung für eine erfolgreiche Karriere als Mitleidsliterat scheint die völlige Abwesenheit von Humor zu sein. Ironie schafft Distanz, auch zu sich selbst, genau das aber verträgt dieses Genre schlecht. »Der MENSCH meines Lebens bin ich«, erklärte schon Verena Stefan in »Häutungen«, dem großen Klassiker der Betroffenheitsliteratur.

Der heilige Ernst, mit dem sich die Sentimentalistin Stefan 1975 gegenübertrat, gilt ungebrochen für alle modernen Nachfolger. So wird am Ende sogar die Frage, was man abends aus dem Kleiderschrank ziehen soll, zur existenziellen Prüfung. Jedes Kleid sei eine Verkleidung gewesen, »die ich über mein eigentliches Ich stülpte«, heißt es bei Bettina Wulff.

Nächste Woche geht es weiter, nach den Zeitschriften kommen die Talkshows. Am Dienstag ist »Maischberger« dran, am Freitag folgt ein Auftritt bei »3 nach 9«. Auch Beckmann will was machen, Jauch überlegt noch. Wer nun allerdings gleich eine grundsätzliche Krise bürgerlicher

Normen heraufziehen sieht, sollte zur Entspannung vielleicht woanders hingucken. Zum Beispiel aufs Kanzleramt.

Man weiß von der Bundeskanzlerin, dass sie ihrem Mann morgens gerne das Frühstück zubereitet, weil sie findet, er sollte etwas Ordentliches im Bauch haben, bevor er zur Uni zockelt. Aber das ist schon so ziemlich das Privateste, was man in den Jahren der Kanzlerschaft von Angela Merkel gehört hat. Wer hätte gedacht, dass man im Westen in puncto Bürgerlichkeit noch einmal etwas von jemandem aus der untergegangenen DDR lernen könnte.

Über den hässlichen Deutschen

Arme Schwaben: Sie haben der Welt Hölderlin, Lothar Späth und die S-Klasse beschert. Seit Jahren tüfteln und werkeln sie so emsig vor sich hin, dass ihre Schaffenskraft sprichwörtlich geworden ist. Ganz Deutschland lebt vom schwäbischen Fleiß (na gut, vielleicht nicht ganz Deutschland, aber immerhin beachtliche Teile, angefangen von Bremen, Brandenburg, dem Saarland und natürlich Berlin). Doch statt Bewunderung und Dank trägt ihnen ihr Einsatz nur Hohn und Spott ein. Dagegen hilft nicht einmal die Wahl einer grün-roten Landesregierung, sosehr man sich im Ländle das auch gewünscht haben mag.

Gerade hat der bekannte Großstadttheoretiker Wolfgang Thierse seinem Ärger über die Schwaben Luft gemacht, weil sie ihm in seinem Kiez überall auf die Pelle rücken und er ständig Wecken statt Schrippen sagen muss beziehungsweise Pflaumendatschi statt Pflaumenkuchen. »Ich wünsche mir, dass die Schwaben begreifen, dass sie jetzt in Berlin sind und nicht mehr in ihrer Kleinstadt mit Kehrwoche«, donnerte er via dem Berliner Volksblatt »Morgenpost« den Fremden entgegen, was wiederum bekannte Vertreter des internationalen Schwabentums wie den ehemaligen Ministerpräsidenten Günther Oettinger pikiert darauf hinweisen ließ, dass ohne das Geld aus Baden-Württemberg das süße Leben in Berlin nur halb so schön wäre. Unnötig, darauf hinzuweisen, dass dies aus Sicht von Leuten wie Thierse nur einen weiteren Beweis für die schwäbische Spießigkeit liefert.

Thierse ist noch harmlos, muss man sagen. An manchen Ecken der Hauptstadt hängen Plakate mit der Aufforderung »Schwaben raus«. Schon äußere Zeichen der Fremdheit wie zu langes Verweilen oder Herumschauen können Unmut hervorrufen. Die Grünen in Kreuzberg luden zu einem Diskussionsabend mit dem Titel »Hilfe, die Touris kommen«, wo aufgebrachte Kiezbewohner eine Bannmeile um ihr Viertel forderten. Die Toleranzgrenze ist in den linksbürgerlichen Revieren dünn, wie man sieht. Man mag sich gar nicht ausmalen, was am Prenzlauer Berg los wäre, wenn man dort Köfte statt Bulette sagen müsste.

Wer glaubt, dass Überfremdungsängste ein Privileg der Rechten seien, ist lange nicht mehr vor die Tür getreten. Was dem Rechten der Muslim, ist dem Linken der Schwabe. Der Eindringling aus dem Südwesten der Republik steht für alles, was man in den aufgeklärten Kreisen für fremd und damit gefährlich hält. Glaubt man den Schwabenkritikern, dann hat sich zwischen Kollwitzplatz und Berlin-Friedrichshain eine Parallelgesellschaft entwickelt, die auch in der zweiten Generation noch alle Zeichen der Integrationsunwilligkeit trägt: mangelnde Hochdeutschkenntnisse, überdurchschnittlicher Kinderreichtum und das Beharren auf merkwürdigen Traditionen wie der wöchentlichen Reinigung des Treppenhauses.

Die Pointe dabei ist: Die meisten, die jetzt so gerne über die Schwaben herziehen, sind selber Neuberliner. Man muss lange suchen, um im Prenzlauer Berg auf jemanden wie Thierse zu stoßen, der dort schon lebte, als man im Westen in den linken Zirkeln noch der DDR die Daumen drückte. Die eifrigsten Schwabenhasser von heute sind oftmals nur die Schwaben von gestern. Daran ändert auch die Behauptung nichts, dass es bei den Protesten darum gehe, der weiteren Gentrifizierung Einhalt zu gebieten.

Gentrifizierungskritik war schon immer das Steckenpferd von Leuten, die nach zehn Semestern Dies-und-das-Studium feststellen, dass der Bedarf an Kommunikationswissenschaftlern oder diplomierten Kulturwirten in der freien Arbeitswelt eher begrenzt ist. Nun fürchten sie zu Recht, den Anschluss zu verlieren. Für den Alltag reicht die Mischfinanzierung aus Gelegenheits-Hartz-IV, Übergangsprojekten und väterlichem Unterstützungsscheck noch – für die Vierzimmerwohnung an der Zionskirche irgendwann nicht mehr, wenn die Mietentwicklung so weitergeht.

Solange Hausbesetzung einem auch ohne Bausparvertrag zur Altbauetage verhalf, konnte man sich mit ein paar Kumpels einfach irgendwo einnisten und dies dann als politische Aktion verkaufen. Heute muss man sich schon etwas anderes einfallen lassen, um an billigen Wohnraum zu kommen. Also singt man das Lied vom armen Mütterlein, das sich die Miete nicht mehr leisten kann, auch wenn dieses längst das Weite gesucht hat, und zwar genau vor den Leuten, die nun in seinem Namen auf Wohnraumschutz pochen. Die Latte-macchiato-Bar ist ja nur die Endstufe der Milieuumwandlung. Vorher kommt die hippe Punkkneipe, die in Windeseile besorgt, was andernorts das Entmietungskommando erledigt.

Es gibt viele Möglichkeiten, den unerwünschten Zuzüglern das Leben zu vermiesen. Man kann ihnen den Moscheebau erschweren oder das rituelle Schächten. Im Prenzlauer Berg sind zum Schutz der »im Gebiet ansässigen Wohnbevölkerung« bei Kauf und Sanierung Zweitbad, Kamine oder Fußbodenheizung verboten. Nebenan in Friedrichshain-Kreuzberg hat der grüne Bürgermeister Parkett und Badfliesen über 1,80 Meter auf den Index setzen lassen.

Wirklich problematisch wird es für die Kiezschützer erst, wenn der Feind nicht aus dem Süden, sondern von unten kommt. In Bremens alternativem Vorzeigeviertel Ostertor hat die Errichtung einer Asylbewerberunterkunft für erhebliche Unruhe gesorgt, wie man den Medien entnehmen konnte. Selbstverständlich habe man nichts gegen Flüchtlinge, hieß es auf einer Sitzung des rot-grün dominierten Stadtteilbeirats: Sie seien herzlich willkommen, aber woanders sei es sicher besser für sie.

Die Asylbewerber werden trotzdem einziehen. Vor offener Ausländerfeindlichkeit schreckt auch der erklärte Inländerfeind zurück.

Über verbotene Worte

Aus der Redaktion der »taz« erreichte mich die Anfrage, ob ich Interesse hätte, an einer Podiumsdiskussion zu Rassismus und Sexismus in Deutschland teilzunehmen. Einmal im Jahr veranstaltet die »taz« in Berlin einen Kongress, um über die drängenden Fragen der Zeit zu debattieren. Man findet dort alles, was die Bewegung ausmacht, von der Anleitung für das perfekte Kräuterbeet bis zur Antwort auf die Frage, wie man endlich die Eigentumsfrage löst (nein, nicht durch den Abschluss eines Bausparvertrags!).

Ich bin seit Jahren »taz«-Abonnent, insofern empfand ich die Anfrage als Lohn für meine Lesertreue. Bei meiner Morgenlektüre kommt die »taz« noch vor der »Bild«. Wer zuverlässig über die Sonder- und Verstiegenheiten der linken Lebenswelt im Bilde sein will, für den ist die Zeitung aus der Rudi-Dutschke-Straße in Berlin eine unverzichtbare Begleiterin.

Das Panel, auf dem ich Platz nahm, trug die Überschrift »Das Ende des weißen Mainstreams«. Eingeladen waren neben mir der Erziehungswissenschaftler Micha Brumlik, die Migrationsexpertin Ferda Ataman sowie Mekonnen Mesghena von der Heinrich-Böll-Stiftung, der mit einem Brief an den Otfried-Preußler-Verlag die Debatte über die Verwendung des sogenannten N-Worts in Kinderbüchern ins Rollen brachte.

Ich hatte mir fest vorgenommen, einen guten Eindruck zu machen. Das Verhängnis begann damit, dass ich die Frage stellte, was wohl nach dem Ende des weißen Mannes komme, von dem ständig die Rede sei. Ich wolle dem Fortschritt nicht im Wege stehen: Wenn es der Sache diene, müssten ich und meine Geschlechtsgenossen eben Platz machen, so sei der Lauf der Dinge. Ich hätte nur gewisse Zweifel, dass wir an der Sexismusfront wirklich weiterkämen, wenn an die Stelle des weißen Mittelschichtsmannes sein türkischer, arabischer oder indischer Kollege träte.

Den Gedanken hätte ich besser für mich behalten. »Rassist« tönte es aus einer Ecke. Die Mehrheit schüttelte entsetzt den Kopf. Kurz, die Stimmung war schon nach meiner ersten Einlassung zum Thema im Eimer.

Ich hatte Glück im Unglück, muss man sagen. Vor der Tür, bei einem Panel zur korrekten Sprache, entgleisten die Dinge so, dass mehrere Zuhörer unter Protest den Raum verließen – ein Eklat, der gottlob alles andere in den Schatten stellte, inklusive meines Auftritts. Moderator Deniz Yücel hatte den unverzeihlichen Fehler begangen, aus Texten vorzulesen, in denen das sogenannte »N-Wort« vorkommt, darunter die berühmte Rede von Martin Luther King aus dem Jahr 1963.

Erst hielten sich Leute im Publikum die Ohren zu, ein Abwehrreflex, der Yücel an »katholische Nonnen« erinnerte, »die versehentlich auf Youporn landen«, wie er später schrieb. Dann riefen die Teilnehmer immer wieder empört: »Sag das Wort nicht, sag das Wort nicht«, was der Moderator nur als »zwangsneurotisches Verhalten« zu deuten wusste. Sein größter Fauxpas war allerdings ganz zweifellos der Satz »Geht bügeln«, mit dem er die empörten Antirassismus-Aktivisten verabschiedete. Damit war der Skandal perfekt. Seit dem Vorfall überlegt die Chefredaktion nun fieberhaft, welche Konsequenzen sie ziehen soll.

Es ist immer wieder verblüffend zu sehen, wie wenig ausreicht, um Menschen, die der Linken angehören, in Aufregung zu versetzen. Man sollte bei Leuten, die sich, wenn es sein muss, an Gleise ketten und jedem Wasserwerfer zu trotzen wissen, mehr Verblüffungsresistenz erwarten. Aber so ist das, wenn man ins Alter kommt beziehungsweise zu lange am Drücker war: Mit der Zeit erlahmen die Widerstandskräfte. Dann reichen schon kleine Irritationen, damit man die Fassung verliert.

Tatsächlich ist der Referenzraum, in dem sich viele Überzeugungslinke bewegen, erstaunlich eng. Die meisten Menschen suchen in ihrem Meinungsumfeld nach Bestätigung für ihre Weltsicht, das gilt lagerübergreifend. Aber nirgendwo ist die ideologische Selbstisolierung so weit fortgeschritten wie in den Vierteln, in denen man ständig die eigene Weltläufigkeit preist. Hier achtet man nicht nur beim Gemüsekauf auf das Kontrollsiegel, das die Reinheit von allen unerwünschten Rückständen garantiert, sondern auch bei der Zufuhr geistiger Nahrung.

Ein gewisser Hang zur Bigotterie ist dabei fast unausweichlich. Wenn man sich den ganzen Tag darüber Gedanken machen muss, wie man möglichst so redet, dass man niemandem auf die Füße tritt, bleibt das nicht ohne Folgen für die geistige Beweglichkeit. Im Umgang mit Gleichgesinnten ist das vielleicht egal, im politischen Meinungskampf ist diese Vergrämung eindeutig von Nachteil. Wer, mit anderen Meinungen konfrontiert, nur noch zu rituellen Beschwörungsformeln greifen kann, hat es schwer, seinen Punkt zu machen, wenn es darauf ankommt.

Es ist genau diese Diskursträgheit, die in den Siebzigerjahren zur Umkehrung der kulturellen Machtverhältnisse in Deutschland führte. Man vergisst heute leicht, dass die Achtundsechziger nicht als Herrschaftsformation, sondern als Protestbewegung begonnen haben. Ihren Siegeszug verdanken sie ganz wesentlich auch der geistigen Erstarrung des anderen Lagers, das am Ende schon über ein paar Happenings auf dem Ku'damm den Kopf verlor.

Keine Ahnung übrigens, warum mich die »taz« eingeladen hat. Soweit ich sehen konnte, war ich unter den rund 200 Referenten des »taz. lab« der einzige Vertreter einer Welt, in der man sich nicht das Ende des Kapitalismus herbeiwünscht oder jeden Morgen für eine weitere Energiewende betet. Meine Vermutung wäre, dass auch einigen bei der »taz« das linke Betschwestertum gehörig auf die Nerven geht. Je größer der Druck ist, sich ja richtig zu benehmen, desto heftiger ist oft der Wunsch, die Verbotszone zu betreten. Das gilt jedenfalls bei allen Menschen, die sich einen Funken Widerstandsgeist bewahrt haben.

Über Polemik und Eigensinn:
Ein Gespräch mit dem Journalisten Deniz Yücel

Deniz, ich habe mal nachgeschaut, was du so geschrieben hast, bevor du zum Heiligen der Pressefreiheit wurdest. Ich lese mal kurz vor, aus einer Kolumne zum Thema Geburtenrückgang in Deutschland:
»Der baldige Abgang der Deutschen aber ist Völkersterben von seiner schönsten Seite. Eine Nation, die seit jeher mit grenzenlosem Selbstmitleid, penetranter Besserwisserei und ewiger schlechter Laune auffällt; eine Nation, die Dutzende Ausdrücke für das Wort ›meckern‹ kennt, für alles Erotische sich aber anderer Leute Wörter borgen muss, weil die eigene Sprache nur verklemmtes, grobes oder klinisches Vokabular zu bieten hat, diese Nation also kann gerne dahinscheiden.«
Ich muss heute noch lachen, wenn ich das lese. Du auch?

Oh ja. Ich finde den Text immer noch sehr formschön.

Die Kolumne wurde sogar im Bundestag thematisiert, kurz nachdem sie dich in der Türkei aus dem Knast entlassen hatten. Die AfD wollte, dass sich die Bundesregierung davon distanziert. Dichterlesung im Parlament, das ist nicht vielen Kolumnisten vergönnt.

Bei der Aktuellen Stunde im Bundestag ging es zunächst um die Rolle der Bundesregierung bei meiner Freilassung und die Kritik der AfD an der Vorzugsbehandlung des Gefangenen Deniz Yücel. Ein Jahr in Isolationshaft bei Erdoğan zu verbringen, da fühlte mich jetzt nicht so richtig vorzugsbehandelt. Trotzdem habe mich natürlich gefreut, dass mir die Ehre einer offiziellen Blattkritik zuteil wurde für einen Text, der zu dem Zeitpunkt schon sieben Jahre alt war.

Würdest du heute noch so schreiben wollen, oder würdest du sagen: Das ist eine Phase, die liegt hinter mir, ich bin jetzt geläutert?

Dieses Schreiben mit dem maximalen Einsatz von Polemik, dem Gegner nicht nur eins in die Fresse hauen, sondern ihn noch in die Eier treten oder meinetwegen in die Eierstöcke, damit es so richtig wehtut: Dieses Prinzip habe ich tatsächlich ziemlich aufgegeben. Nicht, weil ich geläutert wäre, ich bin kein Polemikaussteiger. Mir liegt auch nichts daran, als lebendes Denkmal der Pressefreiheit herumzulaufen. Ich denke aber, dass sich die politischen Debatten bei uns in den vergangenen zehn Jahren wesentlich geändert haben. Darum würde ich manche Sachen heute so nicht mehr schreiben. Ich meine nicht diesen Deutschland-Text, aber beispielsweise eine Polemik zur Nominierung von Joachim Gauck zum Bundespräsidenten, für die mir Jürgen Trittin von den Grünen »Schweinejournalismus« vorgeworfen hat.

Du hattest geschrieben, Gauck werde schon noch Gelegenheit finden, »Ausländern die Meinung zu geigen, Verständnis für die Überfremdungsängste seiner Landsleute zu zeigen, die Juden in die Schranken zu weisen und klarzustellen, dass Nationalsozialisten auch nur Sozialisten sind«.

Nicht die weitsichtigste meiner Prognosen. Aber die Schärfe, mit der ich damals schrieb, hatte einen Grund: Alle fanden Gauck toll, die Grünen, die Sozialdemokraten, die Union, selbst die meisten Kollegen bei der »taz«. Das war typisch für die mittleren Merkel-Jahre, als ein großer Konsens herrschte und Angela Merkel die Bankenretterei als »alternativlos« bezeichnete und damit der AfD ihren Namen schenkte. Konsens muss nichts Schlimmes sein, es kann auch zivilisatorischen Fortschritt bedeuten, wenn man über bestimmte Sachen nicht mehr existenziell streiten muss. Aber Konsens hat auch etwas Lähmendes und Langweiliges.

Gegen diese Langeweile habe ich damals angeschrieben. Ich hätte mühelos so weitermachen können. Aber es gibt inzwischen eine Verrohung in der Diskussion, dass es nicht mehr aufklärerisch wäre, jedes Mal in die Vollen zu gehen. Und auch in der Rolle des Polemikers kann man es sich mit dem Beifall der einen und dem Hass der anderen bequem machen. Man kann eine knallharte Polemik nach der anderen raushauen, ohne zu merken, wie berechenbar man geworden ist.

Dass ich als Korrespondent für die »Welt« in die Türkei gegangen bin, hatte verschiedene Gründe. Einer davon war, dass mich die Rolle des Krawallautors selbst anzuöden begonnen hatte. In der Türkei fand ich mich dann in einer Situation, in der die ohnehin eingeschränkte Meinungsfreiheit tatsächlich in Gefahr stand, und nicht nur eingebildet, wie es sich Konservative hierzulande gerne einreden. Aus dieser Perspektive betrachtet scheinen mir die Debatten in Deutschland, na ja, nicht mehr ganz so existenziell, dass man sie so erbittert führen müsste.

Ich bin, muss ich bekennen, ein großer Freund des Polemischen, des Hohns und des Spotts als journalistischer Stilform. Vielleicht aber auch, weil ich das Gefühl habe, dass das, was ich mache, also sich die Linke mit polemischen Mitteln vorzunehmen, nicht so viele in Deutschland machen. Du selbst hast einen Text über den inzwischen totzitierten Satz von Kurt Tucholsky geschrieben, nach dem Satire alles dürfe …

… der vor allem dann gerne herangezogen wird, wenn ein Text danebengegangen ist. Man kann die Uhr danach stellen, dass jemand Tucholsky zitiert, wenn es Ärger gibt. Egal ob in der »taz« eine Kolumne erscheint, in der Polizisten auf den Müllhaufen geschickt werden, oder Dieter Nuhr sich für einen Rant gegen Greta Thunberg verteidigen muss: Man beruft sich auf Tucholsky, ohne ihn gelesen zu haben. Aber natürlich nur, wenn es einem politisch in den Kram passt. Ansonsten schreit man empört auf und ruft nach Sanktionen.

Ich glaube, ich kann für mich in Anspruch nehmen, dass ich diesen billigen Ausweg, das sei doch alles nur Satire und nicht ernst gemeint gewesen, nie gesucht habe. Aber worauf ich eigentlich hinauswollte, ist, dass du dir die Mühe gemacht hast, den ganzen Tucholsky-Text zu lesen, nicht nur diesen Halbsatz, den alle bei passender Gelegenheit rauskramen. Da steht einiges Grundsätzliches über das Wesen der Satire, unter anderem, dass die Satire aus dem Ich arbeite und nicht aus dem Wir.

Das steht da nicht wörtlich, lässt sich aber leicht herauslesen, wie Tucholsky ja eben ein Linker war, aber kein Parteigänger. Die zeitgenössischen Autoren, an denen ich mich als junger Mensch orientiert habe, waren alle große Polemiker. Hermann L. Gremliza zum Beispiel, der Chefredakteur der »Konkret«, von dem der schöne Satz stammt: »Die Polemik ist ein Stilmittel der Aufklärung und deshalb unter Deutschen so unbeliebt wie diese.« Dazu Wolfgang Pohrt, Henryk M. Broder, Stefan Ripplinger und, ich muss es gestehen, Jürgen Elsässer, der heute bei der radikalen Rechten rumturnt. Der stand zwar intellektuell und stilistisch den anderen etwas nach, dafür war er noch krawalliger. Mit Mitte zwanzig fand ich das toll.

Diese Autoren waren alle Linke und attackierten mit großer Freude auch das Milieu, aus dem sie stammten und in dem sie sich bewegten. Die »Jungle World«, bei der ich meine erste Redakteurstelle innehatte, ist oft zur größten Form aufgelaufen, wenn sie sich die Linke vorknöpfte.

Ich glaube, man ist als Autor von Meinungsbeiträgen, egal, wo man politisch steht, ohnehin nur glaubwürdig, wenn man von einem Ich ausgeht. Man muss ja nicht immer »ich« sagen. Aber der Standpunkt, von dem man schreibt, sollte der eigene, subjektive sein und nicht der Auftritt im Namen von wem oder was auch immer.

Wo du diesen Müll-Text in der »taz« angesprochen hast, der ja zu einem gewissen Aufsehen geführt hat: Mein Eindruck ist, für die Autorin Hengameh Yaghoobifarah, aber auch für andere Autoren aus diesem migrantischen Krawallklüngel wie Sibel Schick oder Fatma Aydemir, bist du das große Vorbild. Die sind, wenn man so will, die queer-feministische Ausgabe von Deniz Yücel.

Ist das so? Gelegentlich höre ich von jungen Kolleginnen und Kollegen, ob migrantisch oder nicht, dass sie mich zu ihren Vorbildern zählen würden. Aber aus diesem Kreis habe ich das noch nicht gehört.

Ich mag es ja, wenn Leute auffallen wollen, wenn sie Grenzen austesten, auch die Grenzen der Freiheit. Wie heißt es bei dem ehemaligen Kabarettisten Werner Finck: »Da, wo's zu weit geht, fängt die Freiheit erst an.« Ebenfalls ein Satz fürs polemische Poesiealbum. Als Herangehensweise findet das sofort meine Sympathie.

Ich würde für mich nur in Anspruch nehmen, dass ich in allem, was ich gemacht habe, immer auch die Grenzen des eigenen Milieus ausgetestet habe. Ich hätte jetzt in der »taz« kein Plädoyer für die Atomkraft geschrieben, also Krawall um des Krawalls willen. Aber ich habe mir oft Themen ausgesucht, bei denen meine Auffassungen denen der Mehrheit der Redaktion und der Leserschaft zuwiderliefen.

Das heißt, der Journalist ist gut beraten, den Widerspruchsgeist in und an sich am Leben zu halten?

Natürlich. Aber um es mit einem anderen Tucholsky-Satz zu sagen: In einer insgesamt funktionierenden Demokratie zeigen sich Mut und Charakter nicht darin, in einen allgemeinen Raum hinein »Nein!« zu rufen. Dissidenz ist, innerhalb des eigenen Milieus Nein zu sagen, wenn man glaubt, dass das notwendig ist. Diesen Individualismus haben Autoren wie Gremliza immer gezeigt. Ich bin mir nicht sicher, ob das für die Leute, die du genannt hast, ebenfalls gilt.

Aber wie hältst du das denn? Ich muss sagen, von dir sind mir größtenteils Texte in Erinnerung, bei denen du nicht mit Kritik von einem nennenswerten Teil deiner Fans rechnen musstest.

Die Leute, die ich verteidige, haben es im Leben schwer genug, ist mein Eindruck. Die werden in den Medien schon ausreichend vermöbelt, da muss ich nicht auch noch kommen, um zu beweisen, wie unabhängig ich denke. Aber in einem Punkt hast du recht: Du warst mir, was die Polemikintensität angeht, immer ein Stück voraus.

Ich habe dich ja mal erlebt, auf dem »taz-Lab« in Berlin, wo wir Bühne an Bühne saßen, ich zum Thema »Das Ende des weißen Mainstreams«, du nebenan zu politisch korrekter Sprache. Du hattest den deutlich größeren Erfolg, weil du aus einem Text von Martin Luther King aus dem Jahr 1963 vorgelesen hast, in dem laufend das Wort »Negro« auftauchte. »Sag das Wort nicht, sag das Wort nicht«, haben sie gerufen. Ich glaube, es endete damit, dass du den Störern empfahlst: »Geht doch bügeln.« Zu so einem Auftritt, vor dem eigenem Publikum, sind nur wenige in der Lage.

Ich hatte ein wenig die Contenance verloren, worauf ich damals schon nicht stolz war. Und ich hatte, das muss man vielleicht hinzufügen, nicht das gesamte Publikum gegen mich. Es war eine Gruppe von Studentinnen und Studenten, vielleicht zwanzig Leute, davon die Hälfte käseweiß, die mit dem erkennbaren Vorsatz gekommen waren, die Veranstaltung zu sprengen. Erst richtete sich die Wut gegen Leo Fischer, den damaligen Chefredakteur der »Titanic«, der auf dem Podium neben mir saß. Leo sagte ein Wort, und jemand brüllte: »Das sagst du, weil du ein weißer, heterosexueller Mann bist«, was insofern schon komisch war, weil Leo Fischer schwul ist und daraus auch gar kein Geheimnis macht. Irgendwann richtete sich der Furor dann gegen mich als Moderator, und als die Zwischenrufer schließlich unter lautem Getöse den Saal verließen, habe ich ihnen »Geht bügeln!« hinterhergerufen. Da kam möglicherweise der Türkenmacker in mir durch: »Du willst meine Veranstaltung kaputtmachen? Ich mach' deine Show kaputt!«

War ein schöner Auftritt, Deniz, überhaupt nichts dagegen zu sagen.

Aber nicht geplant. Das Entscheidende ist: Die Linke, in der ich aufgewachsen bin, pflegte einen universalistischen Diskurs. Auch migrantische Vereinigungen wie Kanak Attak traten in den Neunzigerjahren an, um allen Beschränkungen auf die Herkunft den Kampf zu erklären – und das zu einer Zeit, in der der Ausländerdiskurs weitgehend ohne Ausländer auskam. Das ist heute, zum Glück, ganz anders. Doch zugleich gibt es einen Antirassismus, der in den Kategorien von »wir« und »die« denkt, obwohl er in Wahrheit längst selbst Teil des kulturellen Mainstreams ist. Identitäre Zuschreibungen zu betreiben anstatt diese zu bekämpfen – das ist der größte Unterschied zu der Linken, der ich mich bis heute verbunden fühle.

Wir haben es mit einer neuen Generation, auch von Journalisten, zu tun, die eine hohe Aggressivität an den Tag legt, kombiniert mit einer wahnsinnigen Empfindlichkeit. Das ist eine interessante Mischung. Man teilt in den Texten superhart aus. Aber bei jedem schlimmen Wort, auf das man im Alltag stößt, ruft man »Diskriminierung!«, »Rassismus!« oder flüchtet in den Safe Space. Hast du dafür eine Erklärung?

Generation von Journalisten scheint mir bisschen hochgegriffen. Aber für einige – das sind meist die lautesten, die darum mehr wahrgenommen werden – teile ich deine Beobachtung. Bei denen gibt es eine merkwürdige Diskrepanz zwischen der wilden Malcolm-X-Attitüde auf der einen Seite und einem Gefühl der Sicherheit auf der anderen, weil man genau weiß, im Kulturbetrieb, im Medienbetrieb kommt man mit dieser Opfernummer gut an.

Es gibt Rassismus, keine Frage. Aber in der westdeutschen Kulturindustrie fährst du auf dem Rassismusticket eher Anerkennung ein, da bekommst du damit Auftritte, Buchverträge, Forschungsgelder. Ich gönne jedem seine Forschungsgelder und seine Redakteursstelle. Ich finde es nur ein bisschen verlogen, dann immer noch so zu tun, als wäre man irre radikal und würde gegen die Verhältnisse aufbegehren.

»Deutschland verrecke, damit wir leben können«, das ist mir als Gestus nicht fremd. Es gibt ähnliche, noch härtere Sachen, mit denen die Punks von »Slime« getourt sind. Aber die sind halt auch nicht bei Universal oder einem anderen Major-Label erschienen. Vielleicht rührt die Empfindlichkeit daher. Weil man Teil des kulturellen Establishments ist, reagiert man eben genauso dünnhäutig wie andere Leute aus dem Establishment auf den Vorwurf, Establishment zu sein.

Wer immer Angst haben muss, dass jemand kommt und sagt: »Du gehörst doch in Wahrheit zur Elite dazu«, der verdoppelt die Anstrengungen, das leuchtet ein. Man sieht das sehr schön in der Antirassismusdebatte, wenn Leute, die alle ein Hochschulstudium haben, zu Menschen, die an der Ladenkasse stehen, sagen: »Hey, du da hinter der Ladenkasse, check your privilege!« Die Lidl-Verkäuferin ist vorher noch gar nicht auf die Idee gekommen, dass sie privilegiert sein könnte. Das ist für die jetzt sicher ein echter Kick, dass die Bewegung zu ihr sagt: »Du bist die eigentlich Privilegierte. Du bist die Mächtige. Wir sind in Wahrheit die armen Schweine.«

Das Bildungsbürgertum hatte fürs Proletariat vor allem zwei Dinge übrig: Verachtung oder Verklärung. Manchmal beides in einem. Das ist bei diesen neuen Bildungsbürgern nicht anders. Und diese komplette Adaption des amerikanischen Diskurses nach Deutschland funktioniert vorne und hinten nicht. Schon die Begriffe, angefangen von »schwarz« und »weiß«, lassen sich auf die Verhältnisse in Deutschland nicht so einfach übertragen.

Können eigentlich auch Rechte lustig sein? Kennst du lustige Rechte?

Rechte Individualisten schon. Aber die sind noch seltener als linke Individualisten.

Ich glaube ja, dass man den Individualisten rechts der Mitte häufiger antrifft als links der Mitte. Er streitet möglicherweise für die falschen Sachen oder hat einen falschen Blick auf die Welt. Aber das Kollektivistische scheint mir nicht die Geißel der Rechten zu sein.

Für mich hängt die Fähigkeit zum Humor eng mit der Fähigkeit zu Iro-
nie und Selbstironie zusammen, also der Distanz zur Welt und zu sich selbst.
Wenn du zu Selbstdistanz in der Lage bist, dann bist du für das kollektivis-
tische Denken verloren.

Ja, aber das ist etwas anderes. Wenn sich irgendwo ein Gag anbietet, dann
mache ich den heute noch. Man kann seine Leser auch bei ernsten Themen unterhalten. Aber was ich inzwischen kritisch sehe, ist ebendieses
polemische Schreiben, das darauf ausgelegt ist, das Gegenüber bloßzustel-
len und intellektuell fertigzumachen. Das ist etwas anderes als Humor.

Von der amerikanischen Stand-up-Komödiantin Judy Gold gibt es ein Buch
mit dem Titel »Yes, I Can Say That«. Gold ist, wie der Name vermuten lässt,
jüdisch. Sie ist lesbisch. Und schon als Kind hatte sie das Problem, dass sie alle
in der Klasse überragte. Dafür wurde sie furchtbar gehänselt. »Wenn du das
Gefühl hast, dass alle gegen dich sind, gibt es zwei Sachen, die es dich lehrt«,
schreibt Gold: »Du musst für dich selbst einstehen. Und es lässt dir die Wahl,
entweder wütend zu werden und beleidigt zu sein oder die komische Seite
dabei zu entdecken und zu lernen, sich selbst nicht allzu ernst zu nehmen.«
Das ist die Wegmarke, an der man als Außenseiter steht: Entscheidest du dich
für die Opfernummer? Oder stellst du dich auf die Bühne und benutzt dein
Leben als Material, um dafür zu sorgen, dass andere nicht über dich lachen,
sondern dass du die Richtung des Lachens vorgibst?

Das ist sicher ein Weg, aber das ist nicht der Weg, den ich gewählt habe.
Ich bin ja nicht Komiker geworden, und du auch nicht.

Aber unser Geschäft ist mit dem des Komödianten verwandt.

Rassismus ist nicht das Gleiche wie gehänselt zu werden, ob man zu klein
oder zu groß ist. Einer der Momente aus meiner Grundschulzeit, die sich
mir eingeprägt haben, war, als meine Klassenlehrerin eine Frage stellte
zur Heimatkunde. Es ging um irgendwelche hessischen Mittelgebirge.
Ich war der Einzige in der Klasse, der sich meldete. Irgendwann nahm sie
mich dran. Ich wusste die richtige Antwort, worauf sie die Klasse anblaff-
te: »Schämt euch! Der Türke weiß es besser als ihr.«
    Dieser Satz: »Der Türke weiß es besser als ihr« war für mich ein An-

sporn. Als ich anfing, in der »taz« regelmäßig Kolumnen zu schreiben, und einen Titel brauchte, habe ich den Namen »Besser« gewählt. Es war mir in dem Moment nicht bewusst, dass es eine Anspielung auf den Satz meiner Klassenlehrerin war. Auch in meiner Twitter-Adresse »Besser_Deniz«, die ich von dem Kolumnentitel abgeleitet habe, lebt dieser Satz heimlich weiter: »Der Türke weiß es besser als ihr.« Das ist doch eine schöne Pointe.

Deniz Yücel war Redakteur der »Jungle World« und »taz«, bevor er 2015 als Türkei-Korrespondent zur »Welt« wechselte. Im Februar 2017 wurde er in Istanbul wegen angeblicher »Terrorpropaganda« verhaftet und ein Jahr lang im Hochsicherheitsgefängnis Silivri festgehalten. Heute lebt er wieder in Berlin.

Über Richard David Precht
und die Kunst des Prechtlns

In der »Zeit«, der bekannten Wochenzeitung aus Hamburg, las ich einen Beitrag über Leben und Wirken des deutschen Philosophen Richard David Precht. Wie beim Kulturteil der »Zeit« nicht anders zu erwarten, handelte es sich um eine Verfallsbeobachtung. Weil alles, was von oder über Precht zu sagen ist, unmittelbar moralsteigernd wirkt, sei der Text hier in Gänze wiedergeben:

»Richard David Precht trägt heute in der Gesellschaft kaum noch zur politischen Willensbildung bei. Er ist primär ein Selbsterhaltungssystem ohne echten Austausch mit anderen gesellschaftlichen Systemen. Dafür gibt es viele Gründe, von denen Richard David Precht durchaus nicht alle selbst verschuldet hat. Was vorrangig fehlt, ist eine Zukunftsvision, wie wir angesichts gewaltiger Herausforderungen in zehn oder zwanzig Jahren leben wollen. Doch statt Haltungen zu entwickeln und entsprechende politische Strategien zu generieren, reagiert Richard David Precht auf kurzfristige Aufregungsthemen, die von den Massenmedien gespeist werden. Was wir brauchen, ist eine ehrliche Diskussion über die Zukunft der Demokratie und seine Rolle dabei. Da diese aber von Leuten wie Richard David Precht nicht gewollt sein kann, bleibt alles beim Alten.«

Okay, das entsprach jetzt nur zu 92 Prozent der Wahrheit. Der Beitrag in der »Zeit« behandelte in Wirklichkeit die deutschen Parteien. Der Autor war Precht selbst. Ich habe das Wort »Parteien« in seinem Text einfach durch den Namen »Richard David Precht« ersetzt.

Als Phraseologe ist der Mann unübertroffen. Ein Imitat lässt sich nicht mal eben aus dem Ärmel schütteln, deshalb bin ich beim Original geblieben. Der Precht'sche Wortbaukasten funktioniert dabei bewundernswert zuverlässig, wie man sieht: Man könnte in dem von mir gewählten Textbeispiel statt »Parteien« auch »Focus« oder »Spiegel« eingeben und käme zum gleichen Ergebnis.

Peter Sloterdijk hat Precht den André Rieu der Philosophie genannt. Das war nicht sehr nett gegenüber André Rieu. Wäre Precht nur bei der

Philosophie geblieben, möchte man erwidern. Wie alle Intellektuellen drängt es auch diesen Fahrensmann der Zeitdiagnostik in Gebiete, bei denen seine Expertise eher zweifelhaft ist. Nach dem Erfolg seines heiteren Philosophieführers hat er sein Themenspektrum um Beiträge zur allgemeinen Lebensführung erweitert.

Dr. Precht lesen heißt zu lernen, wie man seine Kinder richtig erzieht. Was in den Schulen nottut, um die Bildungskatastrophe abzuwenden. Wie man im Alter geistig beweglich bleibt. Und, natürlich, wie man bessere Politik macht. Eigentlich erstaunlich, dass niemand an ihn gedacht hat, als das Amt des Bundespräsidenten neu zu besetzen war. Die Grünen haben schließlich auch schon Luise Rinser vorgeschlagen.

Precht ist Demokratieverachtung für die besseren Stände. Wenn der gute Doktor bei einer Sache den Bogen raus hat, dann über den politischen Betrieb so zu schimpfen, dass es nicht pöbelhaft klingt, sondern im Gegenteil besonders aufgeklärt. In Prechts Welt gibt es keinen Berlusconi oder Macron, mit denen man als deutscher Regierungschef zurande kommen muss. Auch kein Verfassungsgericht und keine Opposition, die über den Bundesrat mitregiert. Dafür durchzieht all seine Einlassungen zum politischen Geschäft das Misstrauen gegenüber den handelnden Akteuren, die zu bequem, zu uninspiriert und zu rückgratlos seien, um das zu tun, was auf der Hand liegt.

Die Türen, die dieser Philosoph eintritt, stehen immer schon sperrangelweit offen, deshalb knallt er sie in seinen Texten auch besonders laut zu. Leider beschränkt sich das Prinzip Precht, mit vielen Worten wenig zu sagen, nicht auf seine eigenen Bücher und die Sendezeit im ZDF. Bei vielen Kommentatoren, die ihm nacheifern, prechtelt es inzwischen gewaltig.

Ein typischer Precht-Vorwurf, den man in den Medien findet, lautet, die Kanzlerin verweigere dem Land die Debatte. Statt mit den Menschen über die Zukunft zu reden, beschränke sie sich auf die Tagesarbeit. Mir war neu, dass die Organisation von Debattenformaten zu den verfassungsmäßig verankerten Aufgaben eines Regierungschefs gehören würde. Ich hielt es eher für eine Ablenkung vom Regierungsgeschäft, wenn die Kanzlerin in der Öffentlichkeit herumturnt, statt in Berlin ihren Amtspflichten nachzugehen. Aber das ist vermutlich nur ein weiterer Beweis meiner Begriffsstutzigkeit.

Politik hat aus linker Sicht immer etwas Pädagogisches. Wenn die Leute lieber ihren Alltag bewältigen, statt von der Kanzlerin Auskunft über die Probleme des Landes zu verlangen, zeigt das, dass sie von Politik nichts verstehen. Am besten überlässt man die Demokratie den Philosophen. In der Frage hätte man sicher auch Richard David Precht auf seiner Seite.

Über politisch vorbildlichen Humor

Nazi-Witze sind immer schwierig, aber Dieter Hildebrandt beherrschte auch diese. Hildebrandts Nazi-Witz ging so: »Sagt ein Grüner zum anderen: ›Also, der Hitler, der war gar nicht so schlimm. Das mit den Autobahnen, das hätte er nicht machen sollen.‹« Ich fand den Witz sehr gelungen, muss ich zugeben. Wenn ich ihn bei eigenen Auftritten benutze, vergesse ich nie zu erwähnen, dass er vom Großmeister des deutschen Kabaretts stammt, er also von oberster Stelle humorgeprüft ist, damit die Leute wissen, dass sie befreit auflachen dürfen. Man kann ja beim Thema Humor in Deutschland nicht vorsichtig genug sein.

Ich habe Hildebrandt zweimal in meinem Leben getroffen. Das eine Mal saßen wir zusammen bei »Maischberger«, um über das linke Lebensgefühl zu sprechen, was eine eher unglückliche Begegnung war, weil er es überhaupt nicht komisch fand, wenn sich jemand anderes über SPD und Grüne lustig machte. Das zweite Mal trafen wir uns in München in der Lach- und Schießgesellschaft.

Es war ein Donnerstag im Mai, Hildebrandt hatte gerade ein neues Programm herausgebracht. Vor der Aufführung setzten wir uns auf die Bühne an den kleinen Tisch, von dem aus er den Abend bestritt, und sprachen über die Linke und den Humor. Ob er auch einen Witz über die Linken kenne, fragte ich. Er hatte mir gerade erklärt, dass er sich immer schon über Linke lustig gemacht habe, also war es ihm ein wenig unangenehm, dass ihm nichts Passendes einfiel. Aber dann kam ihm zum Glück der Grünen- respektive Nazi-Witz in den Sinn. »Die Grünen waren mir sehr böse, als ich den erzählt habe«, sagte er. Er klang in diesem Moment fast ein wenig stolz.

Ich hatte immer eine Schwäche für Dieter Hildebrandt. Die Programme der Münchner Lach- und Schießgesellschaft, zu denen sich in meiner Kindheit die ganze Familie vor dem Fernseher versammelte, glichen bei uns Weihestunden der Komik. Als ihm der Bayerische Rundfunk den Gefallen tat, sich bei einer Sendung wegzuschalten, war er heilig. Die Frage ist nur, war Hildebrandt im eigentlichen Sinne komisch?

In den Nachrufen wurde er als »moralische Instanz« und »satirisches Gewissen der Nation« gewürdigt. Man hätte glauben können, Richard von Weizsäcker oder Jürgen Habermas seien gestorben. Aber vielleicht liegt hier, humortechnisch gesehen, genau das Problem.

Hildebrandts Stärke war seine Liebe zur Sozialdemokratie. Von dort bezog er seinen Antrieb, diese Anhänglichkeit machte ihn sympathisch. Die Liebe zur SPD war allerdings auch seine große Schwäche. Solange er unter der Annahme operieren konnte, dass die Macht im Lande der anderen Seite gehörte, stimmten die Voraussetzungen für sein Kabarett.

Aber 13 Jahre nach Gründung der Lach- und Schießgesellschaft saß mit Willy Brandt ein Sozialdemokrat im Kanzleramt, was nach Lage der Dinge bedeutet hätte, die satirische Zielrichtung zu ändern. Hildebrandt zog es vor, so zu tun, als ob die wahre Macht im Lande weiter in der Hand der Konservativen liege. Wie es in einer Demokratie nun einmal zugeht, stimmte das auch irgendwann wieder. Als 1982 endlich Helmut Kohl an die Regierung kam, war das für alle Kabarettisten im Lande eine Riesenerleichterung.

Der Witz ist von seiner Anlage anarchisch. Wer ihn in das Gatter der politischen Kleinkunst sperrt, endet auf der Ebene von Veranstaltungen wie dem »Satire-Gipfel« oder der ZDF-Schunkelsendung »Neues aus der Anstalt«. Mit der Mehrheit gegen die Minderheit zu lachen, zeugt nicht nur von schlechtem Geschmack, es ist auch ein Zeichen zweifelhafter Gesinnung.

Umgekehrt kann es sehr befreiend sein zu hören, was man so eigentlich nicht sagen dürfte oder sollte. Erst die Tabuverletzung verleiht dem Witz seine Sprengkraft. Das aber setzt voraus, dass es auch ein Tabu gibt, das man verletzen könnte. Wenn am Ende nur übrig bleibt, dass man die Kanzlerin für eine Handlangerin der Wirtschaft hält, die Amis für Halunken und alle Politiker für korrupt, ist man mit seiner Kunst ziemlich bankrott.

Die neue Frankfurter Schule zog aus der Verödung und Verblödung des Kabarettistischen die Konsequenz, ihr Humorgebiet zu erweitern. Statt die immer gleichen Pappkameraden zu vermöbeln, nahm sie sich die Pazifisten, die Feministinnen und die Ökojünger vor. Die Kluft zwischen Anspruch und Wirklichkeit beziehungsweise die Bigotterie, die aus dem Versuch erwächst, diese Kluft irgendwie zu kaschieren, ist ein natürliches Quellgebiet für jeden Komiker. Leider versteht ein Großteil der in

Deutschland tätigen Humorschaffenden ihre Aufgabe nach wie vor als Erziehungsarbeit im Sinne der kritischen Sache, sofern sie nicht auf »Comedy« machen und sich einfach durchs Leben blödeln.

Irgendwo habe ich gelesen, dass die Hoffnung auf Leuten wie Hagen Rether und Urban Priol ruhe. Das kann nur als Boshaftigkeit gemeint sein. Wer einen Abend im politischen Kabarett der Hildebrandt-Nachfolger durchgestanden hat, sehnt sich spontan nach dem guten alten Münchner Belehrungskabarett zurück. Priol und seine Mitstreiter liefern reines Ressentiment-Theater, bei dem noch die dümmsten Klischees aus dem linken Satire-Setzkasten unters Sendevolk gebracht werden.

Wie alle Könner seines Faches wusste Hildebrandt, dass gute Satire mit dem Abräumen von Sprachmüll, von verbaler Idiotie und Pathos beginnt. Eine Grundbedingung für diese Arbeit ist, dass man selber unter schlechter Sprache leidet. Wie man bei nahezu jeder fernsehkabarettistischen Darbietung demonstriert bekommt, unterscheiden Hildebrandts Nachfolger sich von ihrem Vorbild schon in diesem Punkt: Sie leiden nicht nur nicht unter den Verschmutzungen durch die Blähsprache, sie verdoppeln den Müll.

Über Poverty Porn oder wie man es schafft,
dass sich Anteilnahme bezahlt macht

Die meisten Leute glauben, Chefredakteur sei ein toller Job. Sie haben ja keine Ahnung, was man sich alles so einfallen lassen muss, um die Leser bei Laune zu halten. Die »Süddeutsche Zeitung« hat eine neue Wochenendausgabe gestartet. Zu den Autoren, die Chefredakteur Kurt Kister für das Projekt verpflichtet hat, gehört die Publizistin Carolin Emcke.

Jeden Samstag schreibt die »promovierte Philosophin«, »Großreporterin« und »Spezialistin für vieles zwischen Afghanistan, der Gender-Problematik und dem Leben als solchem« nun das große Meinungsstück. »Sie werden, so viel Prophetie darf sein, eine neue Lieblingsautorin gewinnen«, verkündete Kister den Lesern zum Start.

In der Branche rätselt man, warum ein Mann, der für seine Kolumne »Unsere Besten« den Henri-Nannen-Preis in der Kategorie Humor gewonnen hat, einer Journalistin einen der prominentesten Plätze in seinem Blatt überträgt, die angesichts des Elends in der Welt jeden Scherz für einen moralischen Kniefall hält. Hat er etwas gutzumachen? Versteckt sich unter dem scharfzüngigen Grantler in Wahrheit ein ganz anderer Kister, den man bislang nicht kannte? Oder ist das Ganze eine ironische Geste, deren Hintersinn man erst viel später verstehen wird?

Ich habe mir die Kolumne von Carolin Emcke genau angesehen. Wenn Kurt Kister einem schreibt, man werde eine neue Lieblingsautorin gewinnen, nehme ich das natürlich ernst. In der ersten Wochenendausgabe ging es um die Krisen in Syrien, der Ukraine und im Irak beziehungsweise das, was Jean Améry und Susan Sontag dazu sagen würden. In der zweiten Ausgabe kamen Ludwig Börne und unsere Angst vor den Muslimen dran. Am nächsten Wochenende wurde, diesmal mit Ernst Bloch, der Fremdenfeindlichkeit der Boden entzogen. Wer nach einer Überdosis an journalistischem Protestantismus sucht, der ist auf der Seite fünf der »SZ« am Samstag ab sofort richtig. Wenn es in dem Tempo weitergeht, bleiben demnächst nur noch Jesus, Gandhi und die Erlösung vom Welthunger.

Unter Schriftstellern kennt man den »writer's writer«, also die Sorte von Autor, der vor allem von seinesgleichen bewundert wird. Emcke ist so etwas wie ein »journalist's journalist«. Das mag auf den ersten Blick verwunderlich klingen bei jemandem, der so hochgestochen schreibt, dass ein Wortfuchs wie Kister nicht umhin kann, seine Abonnenten auf den »sehr eigenen Ton« vorzubereiten, »den Carolin Emcke anschlägt«. Aber Emcke wird auch weniger für ihren kunstvollen Umgang mit Sprache bewundert als vielmehr die Haltung, die dahintersteht.

Bei der Journalistin, die nach eigener Auskunft 15 Jahre lang »durch Landschaften aus Gewalt und Zerstörung« gereist ist, findet man nur die Themen, gegen die alles andere sofort belanglos wirkt: globale Menschenrechte, das Elend der Flüchtlinge, unser Überleben im 21. Jahrhundert. Weil man ihr bei jedem Satz die Erschütterung anmerkt, oder wie die Autorin sagen würde: das Leid, das sich in sie »eingeschrieben« hat beziehungsweise ihre Texte »signiert«, ist ihr allgemeine Ergriffenheit sicher. Nur Spötter kämen auf die Idee, hier eine Margot Käßmann mit Journalistendiplom zu sehen.

»Poverty Porn« heißt in den USA der Fachbegriff für einen Betroffenheitsjournalismus, der bei seinen Lesern das gute Gefühl hinterlässt, durch Lesen den Zustand der Welt verbessert zu haben. Auch für Journalisten ist diese Art der Anteilnahme relativ einträglich. Um Preise abzuräumen, ist die Armutsreportage jedenfalls tausend Mal geeigneter als die nüchterne Zustandsbetrachtung, die quer zu den Erwartungen des Publikums liegt. Wer sich einen distanzierten Blick auf die Welt bewahrt, geht bei solchen Veranstaltungen gewöhnlich leer aus. Wenn er Glück hat, fällt ein Humorpreis ab.

Selbstverständlich ist es besser, das Elend in der Welt zu zeigen, anstatt es zu ignorieren. Zweifelhaft wird die Geschichte, wo aus der Befassung mit dem Leid anderer Leute ein moralischer Zugewinn entsteht, der vor allem das eigene Konto füllt. Für Erschütterung lässt sich in den meisten Krisenregionen der Welt leider nichts kaufen. Moralischer Mehrwert ist lediglich im Westen konvertierbar.

Im Zentrum der Betroffenheit steht das eigene Ich. Wo keine Betroffenheit herrscht, gibt es kein Thema. Das ist der Zirkelschluss des Betroffenheitsjournalismus, der nicht dadurch besser wird, dass man dort, wo man sich betroffen fühlt, ganz besonders erschüttert ist.

»Es gibt mehr Themen, zu denen ich nichts zu sagen weiß, als andersherum«, schrieb Emcke zum Start ihrer Kolumne. Wörtlich genommen heißt das: Es gibt mehr Themen, die zu ihr etwas zu sagen haben als sie zu den Themen. »Sicher, dass das ein erwachsener Mensch geschrieben hat?«, fragte dazu ein Wissenschaftsredakteur von der Konkurrenz auf Facebook entgeistert, womit er nach Meinung der Emcke-Fans allerdings nur bewies, wie wenig er verstanden hatte.

Vermutlich hat Emcke sagen wollen, es gebe mehr Themen, zu denen sie keine Meinung habe, als Themen, zu denen sie sich äußern könne. Aber so ist das, wenn einem bei der Weltbetrachtung ständig das Ich in die Quere kommt: Irgendwann geraten vor lauter Betroffenheit die Bezüge durcheinander.

Über die Frage, wie man
Migranten korrekt anspricht

Eine Warnung an alle, die bislang glaubten, Toleranz sei eine gute Sache: Passen Sie in Zukunft auf, was Sie sagen. Toleranz ist nicht so harmlos, wie Sie vielleicht dachten. Wenn Sie Pech haben, sitzen Sie damit ganz schnell in den Nesseln. Seit die ARD eine »Toleranzwoche« startete, wissen aufmerksame Zeitgenossen, dass Toleranz eine Idee von gestern ist. Wer sich tolerant zeigt, demonstriert dem anderen damit, dass er auf ihn herabsieht, weil jede Toleranz auch ein Ende hat!

Ich gebe zu, das ist etwas verwirrend. Jahrelang hat man uns eingetrichtert, wie wichtig es sei, sich anderen Kulturen und Lebensformen gegenüber aufgeschlossen zu zeigen. Und nun das: Wer stolz auf seine Toleranz ist, beweist damit nur, wie wenig er in Wahrheit von anderen hält. »Toleranz ist ein Wort mit einem hässlichen Unterton«, las ich in der »Süddeutschen«, der ich in solchen Dingen blind vertraue. Toleranz sei in Europa »eine Frage der Macht, auch der Demütigung«, also gewissermaßen eine Fortführung des Kolonialismus mit anderen Mitteln. Statt von Toleranz könnte man genauso gut gleich von Eingeborenen oder Mohren reden.

Ich bin sofort bereit, auf Toleranz zu verzichten. Die Frage ist, was die Alternative wäre. Intoleranz ist auf Dauer ja auch keine Antwort. Akzeptanz klingt gut, aber führt nicht weiter, weil Akzeptanz ebenfalls an Grenzen stößt. Auf einem Podium, auf dem ich am Wochenende saß, schlug jemand stattdessen »Respekt« vor. Das wiederum erschien mir etwas wenig. Nur weil ich jemand anderen respektiere, heißt das noch lange nicht, dass ich ihn willkommen heiße. Außerdem löst es das eigentliche Problem nicht, nämlich wie man die Trennung in »wir« und »sie« überwindet.

Der richtige Umgang mit dem Fremden ist ein schwieriges Feld, wie sich wieder einmal zeigt. Bei der Veranstaltung, zu der ich eingeladen war, ging es darum, wie man in den Medien für mehr Vielfalt sorgen kann. Organisiert wurde sie von einem Verein, der sich »Neue deutsche

Medienmacher« nennt und gegründet wurde, um mehr Nachwuchs aus Einwandererfamilien in den Redaktionen unterzubringen.

Für mich war die Veranstaltung ein Gewinn. Ich habe zum Beispiel gelernt, dass man als fortschrittlich gesinnter Mensch auch nicht mehr von Menschen mit Migrationshintergrund redet, wenn man über Leute spricht, deren Eltern außerhalb von Deutschland geboren wurden. Es heißt ab sofort »Menschen mit Migrationsgeschichte«. Hintergrund klinge irgendwie dunkel, wurde mir erklärt, so als hätte sich jemand in der Vergangenheit etwas zuschulden kommen lassen.

Die »Neuen deutschen Medienmacher« haben ein Glossar erstellt, das sie an alle Chefredakteure verteilen wollen, damit diese bei der Berichterstattung keine Fehler mehr machen. Ich halte das für eine verdienstvolle Sache, schließlich gibt es viele Leute, die wie ich unsicher sind, was man sagen soll und was nicht. Die Schwierigkeiten beginnen ja bereits bei der korrekten Bezeichnung für Deutsche, die schon immer in Deutschland leben.

»Einheimische« erzeugt ein schiefes Bild, da viele Eingewanderte und ihre Kinder hier längst heimisch sind, wie es in den Formulierungshilfen des Vereins zu Recht heißt. Auch »Herkunftsdeutsche« und »Deutsche ohne Migrationshintergrund« sind umstritten: Bei beiden Bezeichnungen schwingt die Vorstellung mit, es gäbe eine Zuordnung in echte und nicht echte Deutsche. Eine Zeit lang hat man es mit »Bio-Deutschen« versucht, bis jemand fand, das klinge zu sehr nach Genetik. Ein Vorschlag lautet jetzt »Standard-Deutsche« beziehungsweise »Copyright-Deutsche«, um auf die Normvorstellungen aufmerksam zu machen, von der Deutsche mit Migrationsgeschichte vermeintlich abweichen. Keine Ahnung, ob sich das durchsetzen wird. Ich könnte mir vorstellen, dass viele Chefredakteure erst einmal zurückzucken, weil sie Angst haben, die Leser denken, die Klon-Debatte habe die Integrationspolitik erreicht.

Ich persönlich bin ein großer Fan von mehr Vielfalt. Ich bin nur unsicher, ob der Weg, mehr Menschen einzustellen, die einen ausländischen Namen tragen, automatisch zum Ziel führt. Wer sich unter Leuten umhört, die Veranstaltungen wie die der »Neuen deutschen Medienmacher« besuchen, stellt schnell fest, dass sich die »unterschiedlichen kulturellen Kompetenzen«, von denen ständig die Rede ist, in der Regel auf ein paar Besuche in der Heimat der Eltern beschränken. Was die Lebensweise oder die politischen Vorstellungen angeht, ist kein Unterschied festzustellen zu den Deutschen mit deutschem Hintergrund, die ansonsten die Redaktionen bevölkern.

»Eine praktizierende Muslimin könnte die Toleranz einer Redaktion ziemlich schnell auf die Probe stellen«, hat Bernd Ulrich von der »Zeit« angemerkt, der auf dem Podium neben mir saß. Abgesehen davon, dass Ulrich bei der Neudefinition des Toleranzbegriffs offenbar ebenfalls hinterherhinkt, hat er in der Sache absolut recht.

Wer es mit der Vielfalt ernst meint, müsste zur Abwechslung mal jemanden einstellen, der in seinen Artikeln zum Ausdruck bringt, was in vielen arabischen Einwandererfamilien von einer Reihe liberaler Grundüberzeugungen gehalten wird. Die Frage ist nur, ob das dann noch unter kultureller Bereicherung läuft.

Über Menschen, die Impfen für Sünde halten

Ich bin jetzt ein Impf-Mobber. Ich bin schon vieles genannt worden, aber das war mir neu. Ein Impf-Mobber ist jemand, der es für eine ziemlich verrückte Idee hält, sich nicht mit einer kleinen Spritze in den Arm gegen Krankheiten zu schützen, die einen bös niederstrecken können. Ich hatte eine Begegnung mit einer jungen Mutter, die vehement gegen jede Form der Vorsorgeimpfung ist. Als ich auf den schweren Masernausbruch in Berlin hinwies, der meiner Meinung nach das Gegenteil nahelegt, war das für sie ein klarer Fall von Impf-Mobbing.

Ich hatte keine Ahnung, wie ernst es den Leuten mit ihrer Aversion gegen das Impfen ist. Verglichen mit dieser Glaubensbewegung sind die Zeugen Jehovas ein lockerer Karnevalsverein. Auf einer der Webseiten, auf denen sich die Impfgegner gegenseitig bestärken, habe ich gelesen, dass die Abwertung, die sie erfahren müssen, nur mit der Hetze im »Dritten Reich« vergleichbar sei.

Es gibt eine richtige Bewegung mit eigenen Treffpunkten und Zeitschriften. Der Papst der Impfkritik ist ein Molkereifachmann aus der Nähe von Stuttgart namens Hans U. P. Tolzin, der via »Germanischer Neuer Medizin« zur epidemiologischen Gegenaufklärung fand. Wann immer es zum Ausbruch einer Infektionskrankheit kommt, meldet sich Tolzin zu Wort und sagt, warum Viren eine Erfindung der Schulmedizin seien.

Der Mann hat alle Hände voll zu tun. Wenn er nicht gerade die Masern für ungefährlich erklärt oder gegen die »Tetanus-Lüge« anrennt, versucht er dafür zu sorgen, dass die Leute endlich einsehen, dass Aids nicht durch HIV, sondern die falsche Lebensweise ausgelöst wird. Sogar ins »ARD Morgenmagazin« und in die Phoenix-Runde hat es dieser merkwürdige Heilige schon geschafft.

Die Argumente der Impfgegner sind alle widerlegt, aber das ändert nichts. Jeder Versuch, ihnen mit Argumenten die Ängste zu nehmen, bestärkt sie nur in ihrem Glauben, dass sich die Welt epidemiologisch auf einem gefährlichen Irrweg befinde. Impfen gilt als willkürlicher Eingriff in die Natur und damit grundsätzlich als verdächtig. Außerdem haben die mächtigen Pharmakonzerne ihre Finger im Spiel, und wo die dahinterstecken, muss man ohnehin auf der Hut sein, wie jeder weiß, der sich nur ein bisschen mit der Gesundheitsindustrie auskennt.

Es ist kein Zufall, dass die Experten das Epizentrum der Anti-Impf-Bewegung in Vierteln wie dem Prenzlauer Berg in Berlin ausmachen, wo der Anteil der Grün-Wähler verlässlich über 30 Prozent liegt. Der eigentliche Kern der Impfkritik ist nicht wissenschaftlich, sondern nur ideologisch zu verstehen. Der Neoobskurantismus der Gegenvirologen geht Hand in Hand mit Kapitalismuskritik, linkem Naturkitsch und einem ökologisch gefärbten Mutterkult, der alles verdächtigt, was nicht nach Baumwollwindeln, Kirschmolke und Pastinake riecht.

Die Journalistin Anja Maier hat in ihrem soziologischen Ad-hoc-Klassiker »Lassen Sie mich durch, ich bin Mutter« Einblick in dieses Milieu gegeben, in dem die späten Einzelkinder vor ihrem laktosefreien Baby-Latte sitzen, während sich die Mütter den Kopf zerbrechen, wie sie ihr Bioleben so gestalten, dass die heile Welt keine Risse bekommt, »denn die Gefahren von außen sind so groß«.

In der Kritik an der Apparatemedizin bündeln sich alle Vorbehalte gegen die Moderne, die Menschen angeblich von sich selbst entfremdet. Dabei ist Natürlichkeit eine enorm komplizierte Sache. Dieselben Frauen, die einen Weinkrampf bekommen, wenn ihnen der Arzt von einer Hausgeburt abrät, setzen gleichzeitig alles daran, die Schicksalhaftigkeit der Natur zu überlisten, indem sie schon im Mutterleib bestimmen lassen, welche Erbkrankheiten oder Fehlbildungen das Ungeborene möglicherweise aufweist.

Was uns im Rückblick als heile, weil ursprünglichere Welt erscheint, ist in Wahrheit ein sehr modernes Konzept von Natur und damit ziemlich künstlich. Es ist ohnehin schwer zu sagen, wie Menschen auf die Idee kommen können, unsere Urahnen hätten ein besseres Leben gelebt, weil sie sich noch im Einklang mit der Natur befanden. Spätestens beim Zahnarztbesuch vergeht einem die Lust, auf Narkotika zu setzen, die uns die Natur zur Schmerzlinderung anbietet. Wünschenswert ist Natur nur, solange sie uns nicht bedrängt.

Was das Recht angeht, sich unglücklich zu machen, bin ich ein ausgesprochen liberaler Mensch. Meinetwegen können die Leute Plazentaglobuli einschieben und der Heilkraft des Urins vertrauen, wenn ihnen ein

Geschwür wächst oder sie von einer schweren Infektion niedergestreckt werden. Leider sind die Impfgegner besonders entschieden, wenn es um ihre Kinder geht. Damit trifft die Dummheit auch die Schutzbefohlenen. Aber halt, das war jetzt wieder Impf-Mobbing.

Über frauenfeindliche Werbung und den Versuch, sie zu beenden

Als aufgeklärter Mensch werden Sie es schon gehört haben: Die beleidigende Darstellung von Frauen als Hausfrau oder grundlos glückliche Person gehört bald der Vergangenheit an. Im Berliner Bezirk Friedrichshain-Kreuzberg, dem traditionell eine Vorreiterrolle in Sachen Emanzipation zukommt, haben sie ein Zehn-Punkte-Programm vorgestellt, um diskriminierende und frauenfeindliche Bilder aus dem öffentlichen Raum zu verbannen.

Ein Jahr lang hat eine Arbeitsgruppe unter Mithilfe von Terre des Femmes und dem Frauennachtcafé Wildwasser beraten, wie man Kreuzberg auch in Sachen Sexismus zur No-go-Area machen kann. Künftig soll jede Werbung unterbunden werden, in der Frauen als »(willens)-schwach, hysterisch, dumm, unzurechnungsfähig, naiv« dargestellt werden. Frauen dürfen auch nicht »ohne Anlass lächelnd inszeniert« sein oder »zu körperbetont bekleidet« gezeigt werden. Werbung, »die vermittelt, dass Frauen hilfsbedürftig, fürsorglich, mit großer Freude im Haushalt beschäftigt, konsumsüchtig, abhängig, verführerisch, schön« sind, ist ebenso tabu wie jede Abbildung, die dem Betrachter nahelegt, dass es besser sei, wenn man weniger wiege oder eine glattere Haut habe.

Vorerst gilt die Regelung nur für die vier vom Bezirk kontrollierten Werbeflächen, aber dabei soll es selbstverständlich nicht bleiben. Wie man in der »Berliner Zeitung« lesen konnte, ist die Regierung mit der Werbefirma Ströer über ein Rahmenabkommen für 23 weitere Standorte in Verhandlung. Die Verbreitung rückschrittlicher Rollenbilder und Geschlechterstereotype gilt als »strukturelle Gewalt«, weshalb die neue Werbeverordnung auch nicht unter Volkserziehung, sondern unter Gewaltprävention fällt. Keine Ahnung, wie die Grünen zu Kopftuch und Burka stehen. Über zu viel nackte Haut muss man sich bei Muslimen jedenfalls nicht beklagen. Leider haben sie dort noch ein völlig ungebrochenes Verhältnis zur Hausfrau. Aber da kann man im nächsten Integrationskurs sicher was machen.

Ich bin ebenfalls strikt dagegen, Frauen als naiv, schwach oder unterwürfig darzustellen. Ich habe mich allerdings gefragt, warum sich die Bezirksverordnetenversammlung in Kreuzberg so auf Plakate versteift. Ich stand im Supermarkt an der Kasse neben dem Regal mit Frauenzeitschriften. Was ich dort in puncto Reproduktion von Geschlechterstereotypen gesehen habe, stellt alles in den Schatten, was die Werbung zu bieten hat.

Man gewinnt beim Lesen den Eindruck, dass sich Frauen pausenlos mit ihren Haaren und Fingernägeln beschäftigen und den Rest der Zeit über den Stand ihrer Beziehung nachsinnen. Sex ist auch ein großes Thema, wobei es vor allem darum zu gehen scheint, wie man einem Mann einen perfekten Blowjob verpasst (»Petra«: »10 Tipps, damit beim Blasen nichts mehr schiefgehen kann« beziehungsweise verhindert, dass man dabei die Konzentration verliert (»Cosmopolitan«: »12 Dinge, die jede Frau denkt, wenn sie ihm einen bläst«). Im Grund geht es darum, Männern so zu gefallen, dass sie nicht auf den Gedanken kommen, sich nach einer anderen umzusehen. Erschreckend unemanzipiert. Und das Schlimmste ist: Das Zeug wird von Frauen auch noch massenhaft gekauft.

Man könnte über den seltsamen Werbefeldzug in Kreuzberg hinwegsehen, wenn er nicht auf ein größeres Problem verweisen würde, und zwar auf den Hang zur Indigniertheit in einem Milieu, das ursprünglich einmal angetreten war, mit der Sauertöpfigkeit in Deutschland aufzuräumen. Es ist immer leichter, ein Imperium zu erobern, als es zu verwalten.

Die Attraktivität der Linken machte lange ihr ungebrochener Fortschrittsoptimismus aus. Die Welt von morgen war grundsätzlich eine bessere Welt, in der alle Hindernisse und Zwänge beseitigt schienen. Nichts sollte einen mehr einengen können, weder Biologie, Herkunft oder Geschlecht. Auf der Seite der Konservativen hat man an diese Schicksalsverneinung nie geglaubt, aber das führte in den Kulturkämpfen der Siebziger- und Achtzigerjahre auch in die Defensive.

Der einzige Bereich, in dem sich die Mischung aus linker Zukunftszuversicht und amerikanischer Do-it-yourself-Kultur erhalten hat, ist die Genderdebatte. Wenn der ehemalige Zehnkämpfer Bruce Jenner verkündet, künftig als Caitlyn Jenner durchs Leben gehen zu wollen, scheint noch einmal das alte Versprechen auf, wonach jeder seines Glückes Schmied sein könne. Ansonsten herrscht die Verkniffenheit und Übellaunigkeit einer in die Jahre gekommenen Avantgarde, die peinlich genau darauf achtet, dass ihre Herrschaft nicht infrage gestellt wird.

In Kreuzberg sind die Frisuren inzwischen so kurz, dass niemand mehr wie Caitlyn Jenner seine Haare herzeigen kann, selbst wenn er wollte. Politik machen sie hier so, wie ältere Damen ihren Tee trinken: mit säuerlichem Mundwinkel und abgespreiztem Finger. Bei »Borat« brauchte es noch eine Tüte voller Exkremente, um eine der Südstaatenmamsells aus der Fassung zu bringen, deren Bigotterie man so gerne anprangert. In Berlin reicht dafür schon ein falsches Lächeln.

Über die Verbindung von politischer Einstellung, Sex und Glück

Ein Leser schrieb mir, dass ich mich nicht wundern sollte, wenn mir auf Amazon nur Kettensägen empfohlen würden. »Es dürfte eine hohe Korrelation geben zwischen Rücksichtslosigkeit im Straßenverkehr (bedingt durch das Gefühl, im Recht zu sein), Frauenfeindlichkeit, Kettensägenverwendung und konservativer Lebenseinstellung«, teilte mir der Mann mit. Er fügte dann noch an, dass Leute, die »links sind und kiffen«, im Gegensatz zu Konservativen wie mir weder Verwendung für eine Kettensäge hätten noch Einwände gegen Frauen am Steuer.

Abgesehen davon, dass ich nicht weiß, ob links sein und Kiffen notwendigerweise zusammengehören: Ich bin immer wieder erstaunt, was man Konservativen so alles nachsagt. Die Bundesrepublik verdankt ihnen ihre glücklichsten Jahre. Ohne Adenauer und Kohl hätten wir weder das Wirtschaftswunder noch die deutsche Einheit bekommen. Aber das zählt rein gar nichts. Wer konservativ ist, gilt als spießig, rückwärtsgewandt und irgendwie aus der Zeit gefallen, von Vorbehalten gegen Frauen am Steuer ganz abgesehen. Kein Wunder, dass junge Menschen, denen viel an der Meinung anderer liegt, sich lieber der linken Sache verschreiben. Wer will schon als muffig und rückständig gelten? Angeblich sind Konservative auch weniger schlau als Linke.

Der Kronzeuge für diesen Befund ist der Psychologe Satoshi Kanazawa von der London School of Economics and Political Science. »Why Liberals and Atheists Are More Intelligent«, heißt ein Aufsatz von 2010, in dem Kanazawa festhalt, dass weniger intelligente Menschen an längst überkommenen Dingen wie Religion und Kirche hängen, weil sie sich schlechte Erfahrungen nur mit der strafenden Hand Gottes zu erklären vermögen. Klügere Menschen hingegen könnten sich auf Neues einstellen und seien damit auch in der Lage, sich um andere Menschen und deren Nöte zu kümmern, weshalb wir ihnen Errungenschaften wie den Sozialstaat verdanken. Ein Jahr nach dem Intelligenz-Aufsatz hat Kanazawa einen Text mit dem Titel »Why Are Black Women Less Physically Attractive Than Other Women?« veröffentlicht, worauf er von der Blogger-Liste von »Psychology Today« gestrichen wurde. Nun ja, nobody is perfect, wie man so schön sagt.

Es ist wirklich toll, auf was man stößt, wenn man sich auf die Suche nach Forschungsergebnissen in Verbindung mit Parteipräferenzen macht. Ich habe bei der Gelegenheit zum Beispiel herausgefunden, dass Konservative glücklicher sind als Linke, was mich wiederum sehr beruhigt. Menschen, die sich selbst als konservativ einstufen, sind insgesamt deutlich zufriedener mit ihrem Leben als Leute, die eher nach links tendieren, wie eine Reihe von Studien nahelegen.

Die Ergebnisse beruhen auf Erhebungen, bei denen man die Befragten bat, auf einer Skala von eins bis sieben verschiedene Aussagen danach zu bewerten, inwieweit diese auf sie zuträfen. Zu diesen Aussagen gehörten Sätze wie: »Mein Leben ist großartig.« Oder: »Wenn ich mein Leben noch einmal leben könnte, würde ich daran kaum etwas ändern wollen.«

Seit der ideologische »Happiness Gap« entdeckt wurde, suchen Psychologen nach einer Erklärung. Konservative haben möglicherweise einfach weniger Probleme mit dem Status quo, lautet eine. Eine andere ist, dass Linke eher zu Selbstkritik neigen. Anfang des Jahres berichtete die »New York Times« über Studien, wonach das Glücklichkeitsgefälle dadurch zustande kommt, dass Konservative darauf trainiert sind, allem einen positiven Dreh zu geben. Wie es wirklich um das Glück bestellt ist, versuchten die Forscher anhand von 533 Fotos von amerikanischen Kongressabgeordneten herauszufinden. Politiker der Republikaner zeigten danach weniger oft ein Lächeln, bei dem die für echte Freude stehenden Gesichtsmuskeln neben den Augen bewegt werden. Man sieht, das Thema ist so heiß, dass sogar Augenfältchen eine politische Bedeutung bekommen.

Eine andere, weit näherliegende Erklärung für die höhere Lebenszufriedenheit von Konservativen wäre: Sie haben auch mehr und den besseren Sex. Dass Sozialdemokraten die geringste Koitusfrequenz haben, ist seit Längerem bekannt (1,5 mal pro Woche versus 2,1 mal bei FDP-Anhängern und 1,8 mal bei Unions-Wählern). Eine von der amerikanischen Datingseite match.com in Auftrag gegebene Umfrage unter 6000 Singles hat ergeben, dass konservativ gesinnte Menschen auch die höhere Orgasmusrate haben. Während bei den Anhängern der Demokraten nur 40 Prozent regelmäßig zum Höhepunkt kommen, berichteten mehr als die Hälfte der den Republikanern Zuneigenden, dass sie beim Sex jedes Mal zum Orgasmus kämen.

Wenn ich die Wahl zwischen ein paar Intelligenzpunkten mehr oder Glück und besserem Sex hätte, würde ich mich immer für Letzteres entscheiden. Beim Glück sollte man kein Risiko eingehen, finde ich, da ist man besser auf der sicheren Seite.

Über historische Forschungsergebnisse
zum Veganismus

Vegetarier haben es auch nicht leicht. Auf Fleisch zu verzichten klingt so einfach. Aber schon ein Glas Apfelsaft kann einen vom Weg abbringen. Apfelsaft wird gefiltert, bevor er in die Packung kommt. Für die Filter benutzt die Getränkeindustrie Gelatine, die wiederum aus Haut, Sehnen und Knochen gewonnen wird. Auch Wein und Essig werden auf diese Weise gereinigt, was für alle vegan veranlagten Freunde des Alkohols eine böse Überraschung ist. Tierschutzorganisationen empfehlen, auf Getränke umzusteigen, die mit Isländischem Moos oder anderen Meeresalgen gefiltert wurden. Leider ist die Auswahl an algengeklärtem Wein noch recht überschaubar.

Wenn man einmal damit anfängt, den Vegetarismus ernsthaft zu betreiben, wird daraus schnell eine Wissenschaft. Den echten Vegetarier kann das nicht schrecken. Je höher die Hürde, desto größer der Anreiz, das fleischlose Glück zu erreichen. Was eben noch eine biosprossengroße Minderheit war, hat sich in Windeseile zur Massenbewegung ausgewachsen.

Vegetarismus findet jeder toll. Dabei reicht es nicht, sich gut zu fühlen, weil man sich fleischlos ernährt. Mindestens ebenso wichtig ist, dass man zu einer neuen moralischen Elite aufschließt. Wie ich gelesen habe, hat die »Vegan Society« vorgeschlagen, dass alle Anhänger zwischen Vor- und Nachnamen ein großes V führen, damit sich Gleichgesinnte auf Anhieb erkennen. Wer dachte, die Idee des Adels sei tot, hat noch nie versucht, dauerhaft ohne Kotelett und Steaks auszukommen.

Man könne den Zivilisationsgrad einer Gesellschaft daran messen, wie sie mit ihren Tieren umgehe, wurde mir auf einer Party entgegengehalten, als ich dabei war, ein Brötchen in Augenschein zu nehmen, das mit etwas belegt zu sein schien, was wie eine Frikadelle aussah (Entwarnung: es war nur Tofu!). Alle nickten zustimmend, ich eingeschlossen, wobei mir erst später klar wurde, dass der Satz von Mahatma Gandhi stammt. Ich habe keinen Zweifel an der Weisheit Indiens. Ich habe mich allerdings im Stillen gefragt, wie sich Gandhis Argument mit der Tatsache verträgt, dass keine Gesellschaft beim Tierschutz in ihrer Zeit so fortschrittlich war wie die nationalsozialistische.

So unmenschlich die Nazis auch ansonsten waren, was den Einsatz für mehr Tierrechte angeht, haben sie eine reine Weste. Zu den ersten Gesetzen, die sie nach der Machtübernahme auf den Weg brachten, gehörte 1933 das Reichstierschutzgesetz, das erstmals verbindlich festlegte, dass Tiere um ihrer selbst willen zu schützen seien. 1934 folgte das Reichsjagdgesetz, das ebenfalls als vorbildlich galt. 1937 wurden Tiertransporte gesetzlich geregelt. Für besondere Verdienste um das Tierwohl gab es die »Adolf-Hitler-Medaille« mit dem Schriftzug: »Adolf Hitler – ich bin ein entschiedener Gegner der Tierquälerei«.

Ich will die historische Spurensuche nicht zu weit treiben, aber Biokost und Naturheilkunde standen bei der Nazi-Führung insgesamt hoch im Kurs. Hitler verbrachte Stunden in Diskussionen mit seinen Vertrauten, wie man das deutsche Volk zum Vegetarismus bekehren könne. Nur mit Mühe konnte er davon abgebracht werden, die Wehrmacht auf Gemüsesuppe umzustellen. Das KZ Dachau beherbergte eines der größten Forschungslabore für alternative Medizin und produzierte seinen eigenen biodynamischen Honig. Der erste Anti-Raucher-Feldzug in der Geschichte wurde von den Nazis geführt. Und zum Ende des Krieges hatte die SS gut 75 Prozent des deutschen Mineralwassermarktes unter ihre Kontrolle gebracht, um jeden SS-Mann in ausreichender Menge mit Selters und Apollinaris versorgen zu können.

Es kann, wie so oft, kompliziert werden, wenn man sich mit den Dingen näher beschäftigt. Unter den Anhängern der fleischlosen Ernährung hat ein Blogeintrag Wirbel verursacht, dass pro Kilo nutzbaren Proteins aus Getreide 25-mal mehr Lebewesen getötet würden als bei einer nachhaltigen Fleischproduktion. Selbst die vegane Lebensweise hat ihre Opfer. Wo in Monokulturen Gemüse oder Soja angebaut werden, verschwinden die natürlichen Lebensräume. Es sterben die Insekten, dann das Rehkitz. Und wer am Ende der Saison nicht unter den Mähbalken geraten ist, dem geben die Pestizide den Rest.

Die besonders Eifrigen sind dazu übergegangen, nur noch das zu essen, was am Baum wächst oder am Wegesrande liegt. Die Erdbeere empfindet keinen Schmerz, so hieß es bislang. Aber nicht einmal darauf ist mehr Verlass.

US-Wissenschaftler wollen herausgefunden haben, dass auch Pflanzen Gefühle entwickeln. Man weiß schon lange, dass sie besser wachsen, wenn sie mit Wiener Klassik beschallt werden. Am Beispiel der Schotenkresse konnten die Forscher nachweisen, dass sich der Stoffwechsel ändert, sobald sie von Raupen verzehrt wird. Für die Wissenschaftler ist das der Beweis, dass Pflanzen spüren, wenn sie gegessen werden.

Die Lage an der Pflanzenfront ist wirklich furchtbar unübersichtlich. Vielleicht sollte man die Sache mit dem großen V vorerst noch mal überdenken.

Über den Vorzug von Bildungsbarrieren

Die grüne Fraktionschefin Katrin Göring-Eckardt hat ein Video ins Netz gestellt, in dem sie aus Einträgen vorliest, die sie auf ihrer Facebook-Seite gefunden hat. Es sind durchweg unerfreuliche Beiträge, in denen Leute schlimme Dinge sagen. Sie wirkt bei ihrer Lesung aufrichtig betroffen. Für Menschen, die ihr Leben auf der Annahme aufgebaut haben, dass man mit der entsprechenden Zahl von Sozialarbeitern nahezu jedes Problem in den Griff bekommt, ist es bitter, wenn sie erkennen müssen, dass es einen Teil der Gesellschaft gibt, bei dem Hopfen und Malz verloren zu sein scheint. In ihrem Video appelliert Göring-Eckardt an die Leitung von Facebook, »solchen Dreck« in die Mülltonne zu befördern und dann zu löschen.

Der Dreck mag mit Facebook in die Welt kommen, aber die Urheber waren schon vorher da. Ich bezweifle, dass sich der Bodensatz an Verbohrten und Gestörten vergrößert hat, weil sie jetzt das Internet als Klowand haben. Idioten hat es immer gegeben. Früher hat man sie nur nicht so oft gesehen. Neu ist bei den Abgehängten deshalb das Gefühl, nicht Außenseiter, sondern Meinungsführer zu sein. Wer bislang allein vor seinem Bier hockte, weil jeder in der Kneipe wusste, dass bei ihm eine Schraube locker ist, findet nun Gleichgesinnte, die ihn im Wahn bestätigen.

Man mag darüber streiten, ob man als Vizekanzler Menschen, die am liebsten Zweiwortsätze brüllen, als »Pack« bezeichnen darf: Soziologisch ist es eine zutreffende Bezeichnung. Der typische Internetkrakeeler verfügt über eine gebrochene Erwerbsbiografie und eine noch gebrochenere Schulkarriere. Es gibt auch Nazis, die den Gebrauch des Semikolons beherrschen, anstatt es für ein Ausrufezeichen von Lesben zu halten, aber das ist eher die Ausnahme. Wer in der Freizeit Stefan George liest, neigt eher nicht dazu, andere morgens mit »Hey, Arschloch« zu begrüßen.

Wenn Facebook eines schonungslos offenlegt, dann den Bildungsnotstand in Deutschland. 40 Jahre Gesamtschule, und die Leute wissen nicht mal, wie man »Fuck« schreibt. Die Grammatik ist den meisten ein Buch mit sieben Siegeln. Kann sein, dass sie so wütend sind, dass sie keine Zeit haben, Kommata zu setzen. Aber ich fürchte, sie würden die Zeichensetzung auch nicht beherrschen, wenn sie Tage damit zubrächten. Das bevorzugte Schimpfwort ist »Schlampe«, wahlweise auch »Ami-Schlampe« oder »Muslim-Schlampe«. Zu den häufigsten Argumenten gehört die Empfehlung, Leute am nächsten Baum aufzuknüpfen.

Es heißt immer, man solle die Bildungsbarrieren senken. Das ist der falsche Ansatz. Man sollte sie im Gegenteil erhöhen. Nur wer einen geraden Satz schreiben kann, sollte Anspruch darauf haben, dass man sich mit ihm auseinandersetzt. Man muss ja nicht gleich zur Gelehrtenrepublik übergehen. Das wäre ohnehin eine ziemlich öde Veranstaltung. Aber ein wenig mehr Bildungsdünkel würde uns mitunter ganz guttun.

Dass jeder Pöbler vom Pegidisten abwärts Beachtung statt Achselzucken findet, ist Spätfolge einer Entwicklung, die in den Siebzigerjahren ihren Anfang nahm, als man das Subproletariat als revolutionäres Subjekt entdeckte und mit einer historischen Mission ausstattete. Gerade das Unbeholfene und Rohe galt als authentisch. Wer wie der RAF-Gründer Andreas Baader Frauen durchweg als »Fotzen« respektive »Knallfotzen« bezeichnete, dem flogen die Herzen zu. Leider ist das Subproletariat in seinen politischen Vorlieben eher ungefestigt, wie man auf der Linken zwischenzeitlich erkennen musste. Von ganz links nach ganz rechts verteilt es seine Sympathie nach Stimmungslage.

Auch die Demokratie braucht Diskriminierung. Wo der Tatbestand der Volksverhetzung oder der Aufstachelung zum Rassenhass erfüllt ist, tritt die Staatsanwaltschaft auf den Plan. Wer sich persönlich beleidigt oder in seiner Ehre herabgesetzt fühlt, kann einen Anwalt einschalten. Wenn diese juristischen Wege versagen, weil der Unrat zu groß oder die Urheber nur schwer auszumachen sind, bleibt immer noch die Möglichkeit, nicht alles zur Kenntnis zu nehmen, was die Leute so von sich geben. Niemand zwingt einen, zu lesen, was an Irrsinn auf den Netzwerken veröffentlicht wird, die man sozial nennt.

Die SPD-Generalsekretärin machte vor der letzten Bundestagswahl den Vorschlag, die Bundestagswahl über mehrere Wochen auszudehnen, damit die Wahlbeteiligung wieder steigt. Das war gut gemeint, aber, wie so oft bei ihr, undurchdacht. Dass unser System relativ stabil ist, verdanken wir nicht zuletzt der Tatsache, dass ein nicht unbeträchtlicher Teil der

Wählerschaft am Wahltag zu desinteressiert oder zu betrunken ist, um aus dem Bett zu finden.

Wir sollten über sinkende Wahlbeteiligung nicht klagen, sondern dafür dankbar sein. Wenn alle Leute ihre Stimmen abgeben würden, die dazu berechtigt sind, sähe die Kräfteverteilung im Bundestag noch ganz anders aus.

Über den Kampf gegen den Hass

Ich habe meinen Ressortleiter angerufen und ihn gefragt, wo ich mich melden kann, um dem Hass entgegenzutreten. Überall kann man lesen, wie wichtig es sei, aufzustehen und Haltung zu zeigen. Wer nicht wolle, dass Fremdenfeindlichkeit und Rassismus in Deutschland wieder salonfähig würden, der dürfe nicht länger schweigen.

Als Kolumnist trägt man besondere Verantwortung. Leider konnte mir mein Ressortleiter nicht weiterhelfen, obwohl er immer wieder Texte auf die Seite stellt, in denen steht, dass man sich engagieren müsse.

Ich habe dann den Beitrag eines Kollegen gelesen, in dem stand, wir müssten den Rassisten und Demokratieverächtern überall entgegentreten, »in der Freizeit, bei der Arbeit, in den sozialen Netzwerken, auf der Straße, bei Demonstrationen«. Damit konnte ich schon mehr anfangen. Das war konkret. Ich bin in Gedanken durchgegangen, wo ich mit meinem Engagement am besten anfangen sollte.

In der Arbeit bin ich eigentlich nur von Leuten umgeben, die voll hinter Angela Merkel und ihrer Flüchtlings- und Europapolitik stehen. Die letzte Demonstration, in die ich eher zufällig hineingeriet, war für mehr Geld in den Kitas. Keine Ahnung, wie viele Erzieherinnen heimlich mit rechts sympathisieren: Ich vermute, nicht so viele.

Auch auf der Straße begegne ich vor allem Menschen, bei denen ich mir beim besten Willen nicht vorstellen kann, dass sie davon träumen, Asylbewerberheime anzustecken oder Busse mit armen Flüchtlingen zu terrorisieren. In meinem Viertel haben Sozialdemokraten und Grüne bei der letzten Wahl 70 Prozent der Stimmen geholt, und das in München. Im Prenzlauer Berg, wo die Journalistendichte so hoch ist, dass man praktisch immer einen Medienmenschen trifft, wenn man versehentlich etwas aus dem Fenster wirft, sind es noch mehr.

Es ist wirklich nicht leicht, sich gegen den Hass zu engagieren, wenn man in einer deutschen Großstadt lebt. Das ist ein echter Standortnachteil.

Was den Kampf gegen rechts angeht, ist es natürlich nicht so gut, dass die Leute, die nicht länger schweigen wollen, alle auf einem Fleck wohnen.

Wenn man wirklich etwas bewirken wollte, müsste man dahin gehen, wo die Fremdenfeinde sind. Leider ist das meist ziemlich ab vom Schuss und überhaupt eine Zumutung: Die Breitbandverbindung ist lausig, der Friseur kennt nur Dauerwelle mit Tönung Orange oder Altrosa, und der Latte macchiato schmeckt auch nicht, weil aus dem Melitta-Vollautomaten.

Moritz von Uslar ist vor Jahren einmal für sein Buch »Deutschboden« in ein Kaff nach Brandenburg gezogen. Alle haben ihn für verrückt erklärt, aber er hat das durchgezogen, weil er wissen wollte, wie es in der ostdeutschen Provinz so zugeht. Uslar käme genauso in Clausnitz oder Heidenau zurecht, da bin ich mir sicher. Aber er ist auch jemand, der boxt, damit er in Form bleibt, und kein Problem damit hat, an einem Tresen zu stehen, ohne viel zu quatschen.

Haltung zu zeigen ist unter Journalisten im Augenblick das große Ding. Toll schreiben können, Dinge sehen, die andere nicht sehen – alles gut und schön. Aber wer richtig berühmt und respektiert sein will, muss mehr zu bieten haben. Als Vorbild gelten Journalisten wie Anja Reschke und Dunja Hayali, also Menschen, die Gesicht gezeigt haben, wie das in der Medienwelt heißt.

Reschke wurde als »Journalistin des Jahres« für einen »Tagesthemen«-Kommentar ausgezeichnet, in der sie die Zuschauer dazu aufrief, dass man nicht länger schweigen dürfe, was im Rückblick als Geburtsstunde des Haltungsjournalismus gilt. Hayali hat die »Goldene Kamera« gewonnen, weil sie unter anderem zu einer AfD-Demo nach Erfurt gefahren ist, um die Teilnehmer nach ihren Beweggründen zu fragen. »Auch wenn die Antworten absurd erschienen, Dunja Hayali blieb immer sachlich«, hieß es in der Begründung der Jury für die Auszeichnung der »mutigen Arbeit«. Früher musste man mit dem Vietcong auf Patrouille gehen, um für einen Fronteinsatz belohnt zu werden, heute reicht es, im Gespräch mit Pegidisten die Nerven zu behalten.

Das beste Mittel gegen Fremdenhass ist aus meiner Sicht ein starker Staat, da bin ich ganz altmodisch. Wo die Menge sich zusammenrottet, um anderen Angst einzujagen, hilft nur die eiserne Faust der Ordnungsmacht. Leider kommt die Polizei mit der Arbeit kaum noch nach. In der »Süddeutschen Zeitung« gab es eine lange Reportage darüber, wie übermüdet und fertig viele Einheiten inzwischen sind.

Ein Grund für die Überlastung der Polizei ist, dass sie ständig auch noch auf Leute aufpassen muss, deren Lebensinhalt darin besteht, gegen

rechts zu sein. Auf der »Achse des Guten« hat neulich jemand einen Aus-
zug aus dem »Jahres-Geschäftsbericht« der Antifa in Leipzig gepostet:
Brandanschläge auf Bahnanlagen, Überfälle auf Polizeiposten, Anschlä-
ge auf Firmen und Parteibüros, Überfälle auf Geschäfte in der Innenstadt – es gab kaum einen Monat, in dem es nicht irgendwo brannte oder
knallte.

Vielleicht sollte man die Polizei von links ein wenig entlasten, dann
müssten alle gegen rechts weniger Haltung zeigen.

Über rechtes und linkes Denken:
Ein Gespräch mit dem Soziologen Arnim Nassehi

Herr Professor Nassehi, man liest so viel über den Aufstieg der Neuen Rechten. Wie sieht es im universitären Milieu aus, sind die ersten Vertreter der Bewegung schon in die Hörsäle vorgedrungen?

Bei uns Soziologen sind sie jedenfalls noch nicht aufgetaucht. Es gab wohl mal den Versuch, an der Ludwig-Maximilians-Universität eine AfD-Hochschulgruppe zu gründen, aber das wurde verhindert. Es ist ja überhaupt ein interessanter Widerspruch, dass die Rechte medial viel präsenter ist, als man sie dann wirklich sieht.

Dennoch ist man links der Mitte in großer Unruhe. Es reicht schon, dass ein rechter Kleinverlag einen Stand bei der Buchmesse anmeldet, und alle, angefangen bei der Messeleitung, überlegen, wie sie deren Vertreter in Quarantäne nehmen können.

Es hilft noch nicht einmal etwas, wenn die bösen Bücher von Gegenmitteln eingerahmt sind, also einem Antidot in Form von aufklärerischen Texten. Die Überzeugung, man könne befleckt werden, ist so stark, dass offenbar alle Aufklärung versagt. Das ist die Rückkehr des animistischen Denkens.

Im Fall der Frankfurter Buchmesse, die den rechten Antaios-Verlag verbannen wollte, kann man sich fragen, wie erfolgreich solche Bannversuche sind. Kaum ein Thema war in den Feuilletons so präsent wie der Isolationsversuch durch Zuweisung eines Stands in einem abgelegenen Teil der Messe.

Ich wäre der Letzte, der sagen würde, dass das rechte Denken nicht durchaus eine Gefahr beinhaltet. Aber es ist doch sehr naiv zu glauben, man könne die Macht falscher Ideen begrenzen, indem man sie sich vom Leibe hält. Der Deus absconditus, der verborgene Gott, war immer schon mächtiger als die Hausgötter, die um die Ecke wohnten und deren Schwächen man nur allzu genau kannte.

Woher rührt die Verunsicherung des intellektuellen Milieus? Ist es der Schock darüber, nicht mehr wie selbstverständlich die meinungsbildende Kraft zu sein?

Man müsste eigentlich wissen, wie das Spiel funktioniert. Die Rechte hat sich ihre Strategie ja bei der Linken abgeschaut. Leute wie der Antaios-Verleger Götz Kubitschek wissen, was eine subversive Aktion ist. Kubitschek hat ein Buch geschrieben, das »Provokation« heißt und die Sozialformen der Protestbewegung von 1968 explizit wiederaufnimmt. In den Sechzigerjahren konnte man mit ein paar Parolen wie »Ho, Ho, Ho Chi Minh!« dem braven Bürger einen Schreck einjagen. Heute schockiert man ihn, indem man mit völkischen Theorien arbeitet und von geschlossenen Kulturräumen redet.

Oft heißt es, links und rechts seien überholte Kategorien. So überholt scheinen die beiden Begriffe doch nicht zu sein. Zur Klärung: Was macht aus Ihrer Sicht rechtes Denken aus?

Rechtes Denken fängt dort an, wo das Individuum nur noch als Teil einer feststehenden Gruppe begriffen wird. Man stellt sich eine Gesellschaft vor, in der alles seinen Platz hat, die Ethnien in ihrem Raum, die Geschlechter in ihrer Natur, die Alten, die Jungen, diejenigen, die von hier sind, und die, die von außen kommen.

Die geordnete Welt.

Die geordnete Welt, exakt. Und die Ordnung ist nicht eine, die man selbst herstellt, sondern sie war schon immer da, entweder natürlich oder gottgewollt. Dass die Gruppenexistenz dem Einzelnen eindeutig vorgeordnet ist, das ist die entscheidende Idee dabei.

Wie würden Sie davon linkes Denken absetzen?

Linkes Denken beginnt, wo die Gesellschaft als ein Objekt verstanden wird, das man instrumentell verändern kann. Hier liegt allerdings auch der Grund für das, was ich das Sympathieparadox nennen würde. Die Wertvorstellungen der Linken sind unglaublich sympathisch. Niemand kann ernsthaft gegen Gerechtigkeit oder freiheitliche Lebensformen sein. Das schaffen selbst die Rechten semantisch nicht. Aber um diese Ideale in einer Gesellschaft durchzusetzen, braucht man quasi autoritäre Möglichkeiten, weil die Verhältnisse widerspenstiger sind, als man sich das vorgestellt hat. Deshalb ist der gemeinsame Feind von Links- wie Rechtsradikalen auch der Liberale.

Ein Linker würde sagen: »Es gibt keine klugen Rechten. Es gibt den Nazi, es gibt den Provokateur wie Alexander Gauland, der es aufregend findet, das ›Dritte Reich‹ als ›Vogelschiss‹ zu bezeichnen. Aber rechte Intellektuelle? Das ist ein Widerspruch in sich.«

Wir sind daran gewöhnt zu sagen, dass die Linke immer schon theoriestark gewesen sei. In gewisser Weise stimmt das natürlich. Ich bin ein Produkt davon, Sie auch. Aber wenn man genau hinguckt, dann sieht man, wie naiv vieles war. Nehmen Sie eine Figur wie Rudi Dutschke. Wenn Sie heute die Sachen lesen, die er von sich gegeben hat, dann fallen Sie vom Stuhl. Das ist der Intellektuelle, der sich die Gesellschaft als weißes Blatt Papier vorstellt, das man nur vollschreiben muss.

Gibt es überhaupt so etwas wie eine rechte Theorieproduktion?

Darüber scheiden sich die Geister. Der Schutzheilige der Bewegung ist sicher Armin Mohler, der Privatsekretär von Ernst Jünger, mit seinem Antiliberalismus. Mein Lieblingssatz von Mohler lautet: »Die Liberalen beurteilen die Menschen nicht danach, was sie sind, sondern danach, was sie sagen.« Besser lässt sich der Kern rechten Denkens nicht beschreiben.

Also lohnt es, sich mit der Rechten zu beschäftigen?

Es lohnt sich nicht, weil man sagen könnte, man bekomme ein tolles, neues Gesellschaftsbild geboten. Aber es lohnt sich in dem Sinne, dass es da Leute gibt, die einen klaren Blick auf linke Selbstwidersprüche haben. Universalistische Sätze gehen uns unglaublich leicht über die Lippen. Unsere Lebensformen hingegen sind gerade in der Mittelschicht erstaunlich partikular und mit dem universalistischen Anspruch nicht immer identisch. Der Ausländeranteil an den eigenen Schulen ist zum Beispiel vergleichsweise gering, und wenn er zu groß wird, leistet man sich eine Privatschule. Wir fliegen auch dreimal im Jahr in den Urlaub, obwohl wir wissen, dass wir unsere Erde nur von unseren Kindern geborgt haben, wie es so schön heißt.

Sie haben vor vier Jahren mit Götz Kubitschek einen Mailverkehr geführt, den Sie veröffentlicht haben. Wie kam es dazu?

Ich hatte bei Kubitscheks Verlag das ein oder andere Buch gekauft. Als Amazon diese Bücher nicht mehr anbot, konnte man sie nur noch direkt beim Verlag bestellen. Ich habe unvorsichtigerweise gesagt, dass ich's komisch finde, dass ein amerikanisches Unternehmen entscheidet, welches Buch von wem in Deutschland gekauft werden kann. So kamen wir ins Gespräch.

Miteinander reden setzt eigentlich eine gewisse Offenheit voraus, auch die Möglichkeit, dass die Gegenseite gute Argumente hat. Aber ist eine solche Unvoreingenommenheit in dem Fall wirklich wünschenswert?

So ein Schriftverkehr zielt ja nicht darauf ab, den anderen zu überzeugen, sondern entsteht immer im Horizont von Dritten, die das später zu sehen bekommen. Also darf man nicht naiv sein. Ich habe vorher viel gelesen. Da läuft es einem manchmal kalt den Rücken runter, weil Leute wie Kubitschek die Idee einer ethnischen Monokultur verfolgen, die man, wenn man es ernst meint, nur gewaltsam durchsetzen kann. Er würde immer sagen, dass das nicht der Fall sei. Aber in vielen Formulierungen finden Sie diese geradezu neurotische Fixierung aufs Migrantische. Mich hat interessiert, wie ein belesener Mann wie Kubitschek reagiert, wenn man ihn mit seinen Obsessionen konfrontiert. Ich fand, das war es wert.

Das heißt, es gibt kluge Rechte?

Wer eine ganz andere Gesellschaft will, der kann nicht klug im wissenschaftlichen Sinne sein. Revolutionen scheitern immer an der Trägheit der Gesellschaft, die sie überwinden wollen, das ist unausweichlich. Die

Revolution beinhaltet notwendigerweise die Konterrevolution, womit dann die Gewaltherrschaft nach der Revolution gerechtfertigt wird.

Zum Selbstverständnis vieler Intellektueller gehört es, dass der Geist links weht, weil nur der Linke das Gute will.

Der Rechte würde dasselbe für sich reklamieren. Er würde nur einwenden:»Das Gute ist etwas anderes, als ihr denkt. Das Gute ist eben nicht die universalistische Idee, sondern das Gute ist das, was in den Praktiken unmittelbar auffindbar ist.« Soziologisch gesehen ist da sogar etwas dran. Das meiste, was wir tun, wird eben nicht durch unsere rationalen universalistischen Entscheidungsalgorithmen hervorgebracht, sondern durch dumpfe Halbbewusstheit, wie es schon bei Max Weber heißt.

Wir denken links und leben rechts?

Das ist die Formel, auf die man es bringen kann. Ein cleverer Rechtsintellektueller würde genau dort ansetzen. Allerdings könnte er ab sofort nicht mehr radikal sein, weil er feststellen müsste, dass ihm die Verhältnisse einen Strich durch die Rechnung machen. Da geht es ihm nicht besser als seinem linken Counterpart. Wenn Sie der Idee anhängen, dass man die Kulturen am besten nicht vermischt, weil Völker Schicksalsgemeinschaften seien, dann laufen Sie in Probleme, wenn die Gesellschaft das permanent dementiert. Wir sind als Einwanderungsland relativ erfolgreich, das müsste Ihnen als Rechtem eigentlich zu denken geben. Sie müssten sich sagen: Moment mal, die Beweglichkeit der Gesellschaft ist doch größer, als wir dachten.

Ein empörter Vorwurf gegen solche Formen des intellektuellen Schlagabtauschs lautet, er trage dazu bei, rechtes Denken in die Gesellschaft zu tragen.

Empörung ist eine intellektuelle Ersatzhandlung. Mir ist vorgeworfen worden, ich hätte den Kubitschek salonfähig gemacht. Da muss ich sagen, ich bedanke mich für die Bescheinigung von so viel Potenz. Das würde ja heißen, wenn ich nicht mit ihm geredet hätte, wäre er jetzt nicht salonfähig. Ich fürchte, so viel Einfluss habe ich dann doch nicht.

Selbst Jürgen Habermas, der Vater der Diskurstheorie, hat in einem Interview gesagt, es gebe politische Kontrahenten, die seien so gefährlich, die müsse man ausgrenzen.

Ich habe dafür wenig Verständnis, ehrlich gesagt. Die Frage ist doch: Warum hat das Rechte so eine Konjunktur? Hegel hätte gesagt, das hat einen gewissen Vernunftaspekt, sonst wär's nicht wirklich. Als Funktionalist wäre meine Antwort: Das Rechte scheint ein Problem zu lösen, sonst könnte es nicht eine gewisse Macht entfalten. Jetzt müssen wir fragen: Welches löst es denn?

Und?

Unsere Lebensformen sind träger, als wir denken. Der Soziologe Pierre Bourdieu hat schon in den Siebzigerjahren darauf hingewiesen, dass die Leute stärker in ihren Alltagsbewältigungsressentiments verhaftet sind, als wir uns das träumen lassen. Manchmal denke ich, vielleicht lag die eigentliche zivilisatorische Kraft der westlichen Demokratie darin, mit den negativen Energien sozial verträglich umzugehen. Die großen politischen Parteien haben die ressentimentgeladenen Milieus eingefangen, die es an allen Ecken der Gesellschaft gibt. Man konnte konservativ sein, ohne ins Rechte abzudriften. Man konnte eine starke linke Identität haben, ohne ins Ideologische zu kippen. Diese integrative Kraft ist perdu. Die SPD steht vor dem Aus, und bei der Union müssen sie mühsam definieren, was konservativ sein soll.

Vielleicht sollten wir uns angewöhnen, weniger zu typisieren.

Wir Menschen typisieren permanent, wir stereotypisieren auch. Anders können wir gar nicht durchs Leben gehen. Wir haben gesellschaftlich geprägte Bilder vom anderen im Kopf, ob wir wollen oder nicht. Die Frage ist: Gelingt es, diese Typisierungen so geschmeidig zu halten, dass man die Grundlagen eines zivilisierten Zusammenlebens bewahrt? Wir wissen, dass diese Grundlagen sehr instabil sind: Wenn das Gewaltmonopol des Staates außer Kraft gesetzt ist, nach Naturkatastrophen oder während Kriegen, dann werden aus braven Bürgern Plünderer, Vergewaltiger, Totschläger. Kubitschek hat in unserem Briefwechsel den Satz gesagt: »Wenn es ums Ganze geht, dann wissen die Leute schon, wo sie hingehören.« Für ihn ist das ein normativer Satz, für mich ist es ein deskriptiver. Aber in der Deskription hat er recht. Der Firnis der Zivilisation ist dünn.

Die Achtundsechziger haben das Land nachhaltig geprägt. Auf die radikalen Ideen folgte der Marsch durch die Institutionen, am Ende stellten sie den Außenminister. Müssen wir uns auf eine ähnliche Entwicklung einstellen, nur unter umgekehrten politischen Vorzeichen?

Viele Leute haben offenbar das Gefühl, dass die Sicherheit ihres Zukunftsentwurfs verloren ist. Wir müssen uns fragen: Wie kann man so was wie eine Kontinuität von Lebensverläufen wiederherstellen? Die Rechten machen das mit radikalen Ideen ethnischer Homogenität. Ich nehme das so ernst, wie ich Dutschkes Idee ernst genommen habe, das nachrevolutionäre West-Berlin als eine große Universität zu entwerfen, wo jeder das Richtige lernen muss, wenn er nicht Gefahr laufen will, ausgewiesen oder eingewiesen zu werden. So wird es nicht kommen. Das Radikale schleift sich ab, oder es verschwindet.

Wird die Gesellschaft rechter werden?

Wir sind doch schon längst dabei, zumindest implizit rechts zu werden. Die Grünen wollten, als sie anfingen, alle Institutionen plattmachen. Jetzt sind sie diejenigen, die von Heimat sprechen und die Institutionen lieben lernen. Man kann das als Kapitulation verstehen oder, im Gegenteil, für eine kluge Strategie halten. Ich neige zu Letzterem.

Armin Nassehi lehrt als Professor für Soziologie an der Ludwig-Maximilians-Universität in München. Er ist Autor zahlreicher Bücher (»Muster«, »Das große Nein«) und mit Artikeln und Interviews regelmäßig in den Medien vertreten. Seit 2012 ist Nassehi zudem Herausgeber des »Kursbuch«.

Über Pazifismus im Kinderzimmer

Forscher aus Neuseeland haben festgestellt, dass die Firma Lego die Militarisierung im Kinderzimmer fördert. Ich vermute, die meisten Menschen denken wie ich bei Lego an harmloses Spielzeug. Aber das zeigt nur, dass wir nicht wissen, was vor sich geht.

Nach Angaben der Wissenschaftler stecken in 30 Prozent der Lego-Baukästen heute Waffen. Bei den Katalogen sieht es noch schlimmer aus: 40 Prozent aller Katalogseiten enthielten irgendeine Form von Gewalt. Noch ist es nicht so weit, dass die Experten einen generellen Lego-Bann empfehlen, um dem Wettrüsten im Kinderzimmer Einhalt zu gebieten. »Aber die Lego-Produkte sind nicht so unschuldig, wie sie es früher einmal waren«, sagt Christoph Bartneck von der Universität Canterbury über das Ergebnis der Studie.

Ich bin sicher, dass die Nachricht viele Eltern nachdenklich stimmen wird. Dass Kinder gewaltfrei aufwachsen, steht bei den Erziehungsgrundsätzen an allererster Stelle, noch vor dem Verzicht auf Speisen, die Allergien auslösen könnten, der frühkindlichen Sprachförderung oder der Bevorzugung ökologisch unbedenklicher Kleidung. Gewalt als Mittel der Auseinandersetzung ist so weit geächtet, dass schon der Anblick eines Astes in der Form einer Spielzeugpistole Beklemmungen auslöst, von Raufereien oder handfesteren Händeln gar nicht zu reden.

Ich muss an dieser Stelle etwas Persönliches berichten. Ich bin vor 15 Monaten noch einmal Vater geworden. Mein Sohn ist ein wunderbarer Junge, lebhaft, neugierig, gesegnet mit einem Lächeln, das den schlimmsten Griesgram erweichen kann. Leider hat er die Angewohnheit, andere Kinder zu schubsen oder sie mit seinen kleinen Fäusten zu boxen, wenn ihm etwas nicht passt. Weil wir nicht unangenehm auffallen wollen, sitzen meine Frau und ich auf dem Spielplatz immer in Sprungbereitschaft, um rechtzeitig eingreifen zu können. Hin und wieder ist unser Sohn leider schneller als wir.

Ich habe dabei eine Beobachtung gemacht: Die meisten Kinder schubsen nicht zurück. Sie bleiben starr stehen, wenn sie geboxt wurden, und warten, dass ihnen jemand zu Hilfe eilt. Es dauert in der Regel auch nur wenige Sekunden, bis ein Erziehungsberechtigter erscheint. Neulich hat mein Sohn einen Dreijährigen gehauen. Der Junge war einen Kopf größer, er konnte schon in ganzen Sätzen reden. Aber statt sich zu wehren, rief er immer nur »aua, Papa«, »aua, Papa«.

Manchmal frage ich mich, ob wir es mit der Erziehung zum Pazifismus nicht übertreiben. Ich weiß, ich begebe mich hier auf heikles Terrain. Wer nach den Grenzen des Pazifismus fragt, gerät schnell in Verdacht, der Gewalt das Wort zu reden. Ich bin sehr dafür, Konflikte im Dialog zu lösen, um das klar zu sagen. Aber das Konzept funktioniert nach meiner Einschätzung nur so lange, wie jemand daneben steht, der aufpasst, dass sich alle an die Regeln der gewaltlosen Konfliktlösung halten.

Man kann das auch auf anderer Ebene sehen. Der Historiker Jörg Baberowski hat in einem Interview darauf hingewiesen, dass Menschen, die in durchgängig befriedeten Gesellschaften aufgewachsen sind, ihre Erziehung im Weg steht, wenn es zu einem unerwarteten Einbruch von Gewalt kommt. Als Beispiel nannte er die Übergriffe in der Silvesternacht in Köln.

Baberowski hat in dem Zusammenhang von einem Fall aus Murmansk berichtet, der sich ein paar Wochen nach Köln zugetragen hat. Auch in Murmansk war es offenbar zu Übergriffen gegenüber Frauen durch ein paar arabische Männer gekommen. Anders als in Köln endete das für die Angreifer allerdings misslich, wie der Gewaltforscher in dem Interview sagte: »Niemand wartete auf den Staat, und am Ende gab es dennoch eine klare Botschaft, die die Täter verstanden haben.«

In Deutschland gibt es jetzt die Diskussion, wie man als Passant reagieren soll, wenn sich, wie zuletzt beim Karneval der Kulturen in Berlin, Männer an Frauen vergreifen. Bei »Welt Online« fand ich den Vorschlag, wer Zeuge einer solchen Grabschattacke werde, solle sein Handy zücken und den Übergriff filmen. »Schon ein halbes Dutzend Smartphones in den Händen halbwegs wehrhaft aussehender Kerle wäre eine taugliche Distanzwaffe«, empfahl der Autor. »Wenn das nächste Mal Frauen belästigt werden, mischt euch ein, Männer, zieht, schießt. Bilder.«

Ich bin sicher, der Reporter von »Welt Online« hat es gut gemeint. Die Grenze zur Selbstjustiz sei hauchdünn, heißt es bei ihm warnend. Ich habe mir allerdings vorzustellen versucht, wie das Ganze in der Praxis aussehen soll. Während jemand seine Freundin an Po und Busen packt, steht der Freund daneben und hält den Vorgang mit dem Telefon fest, um ihr anschließend stolz die Beweismittel präsentieren zu können? Kein Wunder, dass zwischenzeitlich das Pfefferspray ausverkauft war.

In manchen Beiträgen wird jetzt so getan, als ob die deutschen Männer zu verweichlicht wären. Dazu kann ich nur sagen: Ich sehe das Problem strikt genderneutral. Die Zeiten, in denen man sich als Frau auf die Ritterlichkeit von Männern verlassen konnte, sind definitiv vorbei. Wenn ich eine Tochter hätte, würde ich sie für einen Selbstverteidigungskurs anmelden. Vielleicht ist es auch keine so schlechte Idee, sie früh mit Lego spielen zu lassen. Etwas Militarisierung im Kinderzimmer ist im Zuge der Globalisierung möglicherweise doch nützlicher, als wir meinen.

Über die Literaturwissenschaft als Mittel, Alexander Gauland zu verstehen

Alexander Gauland hat dem »Spiegel« ein Interview gegeben. Es ging, wie so oft bei ihm, um die Frage, wer zu Deutschland gehört und wer nicht. Oder, um Gauland'sche Termini zu benutzen: welche Menschen so »raum- und kulturfremd« sind, dass man sich ein gedeihliches Zusammenleben mit ihnen nur schwer vorstellen kann. Diesmal lief ein Aufnahmegerät, man kann sich also auf die Authentizität des Gesagten verlassen.

Dass er kein Rassist sei, ja dass er Rassismus grundsätzlich ablehne, das will er gleich zu Anfang festgehalten wissen. Es ist eine Selbstbeschreibung, die nicht schon deshalb unwahr wird, weil man anderes vermutet. Gauland hat sofort in Abrede gestellt, sich beleidigend oder fremdenfeindlich geäußert zu haben, als er, wiederum in einem Gespräch mit der »Frankfurter Allgemeinen Sonntagszeitung«, die nachbarschaftliche Akzeptanz des Fußballspielers Jérôme Boateng in Zweifel zog. Auch im »Spiegel« beharrt er darauf, es habe sich um ein Missverständnis gehandelt. Man habe ihm den Namen Boateng vor die Füße gelegt, und er sei darüber gestolpert.

Man muss bei Gauland genau hinhören. Er hat eine unnachahmliche Begabung, noch bei den größten Ungeheuerlichkeiten so zu wirken, als sei er darüber genauso bekümmert wie seine Kritiker. Um zu verstehen, was Gauland sagen will, empfiehlt sich ein Verfahren, das man aus der Literaturwissenschaft als Dekonstruktion kennt. Man muss seine Sätze nicht deuten, um einen geheimen Sinn zu entschlüsseln – man muss sie im Gegenteil wörtlich nehmen.

In einer ersten Erklärung hat der Vorsitzende der AfD-Bundestagsfraktion davon gesprochen, er habe seinen Satz über den Nationalspieler Boateng unmöglich als Beleidigung meinen können, da ihm dessen »gelungene Integration« aus Berichten bekannt sei. Gauland benutzt eine ähnliche Formulierung im Gespräch mit dem »Spiegel«, als er auf »die vielen klugen Fernsehjournalistinnen« mit einem »türkischen oder iranischen Namen« zu sprechen kommt. Die seien, wie er sich ausdrückt, »in einer Weise integriert, dass wir darüber gar nicht reden müssen«.

Integration ist hier das zentrale Wort. Es soll beruhigend wirken und alle Zweifel an der Lauterkeit des Sprechenden zerstreuen. Tatsächlich ist das Wort ein Begriff, der wie eine Falltür funktioniert. Was selbstverständlich klingt, eröffnet einen Kellerraum der Fragen, wenn man einmal angefangen hat, darüber nachzudenken, was gemeint sein könnte.

Jérôme Boateng ist in Berlin geboren. Er hat immer die deutsche Staatsangehörigkeit besessen, Deutsch ist seine Muttersprache. Gleiches gilt für die ZDF-Moderatorin Dunja Hayali, auf die sich Gauland in seinem Satz über die »vielen klugen Fernsehjournalistinnen« bezieht. Aber offenbar reicht das nicht, um als Deutscher durchzugehen. Folgt man dem AfD-Fraktionsvorsitzenden in seinen Gedankengängen, wird dazu eine weitere Leistung erwartet, eine Integrationsleistung eben. Dass die Staatsangehörigkeit allein noch keinen echten Deutschen macht, sagt Gauland selber: »Indem ich einen deutschen Pass habe, bin ich noch kein Deutscher.«

Wie könnte die Integration aussehen, die aus einem zufälligen einen echten Deutschen macht? Eine Möglichkeit wäre, dass man durch sein Handeln erkennen lässt, wie sehr man sich zur gemeinsamen Kultur bekennt, also zu den Werten und Tugenden, die man im weitesten Sinne mit dem Deutschsein verbindet. In der AfD ist viel von Kultur die Rede. Gauland verweist regelmäßig auf den europäischen Kulturraum, in dem er sich heimisch fühlt.

Den Lebensstil zum eigentlichen Definitionsmerkmal des Deutschen zu machen, ist allerdings eine zweischneidige Sache. Wenn die Anerkennung von Tugenden wie Fleiß, Pünktlichkeit und Ordnungsliebe das entscheidende Kriterium ist, um als Kerndeutscher zu gelten, dürften auch Teile der deutschen Unterschicht als nicht wirklich integriert gelten. Wer nicht einmal in der Lage ist, seinen Kindern zum Frühstück ein Butterbrot zu schmieren, von dem wird man kaum sagen können, dass er die hiesige Leitkultur verinnerlicht habe.

Man darf bezweifeln, dass Gauland das meinte, als er im Zusammenhang mit Deutschen wie Boateng und Hayali von Integration sprach. Damit bleibt nur die Möglichkeit, dass von ihnen eine Sonderleistung verlangt wird, weil sie andere ethnische Wurzeln haben. Wenn weder Staatsangehörigkeit noch kulturelle Identität die entscheidenden Kriterien sind, um die Zugehörigkeit zur Volksgemeinschaft zu begründen, landet man zwangsläufig bei der Abstammung. Dann ist es die Hautfarbe oder die biologische Herkunft, die darüber bestimmen, ob man automatisch dazu zählt oder erst beweisen muss, dass man wirklich ein Deutscher ist.

Der »FAZ«-Journalist Volker Zastrow hat der AfD in einem Kommentar vorgehalten, im Kern eine völkische Bewegung zu sein. Das schien ein sehr hartes Urteil, das die Führungsspitze der AfD, inklusive Gauland, sehr erregt hat. Ich weiß das so genau, weil ich nur wenige Tage nach Erscheinen des Kommentars mit Gauland zusammensaß und er sich über das Wort »völkisch« empörte.

Gauland lebt lange genug in Deutschland, um zu wissen, dass nicht jeder Besitzer eines deutschen Passes Meier oder Schmidt heißt. Wer Menschen für nicht deutsch genug hält, weil der Name auf eine Abstammungslinie verweist, die über den europäischen Kulturraum hinausweist, denkt in erbbiologischen Kategorien. Nichts anderes ist mit dem Begriff völkisch gemeint.

Über die Passform von Hemden und was sie uns über heterosexuelle Männer sagt

Der Fußballtrainer Jogi Löw hat sich nach 30 Jahren von seiner Ehefrau getrennt. In der »Bunten« stand über die »wahren Hintergründe«, das Ehepaar habe sich auseinandergelebt. »Es war ein schleichender Prozess. Eine Entfremdung im Laufe der Zeit«, sagte eine Bekannte der beiden dem Blatt.

Mir hat das eingeleuchtet. Nichts, was aus meiner Sicht gleich eine Titelgeschichte rechtfertigen würde, aber nachvollziehbar. Unter den Löw-Experten im Sekretariat hat die Entfremdungsthese nur höhnisches Schnauben hervorgerufen.

Die »Bunte«-Leserin bei uns in der Redaktion glaubt nicht an Entfremdung. Jogi Löw sei schwul, das wisse doch jedes Kind. Ich wusste das nicht. Als ich nach Belegen fragte, wurden mir folgende Beweise präsentiert: Die Vorliebe für taillierte Hemden. Die Farbe der Hemden. Der Haarschnitt, der immer so aussehe, als ob er etwas habe machen lassen. Außerdem wirbt Löw für Hautcreme!

Ich bin der Sache nachgegangen und dabei auf ein Interview in der »Welt am Sonntag« gestoßen, in dem Löw zu der Frage Stellung nimmt, er liebe in Wahrheit Männer. »Was soll ich dazu sagen? Es ist wie mit dem Toupet«, sagt Löw dort. »Auch das stimmt nicht. Fragen Sie gern meine Frau.« Das ist eindeutig, wenn Sie mich fragen. Aber das Thema hat ein Eigenleben angenommen, ganz unabhängig davon, was die Betroffenen sagen.

Ich finde die ganze Löw-Geschichte irgendwie diskriminierend. Sie sagt sehr viel darüber, wie abwertend wir über heterosexuelle Männer denken. Können Heterosexuelle keine gut geschnittenen Hemden tragen? Ich kenne viele Männer, die sehr auf ihr Äußeres achten, obwohl sie mit Frauen zusammen sind. Einige nutzen auch regelmäßig teure Pflegeprodukte, ohne dass man daraus Rückschlüsse auf ihre sexuellen Präferenzen ziehen könnte.

Das ist doch ein schlimmes Stereotyp, dass sich Männer jenseits der vierzig gehen lassen. Wenn man sagt, dass Schwarze ein Problem mit der ehelichen Treue haben oder Araber Frauen nicht für voll nehmen, rollen alle mit den Augen. Warum gilt das nicht auch bei Vorurteilen gegenüber Heterosexuellen? Niemand wird gerne auf ein Stereotyp reduziert, das sollte für alle die Regel sein.

Ich schreibe das, weil mir vergangene Woche aufgefallen ist, dass Heteros nicht einmal als diskriminierungswürdig gelten. Auf jede Gruppe muss Rücksicht genommen werden, nur auf durchschnittliche Männer ab einem bestimmten Alter nicht. Es gibt in Deutschland sogar ein Gesetz, das Diskriminierung verbietet: das Allgemeine Gleichbehandlungsgesetz. Vor ein paar Tagen hat die Bundesregierung das zehnjährige Bestehen gefeiert. Aber auch das nützt nichts.

»Wer männlich, weißhäutig, sichtbar biodeutsch, christlich oder säkular, nicht behindert und nicht schwul ist, weiß nicht, was es heißt, diskriminiert zu werden«, hat die Journalistin Esther Schapira in den »Tagesthemen« den Jahrestag kommentiert. Der Satz wurde sofort über Twitter und Facebook geteilt. Offenbar kommt es den Leuten, die so etwas richtig finden, gar nicht in den Sinn, dass es auch eine Form der Ausgrenzung darstellt, wenn eine bestimmte Gruppe von Menschen von vornherein nicht zu den Diskriminierten gezählt wird.

Ich könnte noch andere Beispiele nennen. Als Sigmar Gabriel – ebenfalls männlich, nicht schwul und nachweislich biodeutsch – Neonazis den ausgestreckten Mittelfinger zeigte, schrieb ein Autor auf »sueddeutsche. de«, diese »aggressive Dominanzgeste« zeige die ganze »Hilflosigkeit weißer alter Männer«.

Der Redakteur, der Gabriel weiß, alt und hilflos nannte, ist nicht weniger weiß und männlich als der SPD-Vorsitzende. Er ist nur ein paar Jahre jünger. Außerdem liebt er Pop und »dicke Katzen«, wie man seinem Vitakasten entnehmen konnte. Inzwischen ist man im Lager der Durchschnittsmänner so weit, dass man jeden Unterschied nutzt, um sich von seinen Geschlechtsgenossen abzusetzen. Das ist wie bei Muslimen, die sagen, dass sie mit anderen Muslimen nichts zu tun haben. Statt sich gemeinsam gegen Ressentiments zu wehren, zieht man lieber übereinander her, damit man ein paar Bonuspunkte kassiert.

Wann hat es angefangen, dass es wichtig ist, diskriminiert zu sein? Früher ging es darum dazuzugehören. Wer Teil einer Minderheit war, versuchte, so schnell wie möglich zur Mehrheitsgesellschaft aufzuschließen. Heute ist das Gegenteil der Fall. Statt darauf Wert zu legen, dass einen die anderen akzeptieren, ist man stolz darauf, wenn man sagen kann, dass man ausgegrenzt wird. Manche Leute sammeln Diskriminierungen wie andere Panini-Karten. Je mehr sie davon haben, umso besser fühlen sie sich. Man spricht dann von »Mehrfachdiskriminierung«.

Die Leiterin der Antidiskriminierungsstelle des Bundes hat angekündigt, das Allgemeine Gleichbehandlungsgesetz auszuweiten. Anlässlich des Jahrestags des Gesetzes hat sie den Bericht einer Kommission vorgestellt, die ihr sagen sollte, wo noch »Schutzlücken« sind. Die Gutachter empfehlen, neben den bereits im Gesetz verankerten Diskriminierungstatbeständen wie Alter, Geschlecht, ethnische Herkunft, sexuelle Ausrichtung und Religion neue Kriterien aufzunehmen. In Zukunft soll auch niemand mehr wegen seiner sozialen Stellung oder wegen seines Bildungsstands benachteiligt werden dürfen.

Ich werde jetzt für die Anerkennung der alten, weißen, heterosexuellen Männer als diskriminierter Mehrheit kämpfen.

Über Frank-Walter Steinmeier und
das schwierige Genre der Politikerbiografie

Mich erreichte eine Ankündigung des Herder-Verlages, dass man aus ak-
tuellem Anlass ein Buch über Frank-Walter Steinmeier ins Programm genommen habe. »Frank-Walter Steinmeier – die Biografie«, heißt das Werk.
Autoren sind die Politikwissenschaftler »Dr. Torben Lütjen« und »Dr. Lars
Geiges«. Normalerweise fallen akademische Titel bei den Autorenanga-
ben weg. Wahrscheinlich will man bei Herder deutlich machen, wie ge-
wissenhaft die beiden Wissenschaftler ihrer Aufgabe nachgegangen sind,
um jeden Verdacht auszuräumen, man würde auf billige Effekte zielen.

Man muss den Verlag für seinen verlegerischen Mut bewundern.
Steinmeier ist biografisch gesehen kein einfacher Fall. Das Verrückteste,
was er je in seinem Leben getan hat, war, für das Amt des Bundeskanz-
lers zu kandidieren. Das ging dann leider auch prompt schief. Es gibt von
ihm keine Rede, die als erinnerungswürdig überliefert ist, nicht mal einen
markanten Satz. Als er einmal laut wurde, weil er sich über ein paar Pöbler geärgert hatte, war das eine solche Sensation, dass alle Medien darüber
berichteten.

Aber vielleicht schlummert in diesem Leben zwischen Aktenstück
und Sitzungszimmer ja ein ungehobener Schatz, und wir haben es nur
noch nicht richtig erkannt. Tatsächlich ist die Biografie der zweite Versuch, den Politiker Steinmeier als Publikumsmagneten auf dem deutschen
Lesermarkt zu etablieren. Der erste Versuch liegt schon ein paar Jahre zurück. »Seine Karriere ist so unwahrscheinlich, dass sie in der Geschichte
der Bundesrepublik keine historischen Vorläufer kennt«, hieß es damals.
Das ließ auch die Profis in den Hauptstadtredaktionen aufhorchen: Was
haben wir verpasst? Hat Steinmeier heimlich einen Putsch gegen die Par-
teiführung angezettelt, der erst jetzt ans Licht kommt? Ist er in Wahrheit Bigamist oder war wie König Georg VI. mit schwerem Stottern geschlagen?

Nichts von alledem. »Maschinisten der Macht hat die Republik viele
gesehen, stille Makler der Politik, die im Hintergrund die Fäden der Re-

gierungsgeschäfte zogen. Doch nur Frank-Walter Steinmeier ist von dort in das Zentrum der nationalen Politik gerückt«, nannte der Verlag als Grund für die Notwendigkeit der Publikation. Mit einer Ankündigung maximale Spannung zu erzeugen: Davon verstehen sie etwas bei Herder, das muss man ihnen lassen.

Ich will nichts Böses über Frank-Walter Steinmeier sagen, wirklich nicht. Ich mag Leute, die sich ganz ihrer Arbeit widmen. Da geht es mir wie den meisten Deutschen. Viele Menschen schätzen den Mann mit dem Silberhaar nicht, obwohl, sondern weil er Langeweile ausstrahlt. Langeweile heißt Verlässlichkeit. Aber was, um Gottes willen, bringt einen Menschen, der sein Leben zwischen Aktenvorgängen verbracht hat, zu der Vermutung, sein Leben sei so spannend, dass die Republik eine Biografie braucht? Sie mögen jetzt einwenden, dass man sich gegen eine Biografie nicht wehren kann. Das stimmt, im Prinzip. Aber das moderne Politikerbuch entsteht in Kollaboration mit dem Beschriebenen, nicht gegen ihn.

Dass die meisten Politiker nicht viel gesehen haben außer Politik, kann man ihnen nicht zum Vorwurf machen. Die Aufbaugeneration hatte einen Krieg hinter sich, dagegen ist schwer anzukommen. Wer heute ein Ministeramt bekleidet, hat als Höhepunkt eine Intrige auf dem Kreisparteitag in Worpswede überlebt. Dennoch blüht das Genre der Politikerbiografie. Jeder, der es zu einem Posten gebracht hat, darf damit rechnen, dass sich ein Journalist findet, um die biografischen Stationen zu schildern.

Vor allem Politiker aus Niedersachsen scheint es ins lebensgeschichtliche Fach zu drängen. Es gibt gleich zwei Biografien über Ursula von der Leyen, mehrere über Christian Wulff, und zwar aus der Zeit, bevor er ins Schloss Bellevue einzog. Sogar der arme Philipp Rösler, dessen beeindruckendste Leistung darin bestand, sich zweieinhalb Jahre an der Spitze der FDP gehalten zu haben, hat eine abbekommen.

Weil schon das Geständnis einer Affäre außer Frage steht, von wahrheitsgetreuen Einschätzungen des politischen Personals ganz zu schweigen, bleibt nur die Banalität des Guten. Über Wulff weiß man dank seiner Biografen zum Beispiel, dass er bereits zu Studienzeiten auf Partys der Einzige gewesen ist, der einen klaren Kopf behielt, um seine Freunde mit dem Auto nach Hause zu fahren. Ein gemütlicher Abend im Familienkreis? »Wenn ich mein Pensum erfüllt habe, dann bin ich gern zu Hause, sitze noch am Schreibtisch, gucke ein bisschen fern oder trinke noch ein Glas Saft.«

Das eigentliche Rätsel ist, wie sich die Publikation solcher Alltäglichkeiten für den Verlag rechnet. Wenn der Porträtierte über vermögende Freunde verfügt, die einen Teil der Auflage aufkaufen, lässt sich das Kalkül noch nachvollziehen. Aber bei den anderen? Im Fall des großen niedersächsischen Sozialdemokraten kann man nur hoffen, dass sich die Friedrich-Ebert-Stiftung erbarmt oder die Bundeszentrale für politische Bildung.

Die Biografie über Steinmeier ist für Januar ankündigt. Vor Erscheinen hat der Porträtierte den Markt schon mal mit einem Buch über seine außenpolitischen Erfahrungen vorgewärmt. »Flugschreiber« heißt dieses Werk. Kernsatz: »Deutschlands Rolle in der Welt verändert sich. Wir müssen mehr Verantwortung übernehmen, nicht aus Kraftmeierei, sondern weil sie uns zuwächst.« Am Schluss gibt der beliebteste Politiker Deutschlands in »Flugschreiber« preis, dass er sich beim Abflug gern einen Gin Tonic genehmigt.

Kein Saft, immerhin.

Über Ostdeutsche als Feindbild

Ein Glück, dass es den Ostler gibt. Was hätten wir sonst zu lachen? Über Ausländer darf man sich ja nicht mehr lustig machen, das gilt als ungehörig. Harald Schmidt war der Letzte, der sich getraut hat, Polen-Witze zu reißen, und damit durchkam. Auch der Herrenwitz ist tot. Wer einen erzählt, bekommt es mit Manuela Schwesig zu tun. »Schwesig fordert Engagement gegen Altherrenwitze«, war neulich zu lesen.

Die einzige Volksgruppe, über die man ungestraft herziehen darf, sind die Ostdeutschen. Der Ostler ist die Minusvariante des Bundesdeutschen, ein Herrenwitz auf zwei Beinen sozusagen. Wenn es ihn nicht gäbe, müsste man ihn erfinden.

Der Ostler hasst alles Fremde, was ihn schon mal ins Abseits stellt. Er kennt auch keine Fremden, weil es dort, wo er lebt, kaum welche gibt. Trotzdem findet er, dass sie nur Probleme machen. Wenn er nichts Besseres zu tun hat, was oft der Fall ist, setzt er sich in sein Auto und fährt in die nächstgelegene Stadt, um Plakate hochzuhalten, auf denen steht, dass die Demokratie ein Betrug sei. Er hat überhaupt ziemlich schnell das Gefühl, zu kurz zu kommen, weshalb er schrecklich verkniffen wirkt.

Warum er so anders ist? Man muss nur etwas zurückgehen, dann hat man den Grund. Ostler wurden nicht gestillt, weil die Mütter immer arbeiten mussten. Außerdem hat man sie in der Krippe zu festen Zeiten aufs Töpfchen gesetzt, was bei den heute Über-Dreißigjährigen bleibende seelische Schäden verursachte, wie der berühmte Psychoanalytiker Hans-Joachim Maaz schon vor Jahren diagnostizierte. Wahrscheinlich schlagen sie im Osten auch öfter ihre Kinder.

Was für den Ostler spricht, ist der Sex. Weil es in der DDR ansonsten kein Vergnügen gab, wurde halt mehr geschnackselt. Kulturelle Gewohnheiten wachsen sich nur langsam aus, da braucht es Generationen. Ich bin sicher, wenn man das in einer Talkshow vertreten würde, nähme niemand daran Anstoß. Außer den Ostlern natürlich, aber die zählen ja nicht.

Die Statistik spricht gegen die Menschen in Ostdeutschland, so viel ist wahr. Bei den rechtsextremen Straftaten führt der Osten gegenüber dem

Westen vier zu eins. Doch darum geht es gar nicht. Das Ostler-Bashing kommt ohne Statistik und damit Objektivierung aus. Ginge es um Zahlen, müsste man dazu sagen, dass auf jeden Ausländerfeind mindestens genauso viele brave Menschen kommen, die nichts gegen Flüchtlinge haben. Der Witz liegt gerade in der Generalisierung. Wer im Westen vom Ostler spricht, sieht den Pegidisten, nicht den Fraktionschef der CDU, der vier Flüchtlingskinder aus Afghanistan bei sich zu Hause aufgenommen hat.

Jeder Anlass ist recht, um das Feindbild zu bestätigen. Wenn vor dem Bahnhof in Köln Frauen so bedrängt werden, dass anschließend die Verschärfung des Asylrechts als angezeigt gilt, ist das ein bedauerliches, aber erklärbares Polizeiversagen. Wenn in Leipzig die Justizbeamten einen Terrorverdächtigen nicht am Selbstmord hindern, wird eine ganze Region samt ihren Repräsentanten in Haftung genommen. Wie erbärmlich, das Versagen auch noch verteidigen zu wollen, heißt es dann: So typisch für das ostdeutsche Politpersonal! Ich will ja hier nicht aufrechnen. Aber wenn ich mich richtig erinnere, hat es nach den Vorgängen in Köln fünf Tage gebraucht, bis sich die Landesregierung eine dürre Erklärung abrang. Dennoch war nirgendwo zu lesen, dass der Nordrhein-Westfale an sich ein Problem darstelle.

Der Ostler als Feindbild hat eine lange Tradition. Vor der Wende waren die Ostdeutschen die armen Verwandten, die man im Westen wegen ihrer knatternden Spielzeugautos belächelte und der komischen Jeans, die so viel mit einer Levi's zu tun hatten wie Karo mit Kaffee. Nach dem Fall der Mauer sorgte ihr Verlangen nach Anschluss an die D-Mark für Belustigung.

Wenn es ein Bild gibt, das die Vorbehalte auf den Punkt brachte, dann das berühmte »Titanic«-Cover der »Zonen-Gaby«, die glückselig eine geschälte Gurke in der Hand hatte, die sie für ihre »erste Banane« hielt. Der Auftritt der »Zonen-Gaby« feiert diesen Herbst sein Jubiläum, aber die Herablassung, die das »Titanic«-Bild transportierte, ist bis heute abrufbar.

Gibt es Unterschiede zwischen Volksgruppen? Sicher gibt es die. Landstriche, Sprache, die Religion (oder die Abwesenheit derselben): All das bildet kulturelle Besonderheiten aus. Der Hamburger ist anders als der Bayer, der Bayer anders als der Sachse. Auch über Landesgrenzen hinweg lassen sich Unterschiede feststellen, wie jeder weiß, der seinen Urlaub nicht ausschließlich auf dem Balkon verbringt. Dass es so etwas wie einen Volkscharakter gibt, ist eine ebenso oft bestrittene wie durch die Anschauung bewiesene Tatsache des Lebens. Ich bediene mich in meinen Kolumnen regelmäßig nationaler Verallgemeinerungen.

Der Chauvinismus beginnt da, wo man meint, aus den Unterschieden ein Überlegenheitsgefühl ableiten zu können. Wenn vom Ostler die Rede ist, bleibt es ja nicht bei der Feststellung, dass er anders sei. Auf die Generalisierung folgt in der Regel die Abwertung. Der Ostdeutsche ist weniger weltgewandt, geistig unbeweglich und ökonomisch zurückgeblieben, weshalb aus dem Osten ja auch die guten Frauen weglaufen. Kurz, er ist im Vergleich mit seinem westdeutschen Nachbarn das, was der Südstaatler im Vergleich mit seinem reichen Verwandten im Norden ist: ein Hillbilly, dem man am besten das Wahlrecht entzieht, wenn am Ende nicht so etwas wie Donald Trump oder die AfD herauskommen soll.

Das Ressentiment sei der Ausdruck einer »imaginären Rache« für ein Gefühl der Machtlosigkeit, hat Friedrich Nietzsche einmal gesagt. Vielleicht sind sich Ost und West ähnlicher, als sie denken. Wer es nötig hat, sich auf Kosten anderer Luft zu verschaffen, bei dem stimmt im Psychohaushalt etwas nicht. Was genau das sein könnte, das ist Thema für eine andere Kolumne.

Über die Frage, was Günter Gaus
mit Götz Kubitschek gemacht hätte

Vor ein paar Monaten sollte der Verleger Götz Kubitschek im Theater Magdeburg auftreten. Kubitschek gilt als der intellektuelle Kopf der Neuen Rechten. Der Bauernhof, auf dem er mit Frau und Kindern in einem Kaff zwischen Leipzig und Erfurt lebt, ist zum Wallfahrtsort für alle geworden, die sich mit den Ideen, die den Aufstand von rechts antreiben, vertraut machen wollen.

Kubitschek ist eine Art Ernst-Jünger-Figur, also ein rechter Hippie minus Haschisch, Käferkunde und Weltkriegserfahrung. Das ist für eine Veranstaltung, die »den neuen politischen Akteuren auf den Zahn fühlen« will, wie es in der Ankündigung des Theaters hieß, schon mal keine ganz schlechte Besetzung.

Geplant war in Magdeburg eine Podiumsdiskussion, an der neben einer Kunstprofessorin aus Baden-Württemberg auch der sachsen-anhaltische Innenminister Holger Stahlknecht teilnehmen sollte. Kaum hatte das Theater seine Pläne annonciert, formierte sich Protest.

Wer glaube, man könne Leute wie Kubitschek in einer öffentlichen Diskussion stellen, sei ihnen bereits auf den Leim gegangen, erklärte der SPD-Vorsitzende von Sachsen-Anhalt. Die Fraktionsvorsitzende der Grünen, Cornelia Lüddemann, fand die Idee, mit Kubitschek zu diskutieren, »unglaublich und verantwortungslos«. Kurz nachdem das Theater seinen »Politischen Salon« ins Programm gehoben hatte, war er auch schon wieder abgesagt.

Ein unglücklicher Einzelfall, könnte man meinen, wenn sich die Geschichte in Zürich nicht in anderer Besetzung wiederholt hätte. Diesmal war der Philosoph Marc Jongen eingeladen, der bei der AfD als Vordenker gilt. Zwei der Diskutanten plus ein Moderator hätten dem Gast aus Deutschland Paroli bieten sollen, aber auch das war den Kritikern für ein »ausgewogenes Gespräch« nicht Garantie genug, weshalb sie die sofortige Wiederausladung Jongens forderten.

In einem »offenen Brief« appellierten rund 350 Kulturschaffende aus der Schweiz und Deutschland an das Theaterhaus, dem »raffiniertesten Rhetoriker« der AfD »keine Bühne zu bieten«. Jongen bezeichne sich als »avantgard-konservativ«, für »politisch Unbedarfte« könne das »gefährlich anziehend« wirken, heißt es in dem Boykottaufruf, dem das Theater nach kurzem Lavieren Folge leistete. Man habe die Sicherheit der Debatte angesichts zahlreicher Anfeindungen nicht mehr garantieren können.

Das ist also der aktuelle Stand linker Kulturkritik: keine Idee, keine Begriffe, die man dem politischen Gegner entgegenhalten kann. Stattdessen der Rückzug ins Mauseloch.

Gerade die Kultur hat sich immer viel darauf eingebildet, unbequem und widerständig zu sein, wie es im Jargon des Kulturbetriebs heißt, ein Ort, an dem Außenseiter die Stimme erheben und dem Justemilieu ordentlich eingeheizt wird. Nun reicht der Auftritt eines Publizisten vom rechten Rand, und den Beteiligten schlottern vor Angst so sehr die Hosen, dass sie lieber die Diskussion verweigern, als gegen den Herausforderer anzutreten. Man kann auch intellektuell verfetten, wie sich zeigt. Die Humor- und Kritikunfähigkeit wächst wie ein Bauchansatz. Wer es sich zu lange bequem gemacht hat, bekommt schon bei den kleinsten Provokationen einen Herzkasper.

Ein Freund hat mich auf ein Interview aufmerksam gemacht, das der Journalist Günter Gaus 1967 für die ARD mit dem Aktivisten Rudi Dutschke geführt hat. Man findet es leicht auf YouTube. Wer beim Zuhören die Augen schließt, erkennt viele Parolen wieder, die heute die rechten Provokateure im Munde führen. Da ist die Schmähung der Regierungskabinette als »institutionalisierte Lügeninstrumente«, die Ablehnung des parlamentarischen Systems als manipulativ und unbrauchbar, die Verherrlichung der neuen Bewegung als eine, die »die wirklichen Interessen der Bevölkerung« ausdrücke: »Dem Volk wird nicht die Wahrheit gesagt.«

Stellen wir uns für einen Augenblick vor, wie Gaus das Gespräch mit Dutschke geführt hätte, hätte er es unter den heutigen Bedingungen führen müssen, wo von einem Interview nicht Erkenntnisgewinn, sondern Haltung verlangt wird. Zunächst hätte Gaus Dutschke daran erinnert, wie verfassungsfeindlich seine Ideen seien. Er hätte darauf hingewiesen, dass die Ablehnung des Parlamentarismus an das dunkelste Kapitel der deutschen Geschichte erinnere, und moniert, dass schon die Verwendung des Begriffs »Volk« schlimme Assoziationen wecke. Tatsächlich beschränkte sich Gaus darauf, Dutschke als Anführer »jener radikalen Studenten« vorzustellen, die nicht nur die Hochschulen reformieren, »sondern unsere ganze Gesellschaftsordnung umstülpen« wollten.

Wenn heute von der Politisierung des Theaters die Rede ist, dann ist die Inszenierung des Flüchtlingselends oder der Vereinsamung des Menschen im Spätkapitalismus gemeint. Unter den Unterzeichnern des Zürcher Boykottaufrufs findet sich auch der Regisseur Falk Richter, der seit Jahren mit seinem Gemeindehaustheater auf Tour ist, wo er den ohnehin Bekehrten noch mal den linken Katechismus vorsetzt.

Günter Gaus, so steht zu vermuten, hätte heute Götz Kubitschek in seine Sendung eingeladen, auch weil von links zurzeit nichts kommt, was halbwegs interessant wäre, um darüber 45 Minuten auf offener Bühne zu sinnieren.

Über Journalismus und Heldentum

Früher hatten wir Peter Scholl-Latour. Als junger Mann war Scholl-Latour in Vietnam, wo er erst Granatbeschuss und dann Gefangenschaft beim Vietcong überstand. Anschließend fuhr er im Schaufelboot den Kongo hinauf, trank Tee mit Ajatollah Khomeini und speiste beim Taliban. Im gesetzten Alter saß er dann in Talkshows und ließ die Zuschauer an seinem Weltwissen teilhaben. Wer halb Kalkutta aufnehme, rette nicht Kalkutta, sondern werde selbst Kalkutta, sagte er, und alle schauten ungläubig, wie man so etwas sagen könne.

Heute haben wir Frontal 21. Das Kriegsgebiet, aus dem die Reporter berichten, sind nicht die Berge über Da Nang, sondern die Elbwiesen bei Dresden oder die Innenstadt von Chemnitz. An die Stelle des Vietcong sind die Mitläufer der »Gruppe Freital« getreten. Statt Kugeln droht heute eine in die Länge gezogene Passkontrolle durch die Polizei oder der Verlust eines Handys bei einer Rangelei mit den Ostnazis. Gefahrvolles Reporterleben: Wer die Frontberichte aus Sachsen liest, zieht unwillkürlich den Kopf ein.

Ist es in Ordnung, Journalisten bei ihrer Arbeit zu behindern? Nein, ist es natürlich nicht. So wie es grundsätzlich nicht in Ordnung ist, Menschen zu beschimpfen oder zu bedrohen, weil man ihre Anwesenheit nicht schätzt. Sind die Vorgänge so gravierend, dass sich Bundeskanzlerin und Bundespräsident einschalten müssen? Da habe ich meine Zweifel.

Erst die Presseschikanen in Dresden, dann das Versagen der Polizei in Chemnitz: Wenn man den Kommentaren glauben darf, dann wankt der Rechtsstaat. »Ungeheuerlich« sei das, was sich da in Sachsen zutrage, las ich in der »Süddeutschen«; der »Spiegel«-Kollege Roland Nelles sah bereits einen »Hauch von Weimar« durchs Land ziehen. So gesehen war es nur eine Frage der Zeit, bis sich der Uno-Hochkommissar für Menschenrechte genötigt fühlte, sich einzuschalten. Schockiert beobachte die Weltgemeinschaft die Vorgänge in Deutschland, erklärte Seid Raad al-Hussein. Der Mann kommt übrigens aus Jordanien, einem Land, in das wir nicht einen Asylbewerber abschieben dürften, ohne dass die Grünen einen Veitstanz aufführen.

Ich habe bei jeder größeren Zusammenrottung ein schlechtes Gefühl. Wo Menschen sich mit Gleichgesinnten zusammenfinden, um ihre Überlegenheit über andere zu demonstrieren, suche ich das Weite. Ich käme allerdings nie auf die Idee, wegen solcher Demonstrationen gleich die Demokratie am Abgrund zu sehen.

Wenn Sie mich fragen, dann sind die Naziaufmärsche im Osten kein Problem, das man nicht mit zwei, drei Wasserwerfern in den Griff bekommen könnte. Der Vorteil der Bierwampe ist ja, dass sie ein solides Ziel abgibt. Man muss nur draufhalten, dann fällt der Nazi um – und das Plakat, das er hoch hält, gleich mit. Versuchen Sie mal, im Strahl eines »WaWe 10« den Arm zum Hitlergruß zu recken. Viel Spaß bei der Übung, kann ich nur sagen.

Das kurze Gedächtnis scheint das Signum unserer Zeit. Erinnert sich noch jemand an die G-20-Proteste? Oder, bei den Älteren, an die Aufzüge in der Hamburger Hafenstraße? An Brokdorf, die Startbahn West, die jährlichen Umzüge in Kreuzberg? Auch damals brannte das bengalische Feuer. Auch damals war die Polizei so überrascht von der Übermacht der Demonstranten, dass es zwischenzeitlich so aussah, als würde die Straße regieren. Ist deshalb der Rechtsstaat in die Knie gegangen? Ist er nicht.

Wenn man unbedingt nach geschichtlichen Parallelen zu heute suchen will, dann liegen die Siebzigerjahre sehr viel näher als die Dreißiger. Auch vor 40 Jahren standen sich Menschen unversöhnlich gegenüber. Es gab so viel Hass und Gewalt, dass sich die Regierung gezwungen sah, die Sicherheitsbehörden mit immer weiteren Befugnissen auszustatten. Rasterfahndung, Radikalenerlass: alles Ergebnisse der Siebziger.

Es ist übrigens auch nicht so, dass die Presse immer wohlgelitten war. Wo der schwarze Block aufmarschierte, war man gut beraten, sich nicht als Medienvertreter erkennen zu geben. Die »taz« war gerade noch geduldet. Wer vom »Spiegel« oder von der »Frankfurter Allgemeinen« kam, galt als Vertreter der bürgerlichen Schweinepresse und musste mit Prügel rechnen. Ich habe nie gehört, dass die Pressefreiheit in Gefahr gewesen sei, weil Autonome einem Journalisten ein blaues Auge verpassten oder ihm den Arm umdrehten.

Man soll nicht aufrechnen, ich weiß. Die eine Entgleisung macht die andere nicht besser. Ich finde es nur bemerkenswert, wie sehr die Maßlosigkeit der Empörung mit der Maßlosigkeit der Proteste korrespondiert. Vielleicht entspringt die Angstlust, mit der auf jeden Naziaufmarsch im Osten reagiert wird, genau jenem Bedürfnis nach Imagination eines Feindes, das man der anderen Seite vorwirft. Alle Sachsen für die Umtriebe von ein paar Hundert Nazideppen in Haft zu nehmen, ist in etwa so plausibel, wie von den G-20-Autonomen in Hamburg auf alle Hamburger zu schließen.

Wenn ich mir etwas für meinen Berufsstand wünschen dürfte, dann wäre es ein wenig mehr Coolness. Bei »Spiegel TV« war man immer stolz, wenn die Objekte der Betrachtung auf die Kamera zustürmten, um das Objektiv mit den Händen zuzuhalten. Ich erinnere mich, wie mir der langjährige Ver.di-Vorsitzende Frank Bsirske mal eine verpassen wollte, weil ihm meine Fragen nicht gefielen. Der Kameramann, den ich dabei hatte, konnte sein Glück kaum fassen. »1a-Fernsehen«, sagte er, als Bsirske von mir abließ. »Ich hoffe nur, ich habe alles drauf.«

Heute gilt es schon als Anschlag auf die Pressefreiheit, wenn sich die Feststellung der Personalien über Gebühr hinzieht. Eine »Entfremdung eines Teils unserer Sicherheitsbehörden vom Rechtsstaat und der grundgesetzlichen Ordnung« glaubte der FDP-Innenpolitiker Konstantin Kuhle feststellen zu müssen. Und das, weil die sächsische Polizei 45 Minuten gebraucht hatte, um bei einem ZDF-Team die Ausweise zu kontrollieren.

Wann sind wir bloß so zimperlich geworden?

Über Robert Habeck und den Gebrauch
des Kopfes zu Gefühlszwecken

Erinnern Sie sich noch an Björn Engholm? Den ehemaligen Minister-präsidenten von Schleswig-Holstein und Herausgeber von Büchern mit Titeln wie »Die Zukunft der Freizeit«?

Der zwischenzeitlich zum Kanzlerkandidaten avancierte Diplom-politologe, dessen Reden immer so klangen, als habe sie Herman van Veen geschrieben, berief sich gern auf die »sensiblen Potenziale« im Lan-de. Den von ihm fälschlicherweise Lessing statt Fontane zugeschriebene Satz, man solle mit dem Herzen denken und dem Kopfe fühlen, verstand er nicht als Selbstbezichtigung, sondern als Kompliment.

Engholm ist zurück und damit auch die Indienstnahme des Kop-fes zu Gefühlszwecken. Engholm heißt jetzt Robert Habeck. Kein Po-litiker versteht es besser, seine Auftritte so klingen zu lassen, als habe er gerade etwas furchtbar Bedeutendes gesagt, auch wenn man beim Nach-lesen merkt, dass es vor allem Wohlklingendes war. Das Publikum liegt ihm trotzdem zu Füßen, insbesondere das journalistische.

Ich hatte mir vorgenommen, zu Habeck zu schweigen. Ich habe stoisch seinen Twitter-Abschied hingenommen und die anschließende Befassung aller mir zugänglichen Medien mit diesem Ereignis. Ich habe seine Selbsterklärung ignoriert, wie das Böse beinahe von ihm Besitz er-griffen hätte, weshalb er nun den sozialen Medien entsage. Ich habe tapfer zur Kenntnis genommen, dass er auf dem besten Weg ist, auch in diesem Jahr wieder der meisteingeladene Talkshowgast zu sein.

Am Wochenende präsentierte mir dann die »Frankfurter Allgemeine Sonntagszeitung« den Bundesvorsitzenden der Grünen auf einer ganzen Seite im Gespräch zur Frage, warum er lieber ein gutes Buch schreibe, als seine Zeit im Netz zu verbringen. Das war zu viel. Ein Blick auf ein Ha-beck-Interview funktioniert bei mir wie bei ihm ein Blick auf die Kom-mentar-Funktion im Handy: Es triggert die Affekte.

Ich hielt Claudia Roth (»Wie soll ich Sozialpolitik machen, wenn ich nichts empfinde?«) für eine Heimsuchung. Oder Katrin Göring-Eckardt, die Frau, die mit den Bienen spricht. Habeck stellt alle in den Schatten. Niemand verkörpert den Politiker als Emotionalienhändler überzeugender als der Mann von der Küste. Keine Binse, die bei ihm nicht zu medialem Gold wird, kein Stein, der nicht durch das weiche Wasser seine Rede in Stücke bricht.

Was antwortet der Parteichef der Grünen auf die Frage, was ihn antreibe? »Wofür ich eine Leidenschaft habe, ist, vernünftige Interviews zu geben, Blogbeiträge zu schreiben, die nicht nur das Parteiprogramm wiederholen, auch mal ein Buch zu schreiben, wenn ich die Kraft und Zeit habe, und eben ganz direkt: die Debatte, wenn man dem Gegenüber in die Augen schauen kann.« Die meisten Politiker sind froh, wenn sie dem Wähler hin und wieder die Hand schütteln können. Habeck begegnet ihm zwischen Interview und Buch auf Augenhöhe, ganz direkt im Ich und Du. Darunter macht er es nicht.

Wo lernt man so zu reden? Da reichen ja nicht zwölf Jahre Waldorf plus Montessori, und dabei war Habeck noch nicht mal auf einer Waldorfschule. Antwort auf die Frage, was ihn am meisten an Twitter gestört habe: »Das Ausgewogene, das Nachdenkliche, das aufeinander Bezogene hat da keinen Raum.« Nachfrage der Redakteure, ob er jetzt auch auf Talkshows verzichte. »Nein, da würde ich mir allerdings wünschen, dass es mehr um Sachthemen ginge.« Klar, hätte man sich denken können. Wenn es jemanden gibt, der die Oberflächlichkeit verabscheut, dann Dr. Robert Habeck. Deshalb dürfen sie in den Talkshow-Redaktionen auch dankbar sein, dass er ihre Sendungen durch seine Anwesenheit aus der Seichtheit heraushebt.

Habecks einzige Schwäche ist, wenn man so will, die Abwesenheit jedes dunklen Gedankens. In den Zeitungen stand seine Twitter-Abkehr als Geschichte eines Mannes, der vom Bösen in Versuchung geführt wurde. Aber das beruht auf einem Irrtum. Habeck hat keinen schwarzen Kern, den man zum Vorschein bringen könnte. Das Böseste, zu dem er in der Lage ist, sind ein paar unglückliche Formulierungen, die andere als beleidigend empfinden könnten.

Einmal hat er den Witz gerissen, dass Bayern nach dem Ende der Alleinherrschaft der CSU zur Demokratie zurückkehren werde. Das andere Mal hat er den Thüringern empfohlen, die Chance zu nutzen, durch die Wahl der Grünen ein bisschen weltoffener zu werden – nicht schön, wenn man alle, die einen nicht wählen, als zurückgeblieben bezeichnet. Andererseits ziemlich genau das, was die Mehrheit seiner Anhänger denkt. No big deal, würde ich sagen. Aber so kann man die Dinge naturgemäß nicht sehen, wenn man sich dem Nachdenklichen und aufeinander Bezogenen verpflichtet fühlt, da müssen »radikale Konsequenzen« her. Daher die Selbstbestrafung durch Netzentzug. Nicht auszudenken, was passieren müsste, wenn Habeck am Steuer eines Porsche erwischt würde. Oder, Gott möge es verhüten, bei einem Vorurteil gegenüber Fremden. Die Zeitungen müssten Sonderbeilagen drucken, um seiner Selbstanklage Platz zu verschaffen.

Was mich an Habeck am meisten fasziniert, ist das Wohlwollen großer Teile des medialen Betriebs. Es heißt immer, der Journalismus sei der Beruf von Leuten, denen man nichts recht machen könne. Selbst über Mutter Teresa findet sich Abträgliches. Den Mann aus dem Norden hingegen finden alle vorbehaltlos toll. Habeck schafft es sogar, seine Mitvorsitzende blass aussehen zu lassen, ohne dass ihm das jemand richtig übel nimmt.

Es ist wahrscheinlich nur ein böses Vorurteil, dass Journalisten alle Skeptiker und Zyniker sind. Auch wir Journalisten sehnen uns tief im Innern nach Liebe und Geborgenheit. Oder, um mit Robert Habeck zu sprechen: der Debatte, bei der man dem anderen in die Augen schauen kann.

Über die Suche nach Perfektion

Der Wirtschaftsredakteur Stefan Schultz hat in einem »Spiegel Online«-Artikel dargelegt, wie der Weg zum perfekten Menschen aussieht. Er bezog sich dabei auf die Arbeiten einer amerikanischen Entwicklungspsychologin, die ihr halbes Leben damit zugebracht hat, das Ich zu vermessen. Ich habe den Text aufmerksam gelesen, wie Sie sich vorstellen können.

Im Zentrum der Arbeit der mittlerweile verstorbenen Psychologin Jane Loevinger von der Washington University steht ein Modell der Ich-Entwicklung, in dem sich der Zivilisationsgrad eines Menschen anhand von Stufen ablesen lässt – so habe ich es dem Text des Kollegen entnommen. Wer sich auf Stufe E3 befindet, fühlt sich schnell angegriffen und ist stark auf den eigenen Vorteil bedacht. Der Mensch auf E4 neigt zum Schwarz-Weiß-Denken, aber ist dafür sozial orientiert. Wer E6 erreicht hat, zeigt erste Anzeichen selbstkritischen Denkens und versucht, anderen »auf Augenhöhe« zu begegnen, wie es dazu in einem Schaubild heißt.

Ein wenig hat mich das an die Stufenleiter erinnert, die sie bei den Scientologen anbieten. Ich habe nie ganz begriffen, wie es funktioniert, aber wenn man dort alle Kurse absolviert hat, dann schafft man es zum Operierenden Thetan und damit zu einem Wesen, für das die herkömmlichen Gesetze der Schwerkraft keine Bedeutung mehr haben. Angeblich hat Tom Cruise diese Stufe erklommen, was ja insofern plausibel ist, als er seine Einsätze bei »Mission Impossible« in der Regel ohne Double absolviert, wie man lesen konnte.

E7 ist die höchste Stufe, die man derzeit als Normalsterblicher im Loevinger-Modell erreichen kann. Das kommt dem Operierenden Thetan ziemlich nahe. Wer sich auf dieser Ebene des Menschseins befindet, kennt keinen Hass und keinen Neid mehr. Das Auge des E7-Titanen liegt gleichermaßen wohlgefällig auf den Fleißigen wie den Faulen, weshalb er sich auch für das bedingungslose Grundeinkommen engagiert. Da er nur noch Menschen und keine Herkunft mehr kennt, haben Grenzen keine Bedeutung. Auch traditionelle Familien- und Geschlechterbilder zählen zu den Dingen, die er überwunden hat, ebenso wie »Ethnozentrismus«,

»Autoritätsgläubigkeit« und »moralistische Einstellungen wie das Ablehnen von Abtreibungen oder außerehelichem Sex«.

Nicht zufällig korrespondiert die Entwicklungsdynamik mit dem
Parteiprogramm der Grünen. Vom Homo erectus, so muss man die Analyse verstehen, führt eine direkte Linie zum Habeck-Menschen. Wenn
dereinst fremde Kulturen unseren Planeten besichtigen, dann werden sie
hoffentlich die Gebeine dieses Vertreters der Menschheit finden und als
Krone der Schöpfung ausstellen – und nicht die Überreste eines auf einer
frühen Bewusstseinsstufe hängen gebliebenen Exemplars wie den Autor
dieser Zeilen.

Der Text zum grünen Übermenschen hat fast 600 000 Leser gefunden, was den Schluss zulässt, dass viele »Spiegel Online«-Nutzer gern so
wären wie Robert Habeck und Annalena Baerbock. Oder sie lesen solche
Analysen contre coeur, also wider ihrer Überzeugung. Aber das scheint
mir in dem Fall unwahrscheinlich. Der Artikel ist an einem Wochenende erschienen. Das ist nicht die Zeit, in der man Texte liest, um sich
aufzuregen.

Die offene Frage ist, inwieweit der Weg zur Erleuchtung Inkonsis-
tenz erlaubt. Der Instagram-Account der Klimaaktivistin Luisa Neubauer,
die als Gesicht der »Fridays for Future«-Demonstrationen Bekanntheit
erlangte, verzeichnete zwischenzeitlich eine Reisetätigkeit, die jeden Rei-
sebüroagenten stolz machen würde. Auch Katharina Schulze, die sym-
pathische Fraktionsvorsitzende der Grünen aus Bayern, hatte übers Jahr so
viele Flugmeilen angesammelt, dass man mit einem Flugstopp eine ganze
Landebahn hätte einsparen können.

Darf man als grüner Politiker fliegen? Selbstverständlich, wäre meine
Antwort. Aus der Tatsache, dass jemand den Klimawandel für ein drän-
gendes Thema hält, folgt ja nicht notwendigerweise, dass er seinen politischen Überzeugungen alles unterordnen muss. Das ist wie bei der AfD.
So nett ein AfD-Anhänger im Einzelnen zu Flüchtlingen sein mag, so
knallhart kann er dennoch für das Ziel streiten, möglichst viele Fremde
außer Landes zu schaffen.

Das Problem beginnt dort, wo man versucht, aus seiner politischen
Haltung moralischen Mehrwert zu schlagen. Wenn man anderen gegenüber so auftritt, als wäre man ihnen überlegen, muss man sich auch persönlich an den Maßstäben messen lassen, die man öffentlich vertritt. Es ist
immer heikel, wenn man die Lösung politischer Fragen von individuellen

Verhaltensänderungen abhängig macht, das eigene Verhalten in diesem Zusammenhang aber für unbedeutend erklärt. Vom Übermenschen erwartet man auch übermenschliche Disziplin.

Das andere Problem, das sich beim Streben nach Perfektion ergibt, ist die sich aus der Tugendhaftigkeit ergebende Tristesse. Manchen mag es erstrebenswert erscheinen, nur von Menschen umgeben zu sein, die keinen bösen Gedanken mehr kennen. Ich stelle es mir grauenhaft langweilig vor.

Die utopische Literatur ist voll von Idealgesellschaften, die daran kranken, dass die Beseitigung aller Laster zu einer schrecklichen Leere führt. Worüber soll man reden, wenn alle sich am Riemen reißen? Nicht einmal für Spott oder üble Nachrede ist dann noch Platz.

Ich glaube, ich bleibe lieber auf Stufe E5. Im Entwicklungsmodell von Frau Loevinger heißt es dazu: »Typisches Auftreten: legt Wert auf die eigenen Besonderheiten und Meinungen. Pragmatisch. Mitunter perfektionistisch. Typische Denkweise: Aufbau von Expertenwissen. Feste, mitunter starre Vorstellungen, wie die Dinge laufen sollten.« Damit kann ich leben.

Über den Zusammenhang zwischen
Rechthaberei und akademischer Bildung

Eine der seltsamsten Kampagnen, die ich in letzter Zeit beobachtet habe, trägt den Namen »#unfollowme«. Die Idee dabei ist, Menschen, die im Netz aktiv sind, dazu zu bewegen, anderen Menschen zu sagen, dass sie ihnen nicht länger auf Twitter, Instagram oder Facebook folgen sollen. Das Kriterium für die Bitte um Entfolgung ist die politische Gesinnung. »Lass uns gemeinsam ein starkes Zeichen gegen Rechts setzen!«, heißt es auf der Webseite der Initiatoren. »In Social Media ist es wie im Real Life – Fremdenfeindlichkeit und Rassismus im Freundeskreis will keiner.«

Einer der ersten prominenten Unterstützer der Kampagne war der ehemalige Kanzlerkandidat der SPD Martin Schulz. In einem Tweet forderte er Twitter-Nutzer dazu auf, nichts mehr von ihm zu lesen, sollten sie bei rechten Demos mitmarschieren. Lässt sich der Wandel des politischen Klimas besser auf den Punkt bringen? Früher waren Politiker stolz, auch Menschen zu erreichen, die sich politisch verirrt hatten. Heute brüsten sie sich damit, keinen Kontakt zu den falschen Leuten zu unterhalten.

Im Grunde handelt sich bei #unfollowme um einen Separatismus, wie ihn auch die sogenannten Identitären propagieren: Statt hinzunehmen, dass sich fremde Menschen begegnen, plädiert man dafür, Kulturräume strikt getrennt zu halten, damit sich nichts mehr vermischt. Dankenswerterweise gibt es sogar Apps, die einem herauszufinden helfen, wer einem nicht mehr folgt.

Ich habe seit Längerem den Eindruck, dass es vielen Leuten bei ihrem politischen Engagement in erster Linie um Exklusivität geht. Im Gegensatz zu dem, was die Vertreter des Multikultis sagen, hat es durchaus Vorteile, wenn man unter sich bleibt, das gilt auch für den Meinungskampf.

Man ist vor Überraschungen geschützt, wozu ja unangenehme Meinungen gehören. Man hört im Wesentlichen, was einen in seiner Haltung bestätigt, und stärkt so das eigene Selbstwertgefühl. Vor allem hilft die Abschottung, Überlegenheit zu demonstrieren: Wir sind »die vielen«, wie eine Erklärung des deutschen Kulturbetriebs heißt – die anderen, das sind die Nazis und Deppen.

Sozialwissenschaftler haben einen Fachbegriff für diese Form sozialer Distinktion. Sie sprechen von »Virtue Signaling«. Schlüsselbegriffe und -formeln wie »#unfollowme« oder »Nazis raus« funktionieren dabei wie Tattoos und auffällige Piercings: Man signalisiert Gleichgesinnten, dass man dazugehört. Dass es meist bei der Geste bleibt, kann man kritisch sehen, läuft aber als Vorwurf ins Leere. Der Sinn von Identitätsmarkern ist ja eben das: Identitäten zu markieren. Deshalb wäre es zum Beispiel auch völlig unsinnig, einen Zeitgeistinterpreten wie Sascha Lobo zu kritisieren, dessen Texte im Wesentlichen der Tugendanzeige dienen.

Der Mensch ist nicht für die unparteiische Betrachtung der Wirklichkeit gemacht, das vielleicht zur Erklärung. Wir halten uns für rational urteilende Wesen. In Wahrheit sind wir Herdentiere, deren Hirne so ausgelegt sind, dass wir immer Gründe finden, warum der Stamm, dem wir angehören, besser und gescheiter als andere Stämme ist. Die Voreingenommenheit ist ein Erbe der Geschichte unserer Sesshaftwerdung, bei der es sich für das Überleben einer Gruppe auszahlte, wenn die Kohäsionskräfte stark ausgeprägt waren.

Angeblich sind gebildetere Menschen eher in der Lage, eine Situation vorurteilsfrei zu beurteilen, so glauben sie jedenfalls. In Wahrheit scheint das Gegenteil zuzutreffen. Ich bin bei der Recherche auf ein interessantes psychologisches Experiment gestoßen. Bei dem Versuch wurden die Teilnehmer gebeten, zu einer strittigen Frage alle denkbaren Pro- und Kontraargumente zu benennen, unabhängig von deren Güte. Den meisten Probanden fielen sehr viel mehr Argumente ein, die die eigene Position stützten, was zeigt, dass uns Vorurteilsfreiheit nicht angeboren ist.

Wie der Harvard-Professor David Perkins darüber hinaus zu zeigen vermochte, konnten Studenten insgesamt mehr Argumente zu Papier bringen als Nichtakademiker. Die Zahl der Gegenargumente blieb allerdings unverändert klein. Der Hang zur Rechthaberei nimmt also, das muss man daraus folgern, mit dem Grad der Bildung nicht ab, sondern zu. Oder wie der Evolutionspsychologe Leander Steinkopf schreibt: »Intelligenz und Bildung begünstigen nicht Selbstkritik und Erkenntnisfähigkeit, sie verstärken, was ohnehin im menschlichen Gehirn steckt: kognitive Verbohrtheit.«

Man soll sich nicht naiv stellen. Man wird Rechtsradikale nicht dazu bringen, von ihren Überzeugungen abzulassen, indem man ihnen den Dialog anbietet, so wie man auch einen radikalen Tierschützer oder einen Anhänger von »Cuba Sí« nicht durch Gesprächsbereitschaft umstimmen wird. Die menschliche Vernunft ist so beschaffen, dass sie jedes Schlupfloch nutzt, um an der einmal gefassten Meinung festhalten zu können. Aber zwischen Radikalen und ideologisch motivierten Menschen gibt es einen Graubereich, in dem zumindest friedliche Koexistenz möglich ist.

Kaum etwas bringt AfD-Anhänger so verlässlich auf die Palme wie der Vorwurf, sie seien Nazis. Selbst Nazis reagieren mitunter empört, wenn man sie Nazis nennt, was mir zeigt, dass offenbar sogar sehr rechts eingestellte Menschen mit der Mehrheitsgesellschaft bestimmte moralische Werte teilen.

Ein echter Rassist dürfte keinen Anstoß daran nehmen, dass man ihn einen Rassisten nennt – so wie es kein überzeugter Nationalsozialist als Beleidigung empfunden hätte, als Judenhasser zu gelten. Es ließe sich einwenden, dass die Empörung gestellt ist, es tatsächlich also nur darum geht, einem Vorwurf zu begegnen, von dem man vermutet, dass er einem im Meinungskampf schadet. Aber ich glaube, so ist es nicht. Die Empörung ist in vielen Fällen echt.

Der Mensch ist Opportunist, auch das gehört zur anthropologischen Wahrheit. Der Opportunismus hat einen schlechten Leumund, dabei kann er für den Zusammenhalt einer Gesellschaft durchaus zweckdienlich sein. Warum hat die Überführung des nationalsozialistisch verseuchten Deutschlands in ein demokratisches Gemeinwesen funktioniert? Weil sich die überwiegende Zahl von Nazis nach dem Krieg dem demokratischen Zeitgeist angepasst hat.

Demokratische Wandlung setzt allerdings voraus, dass politisch Versprengten erlaubt wird, sich zu besinnen. Man kann Menschen auch in die Selbstradikalisierung treiben. Man muss ihnen nur immer wieder sagen, dass man sie für den letzten Dreck hält.

Über den Besuch einer Geburtstagsparty

Einmal war ich in London auf einer Party, wo auch Astrid Proll zu Gast war. Proll, die zu den Mitbegründern der RAF gehörte, saß wegen Raubüberfalls und Urkundenfälschung fast vier Jahre im Gefängnis. 1979 wurde sie aus der Haft entlassen.

Auch mit Bommi Baumann war ich schon auf einer Party. Diese wurde in Berlin vom »Spiegel« veranstaltet. Baumann verbrachte wegen der Beteiligung an einem Banküberfall und einem Bombenanschlag fünf Jahre hinter Gittern. Er war eine der zentralen Figuren der linksradikalen Szene in Berlin und Mitbegründer der Bewegung 2. Juni. Nach den Maßstäben, die heute an die Zusammensetzung von Partys gestellt werden, wäre meine Teilnahme nicht mehr möglich.

Am Samstag war ich wieder auf einer Feier. Ein Freund von mir, mein langjähriger Kollege Matthias Matussek, hatte anlässlich seines 65. Geburtstages zu sich nach Hause eingeladen. Ich kenne Matussek seit 30 Jahren. Wir haben fast zeitgleich beim »Spiegel« angefangen. Unsere beiden ältesten Söhne sind gleich alt, ein paar Mal waren wir mit den Familien gemeinsam im Urlaub.

Wäre ich klug, würde ich sagen: Ich war unvorsichtig. Ich hätte fragen sollen, wer außer mir kommt, wenn Matussek Geburtstag feiert. Zu den Gästen gehörten neben Nachbarn aus dem Haus, seinen Brüdern und einer Reihe von Weggefährten, die ihn schon kannten, als er noch beim »Stern« war, auch mehrere Publizisten und Autoren, die man der Neuen Rechten zuordnen muss.

Einer der Eingeladenen ist als Aktivist der Identitären Bewegung bekannt, wie ich im Nachhinein erfahren habe. 2013 wurde er wegen gefährlicher Körperverletzung zu siebeneinhalb Monaten auf Bewährung verurteilt, weil er einen linken Jugendlichen mit einem Totschläger traktiert hatte. Ich kannte den Mann nicht. Ich habe mit ihm kein Wort gewechselt, weil es zu viele Gäste gab, die ich lange nicht mehr gesehen hatte. Jetzt heißt es, ich hätte mit Neonazis gefeiert.

Darf man als Redakteur des »Spiegel« an einer Feier teilnehmen, zu

der Menschen eingeladen sind, die rechts oder vielleicht sogar rechts-
radikal sind?

Der ZDF-Moderator Jan Böhmermann hat dazu geschrieben, dass
sich aus der Teilnahme Fragen nach den journalistischen und ethischen
Standards des »Spiegel« ergäben. In einem Fragenkatalog verlangte er von
meiner Chefredaktion Auskunft, ob sie vorab Kenntnis von der Zusammenkunft gehabt habe und wie sie es bewerte, wenn Redaktionsmitglie-
der »mit Neonazis Party machen«. Zur Sicherheit gingen die Fragen am
Tag darauf noch einmal per Rundmail ein.

Ich glaube auch, dass sich Fragen ergeben, nur andere. Macht man
sich mit der Meinung der Umstehenden gemein, wenn man auf den
Gastgeber einen Toast ausbringt, wäre eine. Oder: Fraternisiert man bereits mit Rechten, wenn man nebeneinander am Büfett steht, statt Reißaus zu nehmen? Das ist ja der Vorwurf: Wer mit solchen Leuten auf einer
Geburtstagsfeier zusammenstehe, normalisiere rechtes Denken und trage
es damit in die Mitte der Gesellschaft.

Wenn man diesen Gedanken zu Ende denkt, dann ist jeder Kontakt,
und sei er noch so zufällig, ein Schuldbeleg. Im Prinzip reicht es schon,
dass man sitzen bleibt, wenn einer mit der falschen Gesinnung an den
Tisch tritt. Der Umstand, dass man erst im Nachhinein belehrt wurde,
mit wem man es zu tun hatte, ist dabei kein hinreichendes Entlastungs-
argument. Du hättest damit rechnen müssen, dass der Gastgeber zweifel-
haften Umgang pflegt, heißt es dann.

Es gibt einen Punkt, an dem man nicht mehr mit jemandem befreundet sein will. Auch langjährige Freundschaften haben eine Bruch-
stelle. Manchmal entwickeln sich Menschen, die man lange kennt, in eine
Richtung, die sie einem für immer entfremdet. Ich halte Matussek für
einen politischen Wirrkopf. Ich habe ihn, was Politik angeht, nie ernst genommen. Wer in nüchternem Zustand in der Hamburger Innenstadt auf
Bierkisten steigt, um die Zuhörer zum Aufstand aufzurufen, ist bestenfalls
ein Bajazzo, im schlimmsten Fall ist er reif für die Klapsmühle.

Aber die Entscheidung, ob man deswegen einem Freund die Freund-
schaft aufkündigt, ist eine private Angelegenheit und nichts, worüber die
Öffentlichkeit Aufklärung einzufordern das Recht hat. Beziehungsweise:
Sie kann die Distanzierung verlangen, aber dann bewegt man sich nicht
mehr in einer freiheitlichen Gesellschaft, die aus gutem Grund auf die
Trennung von privatem und öffentlichem Raum Wert legt, sondern in

einer, in der Fernsehspaßmacher, Journalisten oder andere Repräsentanten der besorgten Öffentlichkeit als Joseph-McCarthy-Wiedergänger den Ton angeben.

Das Denken der Segregation verlangt nach rigiden Entscheidungen. Sein Ziel ist die Isolation des Menschen, der als Gegner identifiziert wurde. Freundschaft, Familie, Loyalität – das alles steht dabei im Weg. Wer sich darauf beruft, er habe zu einem alten Freund gehalten, muss sich dessen Meinung zurechnen lassen. Wer erklärt, ein näherer Kontakt bedeute nicht, dass man die Positionen des anderen teile, dem wird erwidert, dass der Augenschein entscheidend sei.

Man darf sich nicht täuschen lassen. Die Verdächtigungen und Denunziationen haben Konsequenzen. Zu den Gästen der Hamburger Geburtstagsfeier gehörte der ARD-Moderator Reinhold Beckmann. Beckmann sang ein Lied von Bob Dylan, »Things have changed«, in einer deutschen Übersetzung. Am Sonntagmorgen, knapp zwölf Stunden nachdem er die Party verlassen hatte, veröffentlichte Beckmann auf Facebook eine Erklärung, in der er sich dafür entschuldigte, an der Feier teilgenommen zu haben.

Er habe sich verlaufen, schrieb er darin. Das Lied sei als »vergiftetes Geschenk« gemeint gewesen, er habe damit seine Widerworte gegen den Irrweg seines Freundes zum Ausdruck bringen wollen. Aber das sei ein Fehler gewesen: »Ich hätte dort nicht hingehen sollen.« Es handelte sich um eine öffentliche Lossagung, einen Kotau.

Beckmann hat alles erreicht, was man als Moderator erreichen kann. Er hat über 15 Jahre in der ARD eine Talkshow gehabt, die seinen Namen trug. Er war zwischenzeitlich eines der bekanntesten Gesichter des öffentlich-rechtlichen Rundfunks. Was muss ein Mann wie er fürchten, dass er sich so klein macht? Wie groß muss die Angst sein, wenn selbst ein erfolgreicher ARD-Moderator in die Knie geht?

Ich habe mich an dem Abend bei Matussek länger mit Beckmann unterhalten. Er erzählte mir von seinem Vater, der von einem Tag auf den anderen im Ort gemieden wurde, weil er mit seinem Futtermittelbetrieb in die Insolvenz gegangen war. Beckmann berichtete, wie die Leute im Dorf hinter seinem Rücken getuschelt und mit dem Finger auf ihn gezeigt hätten: »Ist das nicht der Sohn vom Beckmann?« Bankrott zu erklären galt damals noch als Schande. Die ganze Familie durchlebte, was es heißt, wenn man von allen geschnitten wird. Dies sei ihm eine Lehre fürs

Leben gewesen, sagte Beckmann, auch deshalb sei er zur Geburtstagsfeier seines alten Freundes gekommen.

Heute ist es eine Geburtstagsfeier, bei der man gesehen wurde, morgen eine Beerdigung. Die Feindschaft geht über den Tod hinaus, auch darüber sollte man sich nicht täuschen. Wir haben das alles schon einmal erlebt. Als die RAF-Terroristen Gudrun Ensslin, Jan-Carl Raspe und Andreas Baader zu Grabe getragen wurden, notierte man die Namen aller Trauergäste, die sich zur Beerdigung eingefunden hatten. Damals sprach man von Sympathisanten, der Begriff von der »Normalisierung« gesellschaftsfeindlichen Denkens war noch nicht erfunden. Gemeint war dasselbe.

Der gefährlichste Mensch, den Jan Böhmermann kennt, ist vermutlich Katrin Göring-Eckardt. Böhmermann trifft garantiert nur auf Personen, die so ähnlich denken wie er. Mich hat die Verdopplung meiner Meinung nie interessiert. Ich habe mir aus gutem Grund ein Gewerbe ausgesucht, in dem es zu den Arbeitsbedingungen gehört, dass man auf Menschen stößt, denen andere nicht einmal die Hand geben würden.

Ich habe einen sehr weiten Freundes- und Bekanntenkreis. Zu meinen Freunden zählen Menschen, die weit links stehen. Es sind Anarchisten darunter, die von einem Leben ohne Staat träumen, Feministinnen, die morgen das Genderparadies errichten würden, wenn man sie denn ließe. Ich bin sogar mit Leuten befreundet, die in ihrem Leben Berufen nachgegangen sind, über die manche nicht reden können, ohne zu erröten.

Am Montag hat sich der ehemalige Außenminister der Bundesrepublik Deutschland zu Wort gemeldet. Sein Thema war nicht die aktuelle Entwicklung in Iran oder der Brexit, sein Thema war eine Geburtstagsfeier in Hamburg. »Ich finde: Die bürgerlichen Eliten sollten für Demokratie einstehen, anstatt an ihr zu sägen!«, schrieb er. »Der Fall #Matussek ist dafür ein weiteres Negativbeispiel.«

Was die Verteidigung bürgerlicher Freiheitsrechte angeht, bin ich dezidiert anderer Ansicht als Sigmar Gabriel. Ich will nicht in einer Gesellschaft leben, in der die Frage, ob man an der Geburtstagsparty eines Freundes teilnimmt, zur Mutprobe wird. Ich glaube, und sei es zu meinem eigenen Trost, dass die meisten Menschen in Deutschland darüber so denken wie ich.

Über die Linke und den Kitsch:
Ein Gespräch mit dem Verleger Klaus Bittermann

Herr Bittermann, Sie haben als Verleger Wiglaf Droste, Wolfgang Pohrt, Elke Geisel herausgegeben, alles Vertreter einer unideologischen Linken. Als Wolfgang Pohrt im vergangenen Jahr den Folgen eines Schlaganfalls erlag, schrieben Sie: »*Am Freitag ist der Ideologiekritiker Wolfgang Pohrt gestorben. Er hinterlässt mehr Feinde als Freunde. Das hätte ihm gefallen.*« *Ist es das, was die genannten Autoren verbindet: die Fähigkeit, sich Feinde zu machen?*

Wenn man sich gegen die Dummheit der Welt stemmt, das »falsche Bewusstsein« dechiffriert, die wirklichen Motive des Gegners entschlüsselt, ihm also sein kleines Geheimnis über sich selbst verrät, dann hat man automatisch jede Menge Feinde. Das bleibt nicht aus. Je heftiger und zahlreicher die Reaktionen ausfallen, desto mehr kann man sich auch bestätigt fühlen. Und gerade Wolfgang Pohrt hat geschrieben, um Reaktionen hervorzurufen. Sich mit Lust in die Diskussion hineinwerfen und sie aufmischen, das war sein wichtigstes Motiv. Deshalb hat er hauptsächlich über Themen geschrieben, die die Leute erregt haben, die diskutiert wurden. Das gilt für Droste und Geisel in gleicher Weise. Wenn sich dabei ein Promi wichtig machte, sagte ihm Droste gerne, was er eigentlich sei: »Promis sind Erbrochenes auf der Windschutzscheibe des Lebens.«

In einer Würdigung las ich, Drostes Beschäftigung bei der »taz« sei wegen eines obszönen Beitrags zum Weltfrauentag 1988 im Zerwürfnis geendet. Wissen Sie Näheres?

Ich habe Droste erst ein oder zwei Jahre später kennengelernt, deshalb kann ich zu diesem Skandal nichts Konkretes sagen, nur dass Droste mit dem dann ausgelösten Wirbel nicht gerechnet hatte. Das war auch bei seinem Text »Der Schokoladenonkel bei der Arbeit« so, ein eigentlich harmloser, lustiger kleiner Text, in dem er erzählt, wie er durch den Görlitzer Park spaziert, damals eine heruntergekommene Brachfläche in Berlin-

Kreuzberg, heute berühmt als Drogenumschlagplatz und Naherholungsgebiet für Hippies und Flippies – und von einer kleinen, frechen Göre angequatscht wird. Er schenkt ihr einen Schokoladenkäfer, ohne sich dabei etwas zu denken, aber kurze Zeit später fällt ihm auf, dass er in den Augen der »Kiez-Kamarilla« und der »Emma« das gefundene Fressen ist: der Vater als Täter, der einem kleinen Kind Schokolade gibt!

Die Geschichte brachte die feministische Antifa auf die Palme, die nicht in der Lage war, Ironie zu erkennen und literarische Freiheit von einem Bekenntnis zu unterscheiden. Sie versuchte, Drostes Lesungen zu unterbinden oder wenigstens zu stören. In Kassel sammelte eine autonome WG ihren Kot, um ihn vor dem Veranstaltungsgebäude auszukippen, und in der Hamburger Kampnagel-Fabrik warfen die Gegner Buttersäure in den Raum. Aber die Autonomen hatten nicht mit Drostes Wehrhaftigkeit gerechnet. Er organisierte eine Bodyguardtruppe, bestehend nur aus Frauen, und er ging keinem Wortgefecht und auch keinem körperlichen Nahkampf aus dem Weg, wie man dann in einem Beitrag bei »Spiegel TV« sehen konnte. Statt ihn als Kindertäter zu entlarven, hatte die autonome Szene dazu beigetragen, Drostes Ruhm und Bekanntheitsgrad zu steigern. Er war ihr ewig dankbar.

Es ist heute etwas in Vergessenheit geraten, aber die Kritik an den Grünen und dem Betroffenheitsjargon kam zunächst von links. »Das Wörterbuch des Gutmenschen« ist nicht bei »Tichys Einblick« erschienen, sondern in der »Edition Tiamat«, also Ihrem Verlag. Wenn man das Buch zur Hand nimmt, sieht man, dass es erstmals im Januar 1994 erschienen ist. Was war passiert, dass Sie die Notwendigkeit für ein solches Buch sahen?

Die Friedensbewegung Anfang der Achtziger war passiert. Die Linken wollten nicht mehr nur den Kapitalismus umstülpen, sondern die Welt auch vor den Pershings retten, vor dem Weltuntergang, vor der Atombombe, vor dem Waldsterben, vor dem sauren Regen, vor Tschernobyl. Die Argumente wurden dabei immer schwammiger und staatstragender. Der Psychoanalytiker Horst-Eberhard Richter, heute nicht mehr so bekannt, damals aber das Herzstück der Friedensbewegung, hatte diese neuen Vertreter der Linken als »Besorgte« definiert, als »geduldige, aber empfindsame Menschen«, die »innerlich intensiv verspüren, was von außen auf sie einwirkt«. Kurz gesagt, es handelte sich um den Typus der

Nervensäge, der vor allem auf den Evangelischen Kirchentagen anzutreffen war: keine Analyse, keine zersetzende Kritik, keine Argumente, nur salbungsvolles Gebrabbel.

1992 hatte der konservative, aber sehr kluge Herausgeber des »Merkur«, Karl Heinz Bohrer, angeregt, ein Wörterbuch des Gutmenschen anzulegen. Typische und immer wieder auftauchende Begriffe waren dabei »die Mauer im Kopf einreißen«, »Streitkultur«, »Querdenker«, »Glaubwürdigkeit«, »verkrustete Strukturen aufbrechen«, »gerade wir als Deutsche«. Als es beim »Merkur« bei der Ankündigung blieb, nahm ich mit Gerhard Henschel und Wiglaf Droste als Herausgeber die Bürde auf mich, den Verlautbarungsjargon der guten Menschen zu sezieren. Es gab Vorarbeiten, auf die man sich beziehen konnte. Dolf Sternberger zum Beispiel mit seinem »Wörterbuch des Unmenschen«, in der er bei einer Untersuchung des Wörtchens »Anliegen«, das ja bis heute ebenso bedenken- wie gedankenlos verwendet wird, nachwies, dass dem Begriff eine »deplazierte Intimität und unanständige Aufdringlichkeit« innewohnt.

Unser Büchlein löste einen Sturm der Entrüstung aus. Wir haben einen weiteren Band folgen lassen, in dem die Sprache vor allem der Rechten und Deutschnationalen aufs Korn genommen wurde und in dem wir Begriffe auseinandernahmen wie »dem Ansehen Deutschlands schaden« oder »linke Lebenslügen«, also Floskeln, die bis heute in Gebrauch sind. Aber das Vorurteil, wir hätten quasi mit unserer Kritik am Gutmenschentum den Rechten in die Hände gearbeitet, hielt sich hartnäckig. Noch zehn Jahre später beschwerte sich die »Zeit« darüber. Dabei hatten wir nichts weiter gemacht als Sprachkritik betrieben.

Der Untertitel lautet »Zur Kritik der moralisch korrekten Schaumsprache«. Was ist Schaumsprache?

Schaumsprache ist verblasen, ungenau, immer voller guter Absichten, aber nicht konkret, sie argumentiert moralisch und setzt ein Wertesystem voraus, in dem Kritik und Analyse nicht vorkommen, das heißt all das, was neue Erkenntnisse hervorbringen könnte, wird von vornherein ausgeblendet. Von Funny van Dannen gibt es ein sehr schönes Lied, in dem er sich über diese Einstellung lustig macht und in dem es heißt: »Gutes tun, Gutes tun / Bewusster atmen / Gesunde Sachen essen / Mit Nazis diskutieren / Die Mutter nicht vergessen / Auch einmal fremden Hundekot entfernen / den Islam näher kennenlernen / Gutes tun ist gar nicht schwer.«

»Der Kitsch hat gesiegt. Das böseste Wort mit B heißt Beziehung«, schrieb Droste einmal. Woher kommt diese besondere Kitschanfälligkeit der Linken?

Ich glaube, jede Ideologie hat ein Weltbild zur Voraussetzung, das die Welt in Gut und Böse einteilt. Das ist die beste Voraussetzung für Kitsch. Und da muss man sagen, dass schon die Achtundsechziger nicht vor Kitsch gefeit waren. Der tobte sich vor allem in der Revolutionsromantik aus, als man Che Guevara wie einen Heiligen verehrte. Und immer, wenn das Volk aufgerufen wurde, dies oder jenes zu machen, war der Kitsch nicht weit. Ich vermute, dass das keine besondere Eigenschaft der Linken ist, sondern bei den Rechten und den Liberalen unter anderen Vorzeichen ganz ähnlich ist.

Gerhard Henschel hat damals in seinem kleinen Bestseller »Das Blöken der Lämmer. Die Linke und der Kitsch« eine ungeheure Menge an Material zusammengesucht und zitiert, unter anderem Peter Härtling, ein aufrechter, linksliberaler Schriftsteller, Präsident der Hölderlin-Gesellschaft, Mitglied der Akademie der Wissenschaften und der Literatur, der Deutschen Akademie für Sprache und Dichtung, der Akademie der Künste und des PEN-Zentrums Deutschland, um nur ein paar ehrenvolle Funktionen aufzuzählen. Ein Mann der Sprache also. Von ihm stammen die Gedichtzeilen: »Wenn jeder eine Blume pflanzte, / jeder Mensch auf dieser Welt / und, anstatt zu schießen, tanzte / und mit Lächeln zahlte statt mit Geld – / wenn ein jeder einen andern wärmte / keiner mehr von seiner Stärke schwärmte, / keiner mehr den andern schlüge, / keiner sich verstrickte in der Lüge ...« Ich denke, das reicht, um zu verdeutlichen, was ich meine.

Mein Eindruck ist, die Linke hat sich verändert. Es gab immer die Eiferer, die Flagellanten, die Glaubensbrüder und -schwestern, die mit Argusaugen darüber wachten, dass niemand aus der Reihe tanzte. Aber daneben gab es eben auch die Spontifraktion, die ein diebisches Vergnügen daran hatte, gegen den Common zu verstoßen, auch gegen den Common und die Glaubenssätze der eigenen Szene.

Natürlich hat sich die Linke verändert. Wäre schlimm, wenn sie sich nicht verändert hätte. Sie muss sich verändern, weil auch die gesellschaftlichen Voraussetzungen andere werden, sonst bleibt irgendwann nur noch ein Traditionsverein übrig, der eifersüchtig über ein schmales Erbe wacht. Die »Eiferer«, wie Sie sie nennen, gibt es schon lange nicht mehr, denn darüber zu wachen, dass niemand aus der Reihe tanzt, ist nur dann sinnvoll und überhaupt möglich, wenn eine Gemeinde existiert, die sich auf eine gemeinsame Ideologie geeinigt hat. Das ist kaum mehr der Fall, weshalb die Grundlage für solche Leute entfällt.

Das Gleiche gilt im Prinzip auch für die »Spontifraktion«, denn eine Szene, auf die sie sich beziehen könnte, existiert nicht mehr. Exemplarisch lässt sich das daran ablesen, dass die Keimzelle der »Spontifraktion«, nämlich Leute wie Daniel Cohn-Bendit, Joschka Fischer oder Thomas Schmid, das Lager gewechselt und sämtliche aus den Sechzigerjahren stammenden Ideale verraten hat.

Kein schöner Anblick, wenn ich da an Fischer denke, der mit Auschwitz argumentierte, um die erste militärische Intervention zu legitimieren, an der Deutschland maßgeblich beteiligt war, und das ausgerechnet gegen Serbien, wo man schon mal einmarschiert war. Das hat kein CDUler auf dem Kerbholz, sondern einer von den Grünen, die einmal für Abrüstung eingetreten sind und die die Waffen abschaffen wollten, statt sie gegen ein anderes Land zum Einsatz zu bringen.

Wo ist die Lust am Krawall hin? Das Provokationsinteresse, die Sprachwut, die raus muss? Statt zu provozieren, geht es heute die ganze Zeit darum, dass sich ja niemand auf den Schlips getreten fühlt.

Ich glaube nicht, dass die Lust am Krawall verschwunden ist. Sie ist mehr denn je da. Nur ist das Medium, das den Krawall transportiert, inzwischen ein anderes. Die Hate Speech ist die neue Darreichungsform von Krawall, wie er sich heute austobt. Eine Kritik, die sich der Mühe der Argumentation unterzieht, ist ersetzt worden durch plumpe Beleidigung und Drohung. Was verloren gegangen ist, ist eine elegante Auseinandersetzung, mit der der Gegner lächerlich gemacht wurde, mit der ihm seine eigenen Worte um die Ohren gehauen wurden. Eine Beleidigung war nicht einfach eine Beleidigung, sondern sie ließ sich ableiten aus dem, was einer vorher von sich gegeben hatte. Den gegenteiligen Fall, wo man niemandem auf den Schlips treten will, den gab es auch schon früher in dieser ganzen politischen Verlautbarungsprosa. Auch das ist also nichts Neues.

Haben Sie mit Autoren wie Droste darüber gesprochen? Hat einer wie er die Veränderung des Meinungsklimas registriert?

Ja, natürlich hat Droste die Änderung des Meinungsklimas registriert, und er war voller Hass, weil er sich gleichzeitig so hilflos fühlte, ganz abgesehen davon, dass man sich irgendwann einmal lächerlich macht, würde man mit der gleichen Verve und dem gleichen Furor in eine Debatte stürzen wie zwanzig oder dreißig Jahre früher. Und schon vor zwanzig oder dreißig Jahren wurden die Debatten dadurch nicht wirklich besser.

Man wird ja auch älter und manchmal sogar klüger, und wenn man das wird, ist es besser, auch mal die Klappe zu halten. Man merkt dann, dass es langweilig wird, immer den gleichen Müll zu entsorgen, immer an der gleichen Abfalltonne zu riechen, um festzustellen, dass es stinkt. Droste hat sich wie viele Schriftsteller, die an der Welt verzweifelt sind, zurückgezogen. Nur daran erkennt man, ob es einem wirklich um etwas gegangen ist, denn Leute, die das als ihren Job betrachten, dem sie zusehends lustloser nachgehen, die also nicht wirklich von Empörung über die Zustände in ihrer Kritik getragen sind, bei denen gerät die Kritik irgendwann zur wenig überzeugenden Routine.

Pohrt, ein anderer großer Gegensichaufbringer, den Sie verlegt haben, hatte es sich am Ende mit so vielen Leuten verscherzt, dass die schiere Zahl der Beleidigten und Gekränkten ein eigenes Buch gefüllt hätte. Hat er darunter gelitten, oder war es ihm egal? Oder war er vielleicht sogar stolz darauf?

Wolfgang Pohrt ist wirklich konsequent seinen Weg gegangen, in die völlige Vereinsamung. Er war da weder stolz darauf, noch hat er darunter gelitten. Er hat einfach die Dummheit nicht ertragen. Er hat nie falsche Rücksichten genommen, auch wenn das Verhältnis eigentlich freundschaftlich war. Die meisten Menschen behalten lieber ihre Meinung für sich oder erzählen sie Dritten. Wenn Sie sich nicht zerstreiten wollen, dann halten Sie sich zurück. Das kann man verstehen, denn dieses taktische Verhältnis ist notwendig, um den sozialen Zusammenhang nicht zu zerstören. Anderseits hat es verständlicherweise keinen guten Ruf, weil es dazu führt, dass vor allem Prominente tatsächlich von sich glauben, was andere über sie sagen. Auch Anerkennung ist hierarchisch strukturiert.

Pohrt ist da in gewisser Weise gnadenlos gegen andere, aber auch gegen sich selbst gewesen. Wenn ein Freund oder Bekannter etwas geschrieben hatte, das ihm nicht gefiel, dann war es besser, ihn nicht nach seiner Meinung zu fragen. Er war da sehr verletzend, was die meisten veranlasste, den Kontakt mit ihm abzubrechen. Natürlich kam auch eine gewisse Verbitterung im Alter hinzu, in dem man nicht mehr die Geduld aufbringt, jemandem etwas ausführlich auseinanderzusetzen.

Mein Verdacht ist ja, dass zu viele auf der Linken heute zu sehr gemocht werden wollen. Sie spielen vor allem für den Applaus der Fans und haben wahnsinnige Angst, dass jemand aus ihrem Publikum buhen könnte.

Das kann schon sein, aber es gibt da immer eine gegenläufige Bewegung. Wenn man die Debatte in der »taz« über den Polizeikommentar verfolgt hat, in dem davon geträumt wurde, Polizisten auf dem Müll zu entsorgen, da hatte ich nicht den Eindruck, dass jemand Angst vor Buhrufen haben könnte. Natürlich wurde diese nicht sehr originelle Idee vorgebracht, um Aufmerksamkeit zu erregen. Aber darum geht es nicht, das ist ein legitimes Interesse. Die Frage ist doch viel mehr, warum Leute diese etwas plumpe Meinung, die sich notdürftig hinter »Satire« versteckt, für diskutierenswert halten.

Vielleicht sind die heutigen Vertreter der Linken auch einfach faul geworden. Über ein Sammelbändchen mit queer-feministischen Texten und den täglichen Konsum von Twitter geht die Lektüre ja selten hinaus.

Das ist, glaube ich, kein spezifisches Problem der Linken, auch wenn Sie das vielleicht gerne so hätten. Das ist ein gesamtgesellschaftliches Problem und schließt so ziemlich alle mit ein.

Hatten Leute wie Droste oder Pohrt am Ende überhaupt noch würdige Gegner?

Was heißt in diesem Zusammenhang schon würdig? Eines der letzten Bücher von Pohrt hieß »Kapitalismus Forever«, in dem er die Fähigkeit bewunderte, mit der der Kapitalismus auf alle Krisen reagiert und sich erneuert. Eines der Kapitel wurde im »Tagesspiegel« vorabgedruckt und bekam Hunderte empörter Lesermails. Und die Rechten mochten ihn auch nicht. Einfach, weil er sich von keiner Seite vereinnahmen ließ. Droste hingegen hatte trotz allem viele Fans. Als er starb, organisierte ich eine Droste-Gala mit seinen Freunden. Der große Saal der Volksbühne mit 800 Plätzen war innerhalb einer Woche ausverkauft.

Sie haben damit begonnen, eine elfbändige Werkausgabe der Pohrt'schen Schriften herauszugeben. Wenn ich es richtig sehe, sind Sie bei Band sieben angekommen. Gibt es für so etwas ein Publikum? Dann hätte ich ja noch Hoffnung, dass die Linke nicht ganz auf den Hund gekommen ist.

Pohrt ist meiner Meinung nach einer der wenigen originellen Denker seiner Zeit gewesen, und dank seiner Kritik an der Linken ist ein realistisches Bild von ihr erhalten geblieben, eben weil sich Pohrt ihrer Macken und Fehler angenommen hat. Natürlich ist die Werkausgabe kein Renner. Aber als ich dann an Unis eingeladen wurde, um über Pohrt Vorträge zu halten, habe ich festgestellt, dass es junge und kluge Leute gibt, die sich wieder mit ihm beschäftigen, und gar nicht mal so wenige. Das hat mich gefreut und bestätigt.

Klaus Bittermann betreibt seit 1979 den Verlag »Edition Tiamat«. Er schreibt darüber hinaus als satirischer Beobachter des Zeitgeschehens und ist Herausgeber zahlreicher Anthologien, darunter das »Who's who peinlicher Personen«, in das auch der Autor dieses Buches Eingang fand. Bittermann wurde im Mai mit dem »Deutschen Verlagspreis 2020« ausgezeichnet.

Über die Frage,
wie man Menschen verrückt macht

Im Zivildienst war ich anderthalb Jahre in der Psychiatrie. In meinem Jahrgang war es selbstverständlich, dass man den Wehrdienst verweigerte. Ich gehöre zu einer Generation von jungen Männern, die noch eine sogenannte Gewissensprüfung absolvieren mussten, wenn sie nicht Dienst an der Waffe leisten wollten. Eine Stunde lang wurde man von ehemaligen Wehrmachtsangehörigen vernommen, die einen befragten, was man tun würde, wenn man mit Frauen und Kindern in einem Krankenhaus säße, während sich der Russe näherte. Natürlich lag zufällig ein Gewehr in Griffnähe.

Ich hätte zur Waffe gegriffen, keine Frage, ich bin schließlich kein Zeuge Jehovas. Aber das durfte man nicht sagen, weil es dann geheißen hätte, dass es keinen Grund gebe, nicht zur Bundeswehr zu gehen. Also musste man sich irgendetwas ausdenken, warum man das Gewehr unter keinen Umständen in die Hand nehmen könne. Die Gewissensprüfung hat mich auf die Arbeit in der Psychiatrie eingestimmt, kann man sagen.

Meine Zivildienststelle war ein Wohnheim für Menschen, die nach einem Aufenthalt in einer geschlossenen Abteilung wieder auf das normale Leben vorbereitet werden sollten. Die Bewohner waren manisch-depressiv oder schizophren, das waren die beiden zentralen Diagnosen. Einer der Bewohner, an die ich mich erinnere, hieß Wittig. Herr Wittig lebte in der Gewissheit, dass die Klingonen Kurs auf die Erde genommen hätten, um die Menschheit zu versklaven. Er hatte meine Sympathie. Wenn ich wüsste, dass ich nur noch wenige Tage in Freiheit verbringen dürfte, würde ich auch verrückt werden.

Was zur Schizophrenie führt, ist eine in der Medizin bis heute diskutierte Frage. Eine der Theorien, die damals en vogue waren, stammte von dem Anthropologen und Kommunikationsforscher Gregory Bateson.

Für Bateson war Schizophrenie die Antwort auf paradoxe Kommunikationsmuster. Eine Mutter sagt ihrem Kind, dass sie es liebe. Gleichzeitig macht sie ihm über Ton oder Gestik deutlich, dass sie es ablehnt oder ihm sogar feindselig gesinnt ist. Welche Information soll das Kind ernst nehmen: das Bekenntnis der Liebe oder die Demonstration der Ablehnung? Da es die Situation nicht auflösen kann, reagiert es mit psychotischen Symptomen.

Das sogenannte Double-Bind lässt sich auch im politischen Alltag beobachten, das macht Batesons Theorie so interessant. Eine Double-Bind-Situation liegt immer dann vor, wenn Menschen mit einander widersprechenden Botschaften beziehungsweise Handlungsanweisungen konfrontiert werden. Ein gutes Beispiel ist der Umgang mit Menschen, deren Vorfahren erkennbar nicht aus Deutschland kommen.

Die Eltern meiner Kollegin Ferda Ataman stammen aus der Türkei, was sie zu einem Menschen mit Migrationshintergrund macht, wie man heute sagt. Das ist das Thema, zu dem Ferda Ataman schreibt, auch ihre Kolumne auf »Spiegel Online«. Sie hat sogar einen Verein mit ins Leben gerufen, der sich im Wesentlichen mit der Frage beschäftigt, wie man Menschen, die fremdländisch aussehen oder einen Namen tragen, der ursprünglich nicht in Deutschland beheimatet war, so anspricht, dass sie sich nicht ausgeschlossen fühlen. Dagegen ist nichts zu sagen. Einige machen ihr Hobby zum Zentrum ihrer Arbeit, wieder andere ihre politischen Überzeugungen oder die Wahrnehmung der Welt aus der Perspektive als Frau oder Angehöriger einer sexuellen Minderheit.

Problematisch wird es, wenn das, was offensichtlich ist, nicht zur Sprache kommen darf oder sogar frei heraus geleugnet wird. Wenn man sie auf ihre türkischen Wurzeln anspricht, sagt Ataman, dass die Frage nach der Herkunft zeige, wie sehr die deutsche Gesellschaft der Wirklichkeit hinterherhinke. Sie hat ein Buch veröffentlicht, in dem sie beschreibt, wie leid sie es sei, dass ihre Migrationsgeschichte ständig zum Thema gemacht werde. Es heißt auch so. »Ich bin von hier. Hört auf zu fragen!«, lautet der Titel. Das ist der klassische Fall paradoxer Kommunikation. So macht man die gutwilligsten Menschen verrückt.

Eine ganze Generation von Migranten beschäftigt sich inzwischen hingebungsvoll mit der eigenen Herkunftsgeschichte. Geht man darüber hinweg, ist man ignorant, weil man die Leidenserfahrung von Nichtdeutsch-Aussehenden negiert. Geht man darauf ein, setzt man sich dem Vorwurf aus, seinen Vorurteilen freien Lauf zu lassen.

Es ist ein Spiel, in dem man nicht gewinnen kann. Selbst Kleinigkeiten können ungeahnte Bedeutung erhalten. Es reicht schon, dass eine Stewardess auf einem Inlandsflug eine arabisch aussehende Frau fragt: »Coffee or tea?« Was gemeinhin als Versuch durchgehen würde, sich als höflich zu zeigen, wird im migrantischen Kontext zum Beispiel für den latenten Rassismus der deutschen Mehrheitsgesellschaft.

Natürlich ist es leidig, wenn man immer wieder darauf angesprochen wird, woher man denn komme, wenn der Geburtsort doch Herne oder Baierbrunn ist. Trottel gibt es immer und reichlich, das kann jeder bestätigen, unabhängig von seiner eigenen familiären Migrationsgeschichte. Ich glaube, dass die meisten Deutschen allerdings relativ cool reagieren. Man muss ja nur einmal in München, Frankfurt oder Hamburg U-Bahn fahren, um zu erkennen, dass der typisch deutsch aussehende Mitbürger die Minderheit bildet. Wer glaubt, dass jemand nur gebrochen Deutsch sprechen kann, weil er eine andere Hautfarbe hat, ist lange nicht mehr aus seinem Kaff herausgekommen.

Paradoxe Kommunikation funktioniert als Falle: Was man tut oder sagt, ist falsch. Das ist wie bei einer Frau, die ihrem Mann vorhält, dass er sie nicht genug unterstütze. Bietet er schuldbewusst seine Hilfe an, fragt sie, ob er glaube, dass sie nicht in der Lage sei, sich selbst zu helfen.

Die Betroffenen wissen meist nicht, wie ihnen geschieht. Sie spüren, dass etwas schiefläuft, weil sie anders verstanden werden, als es von ihnen intendiert war. Aber sie können nicht benennen, weshalb die Dinge sich gegen sie gewendet haben. Das verdoppelt ihr Unbehagen.

Vielleicht liegt ein Teil des Grolls, der sich gegen Migranten angesammelt hat, hier begründet. Niemand lässt sich gern ein schlechtes Gewissen machen. Schon gar nicht, wenn er in Wahrheit nichts Arges im Schilde führt. Der sicherste Weg, Menschen gegen sich aufzubringen, besteht darin, ihnen das Gefühl zu geben, dass man sie niederer Motive verdächtigt. Die Reaktion ist meiner Erfahrung nach nicht Einsicht, sondern Trotz.

Über das Bedürfnis nach sauberen Straßen

Die Ernst-Moritz-Arndt-Universität in Greifswald möchte ihren Namen loswerden. Die Mehrheit im Senat der mehr als 500 Jahre alten Einrichtung hat beschlossen, dass die Hochschule nur noch Universität Greifswald heißen soll, weil der bisherige Name nicht mehr in die Zeit passe. Eigentlich bringt der Schriftsteller und Gelehrte Ernst Moritz Arndt alles mit, was man braucht, um als würdiger Namensgeber zu gelten. Arndts Vater war einst Leibeigener, wie man bis Anfang des 19. Jahrhunderts die Sklaven in Deutschland nannte. Er selbst hat erst gegen den Feudalismus angeschrieben, dann gegen Napoleon und die Fremdherrschaft, als sich der französische Usurpator ganz Europa Untertan machen wollte. Als 1848 in der Frankfurter Paulskirche das erste Parlament zusammentrat, war Arndt unter den Abgeordneten. Wer will, kann in ihm einen der Wegbereiter der deutschen Demokratie sehen.

Leider hat Arndt auch ziemlich wüste Sachen über die Juden und die Franzosen geschrieben. Vor allem die Franzosen hatten es ihm angetan, weshalb er regelmäßig über ihren »Leichtsinn« herzog, ihre »Geschwätzigkeit« und »Flatterhaftigkeit«. »Darum lasst uns die Franzosen nur recht frisch hassen, wo wir fühlen, dass sie unsere Tugend und Stärke verweichlichen und entnerven«, heißt es an einer Stelle. Das ist in einer Welt, in der alle gegen Hasskriminalität kämpfen, ohne Zweifel völlig unakzeptabel.

Seit Jahren geht in Greifswald der Streit um die Umbenennung. Es gab Menschenketten, Mahnwachen und Demonstrationen. Im ersten Anlauf scheiterte der Vorstoß an der Uneinsichtigkeit des Senats. Beim zweiten Versuch entschied die Uni, der Umbenennung stattzugeben. Leider unterlief ihr dabei ein Formfehler, weshalb nun alles wieder von vorne losging.

Wir erleben eine neue Welle des symbolischen Exorzismus. Mit den Nazi-Größen war man nach dem Krieg ziemlich schnell durch. Die Hitlerstraßen und Göringplätze waren so schnell verschwunden wie die Parteiabzeichen, die man notfalls verschluckte, um unbelastet in die neue

Zeit zu gehen. Dann gab es einige Nachhutgefechte um ein paar Wehrmachtsgeneräle, aber das blieben sporadische Ereignisse.

Jetzt wird die Sache sehr viel methodischer betrieben. In München ist eine Kommission dabei, alle 6100 Straßen auf bislang unerkannte historische Belastungen zu prüfen. Die Stadt hat festgestellt, dass geschichtlich interessierte Münchner immer wieder auf »dunkle Flecken« stoßen, wenn sie durch die Stadt laufen. In Freiburg, wo man als erste deutsche Stadt mit einer umfassenden Bewertung aller Straßennamen begann, liegt seit einiger Zeit ein Abschlussbericht vor, der zwischen Hochbelasteten (Kategorie A) und historischen Mitläufern (Kategorie B) unterscheidet.

Weil man es nicht bei Antisemitismus und Militarismus als Bewertungskriterien belassen hat, sondern auch Chauvinismus, Kolonialismus und Verfolgung von Minderheiten einbezog, ist die Liste etwas länger geraten. Wenn alles gut geht, kann Freiburg dafür von sich sagen, die erste Kommune zu sein, in der die Vergangenheitsbewältigung demnächst auch im Straßenbild konsequent umgesetzt wird (Heidegger und Hindenburg sollen weichen, Richard Strauss und Johann Gottlieb Fichte sind unter Auflagen weiter geduldet).

Das Unglück bei vielen Straßen- und Gebäudenamen ist, dass die Leute früher nicht so klug waren wie heute. Wenn man ihnen damals gesagt hätte, dass es mehr Geschlechter als Planeten gibt und Europa von Brüssel aus regiert wird, hätten sie nur gelacht. Das Beste wäre, man könnte in der Geschichte nach hinten aufklären. Da diese rückwirkende Aufklärung an den Gesetzen der Natur scheitert, ist man darauf angewiesen, dem Fortschritt über die nachträgliche Bereinigung zum Sieg zu verhelfen.

Das Problem der retroaktiven Geschichtshilfe ist, dass sie theoretisch unendlich ist. Auf der Liste der als problematisch empfundenen Namen findet sich in Freiburg der des Botanikers Carl von Linné, dem sein »umstrittenes Frauenbild« zum Verhängnis wurde. Die Einteilung und Hierarchisierung der Pflanzen in männlich und weiblich habe die Grundlage dafür geliefert, wie die Geschlechter von den Menschen im Alltag wahrgenommen wurden und werden, erklärte die Soziologin Nina Degele, die für die Albert-Ludwigs-Universität in der Kommission saß.

In einigen Jahren wird man auch darüber nachdenken, ob man Konrad Adenauer oder Willy Brandt noch als Namensgeber akzeptieren kann, über Franz Josef Strauß müssen wir gar nicht erst reden. Hat Brandt nicht für die Notstandsgesetze die Hand gehoben und den Radikalenerlass auf den Weg gebracht? Das klingt verdächtig nach der Verfolgung von Minderheiten. Er soll auch nicht immer sehr nett zu seiner Frau Rut gewesen sein.

Jede Generation geht davon aus, dass die Zivilisation mit ihr den Höhepunkt erreicht habe. Wenn man in 20 Jahren auf die Namen blickt, die jetzt als erinnerungswürdig gelten, wird man sich an den Kopf fassen. Es gibt vorausschauende Menschen, die zum Beispiel davon überzeugt sind, dass man über unser Verhältnis zu Tieren so denken wird wie wir über die Sklaverei. Tieresser stehen dann in dem Ansehen, das heute Rassisten und Kolonialisten genießen.

In einigen Berliner Bezirken hat man sich entschieden, so lange nur noch Frauen bei Straßennamen zuzulassen, bis die Geschlechterparität erreicht ist. Das ist ein weiser Beschluss. Da sich die Textproduktion von Frauen bis ins 20. Jahrhundert weitgehend auf die Herstellung von Literatur und Lyrik beschränkte, werden künftige Namensumbenennungskommissionen von Arbeit entlastet. Wenn man jetzt noch zur Auflage machen könnte, dass sich die weibliche Dichterseele vegan ernährt hat, wäre man auf der ganz sicheren Seite.

Über Hamburg als Weltstadt

Vorneweg die gute Nachricht: Hamburg steht noch. Ich habe mich selbst davon überzeugen können.

Ganze Stadtviertel seien bei den G20-Krawallen ruiniert worden, las ich. Der Kronzeuge war der von mir sehr geschätzte Wolfgang Kubicki von der FDP. In meiner Morgenzeitung fand ich den beunruhigenden Befund, die Politik habe die Stadt »geopfert«. Ich war also entsprechend alarmiert, als ich am Wochenende meine Eltern besuchte. Zu meiner Erleichterung habe ich feststellen können: Alles sieht wieder picobello aus. Sogar die Rote Flora, Zentrum der antikapitalistischen Umtriebe, strahlt in alter Herrlichkeit.

Ich habe die ersten 20 Jahre meines Lebens in Hamburg verbracht. Es ist eine nette, ruhige Stadt, zu deren kalendarischen Höhepunkten die Ausrichtung des »Haspa Marathons« und die Eröffnung der »hanseboot« gehören. Ein bisschen langweilig, klar, aber die meisten Menschen haben nichts gegen Langeweile. Wäre es anders, wäre Frank-Walter Steinmeier nie Bundespräsident geworden.

Es gibt die Alster, ein paar nette Italiener und natürlich die Reeperbahn, wo grell geschminkte Frauen von der Tourismuszentrale dafür bezahlt werden, fremde Männer anzusprechen, damit diese denken, sie hätten etwas Sündiges erlebt. Es soll Hamburger geben, die so begeistert von Hamburg sind, dass sie Hamburg für die schönste Stadt der Welt halten. Ich wüsste ein paar andere Kandidaten für den Titel – Rio, Paris, San Francisco. Aber meinetwegen. Über Lokalpatriotismus soll man nicht streiten.

Was Hamburg definitiv nicht ist: irgendwie hip oder großstädtisch. Deshalb war die Ausrichtung des G20-Gipfels ja auch so eine Riesensache. Aus irgendeinem Grund will Hamburg unbedingt Weltstadt sein. Da beginnt schon das Missverständnis, würde ich sagen. Was haben die Hamburger erwartet? Wenn man sich ein paar Tausend junge Menschen einlädt, um drei Tage lang unter dem Slogan »Lieber tanz ich als G20« Party zu machen, sollte man sich nicht wundern, wenn man anschließend ein paar Fensterscheiben zusammenfegen muss.

Das Unglück beginnt, wenn Menschen ganz anders sein wollen, als sie von Natur aus sind. Das gilt auch für Stadtbewohner.

Frankfurt hat Goethe, München hat Thomas Mann, Hamburg hat Siegfried Lenz. Muss man mehr sagen? Mit großen Augen schaut man in Hamburg nach Berlin, wo sich die Menschen, die man aus der »Bunten« kennt, allabendlich in Restaurants wie dem Borchardt oder dem Grill Royal versammeln.

In Hamburg gibt es kein Borchardt, es gibt dort noch nicht mal ein Schumann's. Wer sollte sich dort auch treffen? Olaf Scholz mit Jens Riewa? Der größte Aufreger in der Hamburger Gastroszene war zuletzt die Frage, ob Til Schweiger das teuerste Leitungswasser der Stadt serviert oder nicht. In Berlin wäre das bestenfalls eine Randnotiz, in Hamburg ist das Schlagzeile.

Der Hamburger hat es gerne gediegen, dagegen ist nichts zu sagen. Wenn er es mal so richtig krachen lassen will, zieht er sich eine rote Hose an und trinkt einen Hugo mehr, als ihm guttut. Das ist seine Vorstellung von ausschweifendem Partyleben. Als ein paar Berliner Polizisten im Vorfeld des G20-Gipfels ein wenig über die Stränge schlugen, wurden sie prompt nach Hause geschickt. Ihr Verhalten sei unhanseatisch gewesen, hieß es.

Andernorts warten sie nach Krawallen eine Woche auf die Stadtreinigung, in Hamburg rückt am nächsten Tag die Bewohnerschaft unter dem Motto »Hamburg räumt auf« mit Besen und Eimer an. Ich hatte immer den Verdacht, dass die Kehrwoche gar keine schwäbische Erfindung ist. Jetzt weiß ich es: Hamburg ist das Stuttgart des Nordens.

Damit man mich nicht missversteht: Ich habe nichts gegen Stuttgart. Ich habe auch nichts gegen die Provinz. Kaum etwas ist so nervtötend wie der Versuch, sich kosmopolitisch zu gerieren, indem man auf Leute herabsieht, die angeblich nicht so weltgewandt sind wie man selbst. Aber das gilt auch umgekehrt.

Ich habe keine Ahnung, warum die Hamburger plötzlich so versessen darauf sind, wie Berlin zu werden. Ich glaube, sie haben keine Ahnung, was es bedeutet, in einer Stadt wie Berlin zu leben. Die Verwaltung ist so runter, dass Eltern von Neugeborenen bis zu vier Monate auf das Elterngeld warten. Auch Geburtsurkunden gibt es nicht mehr ohne Weiteres, was misslich ist, wenn man eine Krankenversicherung braucht.

Wer in einer U-Bahn-Station eine Treppe heruntergeht, muss Angst haben, dass ihm jemand von hinten in den Rücken tritt. Dafür blüht das Dealertum. Es gibt in Berlin mehr Dealer als Bauingenieure, wie ich dem »Tagesspiegel« entnommen habe. Weil die Polizei die Kontrolle verloren hat, bietet die Stadt den Dealern jetzt eine Art Sozialpartnerschaft an. Wenn sie sich dezent verhalten und versprechen, später auch mal einen Integrationskurs zu belegen, lässt man sie unbehelligt ihren Geschäften nachgehen.

Großstadt heißt Lärm, Dreck, auch ein gewisses Maß an Ruppigkeit und Regellosigkeit, alles Dinge, die sehr unhanseatisch sind. Man muss es nicht so weit kommen lassen wie Berlin, aber selbst in der am besten regierten Großstadt der Welt geht es laut und hektisch zu.

Zu viel Großstadt macht auch krank, das ist erwiesen. Angsterkrankungen und Depressionen kommen bei Menschen, die in der Stadt leben, etwa 20 bis 40 Prozent häufiger vor, das hat eine Studie am Zentralinstitut für Seelische Gesundheit an der Universität Mannheim ergeben. Schizophrenie tritt sogar doppelt so häufig auf. Warum will sich Hamburg das antun? Nur damit sie damit angeben können, sie seien auch hip und cool?

Wer sich in Hamburg in die U-Bahn setzt, kann sicher sein, dass er pünktlich ankommt. Es steht kein Balalaikaspieler neben einem, der einem so lange ins Ohr plärrt, bis man den Geldbeutel zückt. Es gibt auch keine Obdachlosen, die ihre offenen Wunden hinhalten oder durch andere hygienisch bedenkliche Mittel zu Mildtätigkeit animieren. Selbst die Obdachlosen warten in Hamburg in angemessener Distanz und bedanken sich artig, wenn man ihnen etwas zusteckt.

Wenn ich die Wahl hätte zwischen einer spießigen Kaufmannsstadt und einem Moloch wie Berlin, würde ich immer die Ruhe vorziehen. Ich bin einfach ein elender Spießer.

Über eine Teufelsaustreibung in München

In der »Neuen Zürcher Zeitung« war ein Bericht über eine Teufelsaustreibung in München zu lesen. Es ging um einen Wirt im Stadtteil Sendling, der dort seit Jahren ein italienisches Restaurant betreibt. Vor einigen Monaten hatte er von einem Abgesandten des Bezirksausschusses Besuch erhalten. Dem Ausschuss war zu Ohren gekommen, dass in der Casa Mia auch Menschen bedient wurden, die sich als Anhänger der Pegida-Bewegung zu erkennen gegeben hatten.

Der Rechtsextremismusbeauftragte des Gremiums, ein aufrechter Sozialdemokrat, forderte den Wirt auf, den Gästen künftig den Zutritt zu verweigern. Er händigte ihm dazu zwei Schreiben aus, eines vom Ausschussvorsitzenden, eines vom Oberbürgermeister der Stadt München. München sei bunt, hieß es darin an alle Gastwirte der Stadt, deshalb dürfe es für braun keinen Platz geben.

Der Gastronom, aus Sizilien stammend, zeigte sich uneinsichtig. Er habe mit Politik nichts zu tun, erklärte er. Die Gäste hätten Spaghetti gegessen und niemanden belästigt, warum solle er sie rausschmeißen? Das war allerdings ein Gastverständnis, das man in Sizilien haben kann, aber nicht im bunten München. Erst sprühte jemand »Nazis verpisst euch« an die Fassade, dann hingen an den Scheiben antifaschistische Aufkleber. Seit Anfang der Woche ist das Lokal nun dicht: Die Brauerei hat den Pachtvertrag gekündigt.

Der Verpächter nennt wirtschaftliche Gründe, doch der Verdacht liegt nahe, dass die Kampagne gegen das Casa Mia das Aus brachte. So sieht es auch der »NZZ«-Reporter Marc Felix Serrao, der den Fall aufrollte. »Kein Unternehmen wird gerne mit politischen Randgruppen identifiziert«, schreibt er.

Wohlgemerkt: Der Wirt des Casa Mia ist nicht durch rechte Äußerungen aufgefallen. Er hat keine Plakate in seinen Schankraum gehängt und keine Flugblätter verteilt, in denen er gegen Flüchtlinge hetzt oder zum Sturz der Bundeskanzlerin aufruft. Er hat auch keine solchen Flugblätter oder Losungen geduldet. Er hat sich einfach geweigert, Gäste des

Lokals zu verweisen, weil sie Meinungen vertreten, die »nicht zu unserer weltoffenen und toleranten Stadtgesellschaft« passen, wie es in dem Schreiben des Oberbürgermeisters an die Münchner Gastronomie heißt.

Man kann die Sache als Provinzposse nehmen, über die sich nicht weiter zu reden lohnt. Ich halte den Vorgang für symptomatisch, deshalb referiere ich ihn so ausführlich. Er zeigt, wie sich der Kampf gegen rechts so weit verselbstständigt hat, dass jedes Augenmaß verloren gegangen ist.

Um auch das gleich zu sagen: Wenn die infrage stehende Gastwirtschaft Cantina Popular hieße, im Hamburger Schanzenviertel läge und sich nun die CDU bemüßigt fühlte, den Wirt unter Druck zu setzen, würde ich keinen Deut anders darüber denken. In dem Fall wäre mein Einsatz allerdings müßig, wie ich annehme, da mir etliche Kollegen zuvorgekommen wären.

Ich musste in dem Zusammenhang an ein Schreiben des Vereins »Gesicht zeigen! Für ein weltoffenes Deutschland e.V.« denken, das bei meiner Chefredaktion einging. In diesem Schreiben nahm die Geschäftsführung des Vereins Anstoß an einer Kolumne, in der ich mich über die rechte Zwangsvorstellung, die Bundesregierung arbeite an einem heimlichen Bevölkerungsaustausch, lustig gemacht hatte.

Wer Begriffe der Neuen Rechten benutze, verharmlose Gewalt, hieß es in dem Brief. Dass ich sowohl im wörtlichen als auch im übertragenen Sinne mit Anführungsstrichen gearbeitet hatte, half mir nichts: Eine Kolumne wie die meine »einfach unkommentiert« stehen zu lassen, sei »nicht nur fragwürdig, sondern demokratiegefährdend«.

»Gesicht zeigen!« ist nicht irgendein Verein. Als Vorsitzender fungiert der ehemalige Regierungssprecher Uwe-Karsten Heye, Schirmherr ist Gerhard Schröder. Ich hatte bis zum Erhalt des Briefes einen positiven Eindruck von der Arbeit, die dort geleistet wird.

»Offenbar ist das Problem rechter Gewalt doch kleiner als angenommen, sodass Sie die Zeit haben, sich in ›Spiegel‹-Texten auf Spurensuche nach politisch Verdächtigem zu begeben«, schrieb ich zurück. Ich erlaubte mir außerdem den Hinweis, dass Kolumnen in aller Regel unkommentiert bleiben. Texte mit einordnenden oder distanzierenden Anmerkungen eines Chefredakteurs zu versehen, bevor sie veröffentlicht werden, ist in Deutschland eher unüblich. Die Praxis kennt man allenfalls in Ländern wie der lupenreinen Demokratie, die jetzt die Rechnungen von Gerhard Schröder bezahlt.

Das Casa Mia in Sendling hat keine Chefredaktion, die hinter ihr steht, und auch keine Rechtsabteilung, auf deren Rat sie setzen könnte. Wir sind auf einem gefährlichen Weg, wenn es in Ordnung ist, Lokale im Namen der Weltoffenheit zu zwingen, die Gäste nach Gesinnung auszusortieren. Diese Art von aggressivem Milieuschutz kannte man bislang nur aus Ostdeutschland, wo die Nazis mit ganz ähnlichen Einschüchterungskampagnen für das sorgen, was sie anschließend stolz »national befreite Zone« nennen.

Unnötig zu sagen, dass es bei den Beteiligten im Münchner Fall kein wirkliches Wort des Bedauerns oder der Einsicht gibt. Nur die Anwohner sind traurig, weil der Mittagstisch im Casa Mia günstig und gut war. Das ist für Menschen, die man in der SPD gerne zu den sogenannten kleinen Leuten zählt, nicht so bedeutungslos, wie es manchen Politikern erscheinen mag.

Der »NZZ«-Redakteur selbst sah sich dem Verdacht ausgesetzt, er betreibe die Sache der Rechten, indem er deren Schlagworte übernehme. So schrieb ein Redakteur der Münchner »Abendzeitung«, die den Fall selbstverständlich nicht für wichtig genug hielt, um größer darüber zu berichten. Erst als Kollegen anderer Zeitungen Serrao in Schutz nahmen, bequemte sich der Anschwärzer von der »Abendzeitung« zu dem Satz, dann wolle er das jetzt mal glauben, dass Serrao selbst recherchiert habe.

Auch so geht Verdachtsberichterstattung.

Über die Verführungskraft des Radikalen und ein Anti-Fanatismus-Programm

Bei der Befreiung von Mossul haben sie eine 16-Jährige aus Pulsnitz aus den Trümmern gezogen. Pulsnitz ist eine Kleinstadt in der Nähe von Dresden, 7500 Einwohner. Das Aufregendste in Pulsnitz ist der »Pulsnitzer Gesundheitslauf«, der einmal im Jahr Ende August stattfindet.

Das Mädchen, Drittbeste ihrer Klasse mit einer Vorliebe für Mathe, Chemie und Physik, hatte sich im Sommer 2016 dem IS angeschlossen. Sie hatte sich mit einer gefälschten Bankvollmacht ein Ticket nach Istanbul gekauft. Dann war sie von dort weiter in den Irak gereist und hatte sich mit einem IS-Kämpfer trauen lassen. In den Zeitungen herrschte großes Rätselraten, wie man als 16-Jährige freiwillig Pulsnitz mit Mossul tauschen kann.

Wenn Sie mich fragen, dann ist 16 Jahre das perfekte Alter, um sich dem IS anzuschließen. Zu meiner Schulzeit gab es den »Islamischen Staat« noch nicht. Dafür konnte man sich bei einer K-Gruppe einschreiben, wie die diversen kommunistischen Kleinstparteien hießen. Oder nach Poona gehen. Einer landete bei den Scientologen. Da lernt man nicht, Köpfe abzuschlagen, dafür aber seine Seele zu reinigen, indem man zwei Blechdosen in Händen hält, die angeblich die geheimsten Gedanken offenbaren.

Es ist interessant, wie schwer es uns fällt, die Faszination des Fanatismus zu begreifen. Wenn wieder einmal ein Anhänger des Dschihad zugeschlagen hat, sind alle ganz baff, dass Menschen sich so radikalisieren können. »Warum?«, lautet dann die Frage. Aber sie ist nach meinem Dafürhalten falsch gestellt. Die Frage ist nicht, warum es passiert, sondern warum nicht noch öfter. Der Dschihad ist uns näher, als wir meinen.

Dass man glaubt, die Welt retten zu müssen, ist ein Antrieb, der offenbar tief in der menschlichen Natur verankert ist. Das Bedürfnis, ein Endreich zu errichten, in dem nur noch die Gerechten regieren, scheint unausrottbar. Solange es bei einer Privatobsession bleibt, entsteht kein größerer Schaden. Problematisch wird es, wenn sich Menschen zusammentun, um ihre Überzeugung Wirklichkeit werden zu lassen.

In der »Süddeutschen Zeitung« stand dieser Tage eine Geschichte über den Fotografen, der das berühmte Selfie eines indonesischen Schopfmakaken veröffentlicht hat. David Slater, so heißt der Fotograf, hatte 2011 längere Zeit in einem Reservat im indonesischen Dschungel verbracht. Irgendwann wurden die dort lebenden Affen so zutraulich, dass einer die Kamera nahm und auf den Auslöser drückte. Das Selbstporträt zeigt einen Makaken, der breit in die Kamera grinst. Es wurde auf Tassen gedruckt, auf T-Shirts und Magazine, und im Internet hunderttausendfach geteilt.

Dem Fotografen haben die Bilder kein Glück gebracht. Kaum waren sie im Umlauf, tauchte die Frage auf, wer eigentlich das Copyright besitze, der Affe oder der Fotograf. Das war am Anfang noch lustig, eine juristische Spielerei, die durchaus ihren Reiz hatte – bis sich die Tierrechtsorganisation Peta einschaltete und den Mann im Namen des Affen vor Gericht zerrte. Inzwischen ist der Fotograf pleite. »Ich wünschte, ich hätte die verdammten Fotos nie gemacht«, zitiert die »Süddeutsche« Slater. »Sie haben mich finanziell und emotional ruiniert.«

Ein Peta-Anwalt hat auch die Primatologin verklagt, die ursprünglich für den Affen als eine Art Rechtsbeistand bei Gericht fungieren sollte. Als sie ihr Unwohlsein über den Gang des Verfahrens äußerte und das Gespräch mit dem Peta-Anwalt suchte, der die Sache in den USA vorantrieb, rief dieser die Polizei und ließ sie in Handschellen wegen Belästigung und Hausfriedensbruchs abführen. Ich fürchte, wenn die Tierschutzgläubigen dereinst ihr Reich errichtet haben, in dem der Affe heilig ist, wird mit Regelübertretungen nicht nachsichtiger verfahren werden als im Kalifat von Mossul.

Der Kollege Harald Martenstein hat im »Tagesspiegel« einen Fragebogen veröffentlicht, anhand dessen man erkennen kann, ob man zum Radikalismus neigt. »Glauben Sie, man kann, wenn man die richtigen Maßnahmen trifft und die richtigen Leute am Ruder sind, das Paradies auf Erden schaffen?«, lautet eine Frage. Eine andere ist, ob man jemals an seinen Grundüberzeugungen gezweifelt hat und dachte, na, die anderen haben ja irgendwie auch recht.

Weil Martenstein ein praktisch denkender Mensch ist, hat er gleich ein Fünf-Punkte-Programm entwickelt, wie man dem eigenen Radikalismus begegnen kann. Ich fand das eine glänzende Idee. Vor allem Punkt drei hat mir gefallen: Gehen Sie regelmäßig mit einer Person essen, die besonders abscheuliche Ansichten vertritt. Merkwürdigerweise empfiehlt Martenstein, dass man nicht über Politik reden solle. Wahrscheinlich will er einen am Anfang nicht überfordern. Wie auch immer: Sich fremden Überzeugungen auszusetzen, ist der beste Schutz gegen Fanatismus.

Sind wir ideologischer geworden? Es wird immer behauptet. Aber wenn ich mich an meine Schulzeit in den Siebzigerjahren erinnere, kann ich nicht sagen, dass es damals viel unideologischer zugegangen wäre. Es ist allerdings einfacher geworden, sich nur noch mit Meinungen zu beschäftigen, die einem zusagen. Das scheint mir der Unterschied zu damals zu sein. Wer will, kann sich heute ausschließlich aus Quellen bedienen, die einem in dem bestätigen, was man ohnehin schon zu wissen meint.

Ich habe beschlossen, mehr von Peta zu lesen. Man solle öfter Texte lesen, die aus der entgegengesetzten weltanschaulichen Ecke kommen, sagt Martenstein.

Über die Gleichheit der Geschlechter

Eine Kollegin hat mir die Ergebnisse einer Umfrage zum politischen Wissen der Deutschen geschickt. Das Forschungsinstitut Kantar Public hat 1052 repräsentativ ausgewählte Menschen befragt, wie stark sie sich für Politik interessieren, und dabei eine Art Quiz veranstaltet, um ihr Wissen zu testen.

Die Angesprochenen sollten zum Beispiel die Frage beantworten, wie hoch die Arbeitslosenquote ist oder welche Aufgabe der Bundesrat hat. Wie soll ich es am diplomatischsten formulieren? Es gibt bei diesen Antworten ein auffälliges Gefälle zwischen zwei Gruppen von Befragten. Nennen wir es neutral ein Gendergap.

63 Prozent der Männer wussten, dass die Arbeitslosenquote bei sechs Prozent liegt, aber nur 39 Prozent der Frauen. 67 Prozent der Männer wählten unter drei vorgegebenen Ländern Russland als das Land, das nicht der Nato angehört. Bei den Frauen waren es 32 Prozent. Die meisten weiblichen Befragten glaubten, dass Albanien nicht in der Nato sei. 19 Prozent votierten für Island. Eine Mehrheit der Frauen hatte auch keine Ahnung, was der Bundesrat eigentlich tut. Sie waren der Meinung, dass der Bundesrat den Bundespräsidenten oder den Bundeskanzler wählt.

Ich weiß nicht, was sich die Kollegin dabei gedacht hat, ausgerechnet mir die Umfrage zu schicken. Ich habe lieber nicht nachgefragt. Wenn man die Zahlen ernst nimmt, kann man nur zu dem Schluss kommen, dass Frauen es mit Fakten nicht so genau nehmen. Das ist interessant, da sie nachweislich über die besseren Bildungsabschlüsse verfügen. Denken Frauen, dass bei politischen Fragen ein ungefährer Eindruck reicht? Oder haben sie einen eher gefühlsmäßigen Zugang zur Politik?

Ich weiß, ich begebe mich hier auf dünnes Eis. Wer es wagt, auf Geschlechterunterschiede hinzuweisen, der spielt mit seinem Job. Bei Google haben sie einen Programmierer gefeuert, weil er in einem internen Memo als Grund für den geringen Frauenanteil bei Google auf Theorien verwiesen hatte, wonach sich Frauen mehr für Menschen als für Dinge interessieren. Die Argumente, die er ins Felde führte, werden von einer Reihe von Wissenschaftlern unterstützt, wie ich der Berichterstattung zu dem Fall entnehmen konnte. Dennoch galt sein Memo als so beleidigend, dass der Vorstandschef von Google seinen Urlaub unterbrach, um dem Mann publikumswirksam zu kündigen.

Mir scheint das nicht untypisch zu sein. Wichtiger als die Debatte über die Gründe, warum die Wirklichkeit dem Fortschritt hinterherhinkt, erscheint vielen Aktivisten die Rücksichtnahme auf Empfindlichkeiten bei der Beschreibung der Widerstände, die es zu überwinden gilt.

Dass gerade das Silicon Valley ein besonders frauenfeindlicher Platz ist, ist allgemein bekannt. Facebook begann als Seite zur Bewertung von Studentinnen, wer »hot« sei und wer eher nicht so »hot«. Statt die Leute zur Rechenschaft zu ziehen, die es versäumt haben, mehr Frauen einzustellen, werden lieber diejenigen entfernt, die Vermutungen darüber anstellen, warum Frauen in der Belegschaft unterrepräsentiert sind.

Ich wäre auch ärgerlich, wenn man mir aufgrund meines Geschlechts oder meiner Herkunft bestimmte Fähigkeiten absprechen würde. Aber es ist das eine, aufgrund von Umfragen Aussagen über Gruppen zu treffen – und es ist etwas völlig anderes, daraus auf das Verhalten der einzelnen Gruppenangehörigen zu schließen. Man muss beides sorgfältig trennen. Nur weil ich einer bestimmten Population angehöre, bedeutet das noch lange nicht, dass ich die Eigenschaften oder Verhaltensweisen teile, die man in dieser Population verstärkt antrifft.

Tatsächlich erscheint mir unser Umgang mit Unterschieden merkwürdig paradox. Auf der einen Seite wird uns die ganze Zeit vorgebetet, wie wertvoll Unterschiede seien. Die Förderung von Diversität, wie das Modewort lautet, gilt als entscheidender Schritt hin zu einer besseren, gerechteren Welt.

Auch in Deutschland ist das inzwischen ein großes Thema. 2600 Firmen und öffentliche Einrichtungen haben eine »Charta der Vielfalt« unterschrieben, die unter der Schirmherrschaft der Bundeskanzlerin steht und »die Anerkennung, Wertschätzung und Einbeziehung von Vielfalt in der Unternehmenskultur in Deutschland voranbringen« will. Wer allerdings den Fehler macht, auf echte Unterschiede hinzuweisen, gerät schnell in Teufels Küche.

Es kommt eben ganz auf die Unterschiede an, die man zur Sprache bringt. Wer den langen Arm des Gesetzgebers fordert, weil Frauen in Gehaltsverhandlungen weniger auftrumpfen als ihre männlichen Konkur renten, kann damit Kanzlerkandidat der SPD werden. Man hat auch noch nie jemanden darüber klagen hören, wenn Frauen attestiert wird, dass sie sozial kompetenter seien oder einen kooperativeren Führungsstil besäßen als ihre männlichen Konkurrenten.

Die Wahrheit ist, dass gerade Leute, die so engagiert für »Vielfalt« eintreten, oft ein Problem mit Unterschieden haben, jedenfalls dann, wenn es sich nicht nur um Lifestyle-Optionen handelt. Dass jemand aufgrund seiner familiären, kulturellen oder biologischen Prägungen möglicherweise ganz anders auf die Welt sieht, als man das aus dem eigenen Umfeld gewohnt ist, ist für diese Menschen eine unheimliche Vorstellung. Also wird lieber geleugnet, dass Kultur oder Geschlecht überhaupt einen Einfluss auf die Weltsicht haben könnten.

Wenn gar nichts mehr hilft, flüchtet man in den Exotismus. Das Fremde wird dann für so fremd erklärt, dass man sich nicht mehr damit auseinandersetzen muss. Das ist exakt das, was in einem fortschrittlich gesinnten Teil unserer Gesellschaft im Umgang mit Menschen passiert, die aufgrund ihrer religiösen Überzeugungen sehr spezielle Vorstellungen über das Verhältnis von Männern und Frauen haben.

Ich hätte einen Vorschlag, der meines Erachtens zur Entspannung beitragen würde: Nicht jede Äußerung über eine Gruppe, die man als ärgerlich empfindet, auf sich selber beziehen! Ich habe schon vor Langem aufgehört, mich aufzuregen, wenn jemand dummerhafte Bemerkungen über Männer macht.

Über die Verwandtschaft zwischen AfD-Politikern und Südländern

Die Feministin Teresa Bücker hat über Alice Weidel auf Twitter geschrieben: »Würde gern mal Alice Weidel fragen: Also wir Feministinnen sind bekanntlich alle untervögelt, aber was zur Hölle fehlt Ihnen?« Ich bin unsicher, ob ich das so zitieren darf. Der Tweet ist ein bisschen frauenfeindlich, daran ändert auch die Tatsache nichts, dass er von Teresa Bücker stammt. Außerdem geht Weidel gegen jeden juristisch vor, der sie mit Fragen behelligt, die ihr nicht gefallen.

Vor ein paar Tagen hat sie eine Kollegin von mir angezeigt, weil diese den AfD-Pressesprecher auf die Sorgen in der Partei angesprochen hatte, dass die Spitzenkandidatin nicht genug esse. Ich finde nicht, dass Weidel so dünn aussieht, dass man sich Sorgen machen müsste. Trotzdem sind die Ernährungsgewohnheiten der Kandidatin in der AfD offensichtlich ein Thema. Möglicherweise fürchtet man unter den Anhängern, dass Weidel heimlich zum Veganismus übergelaufen sein könnte, was in einer Partei, die für den Schnitzel-Tag in deutschen Kantinen kämpft, ein mittelschweres Problem wäre.

Wie dem auch sei: Der Pressesprecher berichtete Frau Weidel von dem Gespräch, worauf diese bei der Staatsanwaltschaft in Hamburg Strafanzeige einreichte. Ich habe nicht in Erfahrung bringen können, auf welcher juristischen Grundlage die Anzeige fußt. Am besten redet man als Journalist mit dem Pressesprecher der AfD nur noch über Dinge, die schon in den Zeitungen stehen. Dann gibt es nachher keine Scherereien.

Ich habe mich ehrlicherweise auch schon gefragt, was mit Frau Weidel nicht stimmt. Neulich ist sie aus einem Fernsehstudio gestürmt, weil sie sich von der Moderatorin ungerecht behandelt fühlte. Ich habe mir die entsprechende Szene angesehen. Ich habe auch bei mehrfachem Anschauen nicht erkennen können, was Frau Weidel so aus dem Häuschen gebracht haben könnte, dass sie glaubte, ihren Auftritt abbrechen zu müssen.

Angeblich war die Moderatorin Marietta Slomka unfreundlich gewesen. Aber in dem Filmausschnitt, den ich gesehen habe, tauchte Frau

Slomka gar nicht auf. Man sah stattdessen, wie Andreas Scheuer von der CSU die AfD-Vorsitzende auf ihren Parteifreund Björn Höcke ansprach, worauf diese unvermittelt aufstand und aus dem Studio lief. Ich dachte immer, man sei in der AfD schlimmeren Bedrängnissen ausgesetzt als Fragen von Andreas Scheuer. Vielleicht hat Frau Weidel aber auch einfach sehr, sehr dünne Nerven.

Eines der Dinge, die mich an der Linken immer gestört haben, war die Opferpose. Wenn etwas nicht so läuft, wie man sich das vorgestellt hat, gilt es als ausgemacht, dass jemand Mächtiges seine Hand im Spiel hatte. Dann ist das Patriarchat schuld oder der Kapitalismus oder ganz allgemein das System. Leider geht mit dem Hang zur Opferhaltung eine schreckliche Empfindlichkeit einher. Kaum fühlt sich jemand benachteiligt oder nicht ausreichend beachtet, setzt ein großes Wehklagen ein, welchen Diskriminierungen man noch immer in Deutschland ausgesetzt sei.

Inzwischen reicht es schon, dass jemand ein falsches Wort benutzt, um als Minderheitenfeind zu gelten. Die Kundigen sprechen in diesem Zusammenhang von Mikroaggression. Weil man im Alltag ständig Gefahr läuft, auf Menschen zu stoßen, die nicht die neuesten Regelungen des politisch korrekten Sprechens verinnerlicht haben, ist man in den fortgeschrittenen Kreisen dazu übergegangen, sogenannte Safe Spaces einzurichten, wo empfindsame Seelen auf nichts mehr treffen, was als abwertend oder degradierend empfunden werden könnte. Es hat eine gewisse Komik, dass ausgerechnet die AfD das Konzept der Mikroaggression in den Wahlkampf eingeführt hat. Ginge es nach ihr, würde die Medienlandschaft in der Befassung mit der Partei und ihren Vertretern zu einem einzigen Safe Space umgewandelt.

Von seinem Psychohaushalt her ähnelt der AfD-Anhänger dem Südländer, das wäre die internationale Perspektive auf die Dinge. Was die Kränkungsbereitschaft angeht, ist er gewissermaßen der Erdoğan der Parteienlandschaft. Seine ganze Vorstellungswelt kreist um Begriffe wie Anerkennung und Respekt. Dass er seinerseits schnell mit Beleidigungen zur Hand ist, steht dem nicht im Wege. So wie für den Erdoğan-Fan alle Nazis sind, die nicht seine Meinung teilen, so sieht der AfDler überall Lügner und Betrüger. Aber wehe, man verwahrt sich gegen derlei Anwürfe oder sagt, dass man ihn dann eben nicht mehr zu sich einlädt: Dann ist der Kummer groß. Ein böses Wort und der AfD-Türke ist tödlich beleidigt.

Ich will gar nicht in Abrede stellen, dass es einigen Mut braucht, sich zur AfD zu bekennen. Für die AfD in den Wahlkampf zu ziehen, ist eine harte Sache. Kaum ist das Poster am Mast, liegt es auch schon wieder im Dreck. Regelmäßig werden die Wahlkampfstände attackiert. Aber es fällt schwer, solche Übergriffe mit dem angemessenen Ernst zu behandeln, wenn die Spitzenkandidatin bei den kleinsten Anlässen in Ohnmacht fällt. Eine Partei, die schon ein Geplänkel in einer Talkrunde als Skandal inszeniert, muss sich nicht wundern, wenn die Leute mit den Achseln zucken, wenn es wirklich zur Sache geht.

Über drei Formen des Opportunismus

Der Regisseur Oliver Stone war mir immer suspekt. Ich habe nie etwas mit seinem Hang zu Verschwörungstheorien anfangen können. Seinen Interviewfilm mit Wladimir Putin hielt ich für ein Desaster. Dann las ich vor ein paar Tagen ein Zitat, das mich aufhorchen ließ.

»Ich glaube daran, dass man erst wartet, bis der Fall vor Gericht geht«, sagte Stone, auf den Fall Harvey Weinstein angesprochen. »Ich habe Horrorgeschichten über jeden in diesem Business gehört. Ich werde das also nicht kommentieren. Ich werde abwarten. Das ist das Richtige.«

Es gibt nicht viele Leute in Hollywood, die mit einem Kommentar zu Weinstein warten können oder wollen. Jeden Tag melden sich neue Regisseure, Autoren, Schauspieler, Politiker zu Wort, um ihre Abscheu über den berühmten Filmproduzenten zu bekunden. Inzwischen ist es schon eine Nachricht, wenn jemand einer Stellungnahme ausweicht. Wenn einer wie Stone öffentlich auf die Zuständigkeit der Justiz verweist, ist das fast eine Sensation.

Ich weiß nicht, wie es Ihnen geht, aber in mir erzeugt der absolute Gleichklang der Öffentlichkeit immer ein gewisses Unwohlsein. Ich mag es nicht, wenn sich alle zu einig sind. Das gilt zumal, wenn es sich wie im Fall Weinstein bei den Kritikern um Leute handelt, die dem nun Verachteten vorher noch goldene Kränze gewunden haben.

Der Opportunismus der Verdammung ist nicht besser als der Opportunismus der Anbetung. Dieselben Menschen, denen es eben nicht schnell genug gehen konnte, sich vor dem mächtigen Mann zu verbeugen, sind heute die eifrigsten, wenn es darum geht, ihn zu verdammen. Tatsächlich ist in der eiligen Distanzierung von dem Monster derselbe Mechanismus zu beobachten, der vorher allen den Mund verschlossen hat.

Viel ist jetzt von der stillen Mitwisserschaft die Rede, dem System der Duldung, das die Übergriffe auf Frauen erst ermöglichte. Der Berichterstattung habe ich entnommen, dass sogar in einer Oscar-Ansprache auf Weinsteins Vorliebe für junge Frauen Anspielungen gemacht wurden. Vermutlich waren nicht alle Details bekannt. Dass jemand mit seiner Statur sich gerne beim Duschen zusehen lässt, gehört zu der Art von Sexualverhalten, das man lieber nicht an die große Glocke hängt. Aber dass Weinstein zudringlich wurde, wenn die Türen geschlossen waren, das wussten offenbar viele.

Der Opportunismus sortiert sich nicht entlang der Geschlechtergrenze, auch das ist eine der Wahrheiten, die der Fall Weinstein mit sich bringt. Es wäre schön, wenn es anders wäre, aber Feigheit ist geschlechtslos. Wenn man es ernst meint mit der Frage nach der Verantwortung des gesellschaftlichen Umfeldes, dann muss man auch über die Rolle der Frauen reden, die Bescheid wussten, aber lieber stumm blieben.

Ich rede nicht von den Starlets, die dachten, sie seien zu einem Vorstellungsgespräch geladen, und sich plötzlich allein mit Weinstein in einer Suite wiederfanden. Da gilt, was Verena Lueken in der »FAZ« geschrieben hat: Vorwürfe an die Opfer sind immer die billigste Art, sich aus der Verantwortung zu stehlen. Ich rede von Frauen wie Angelina Jolie, die nach eigenem Bekunden seit Jahren wussten, was los war. Ein Satz von ihr hätte genügt, um Weinstein auffliegen zu lassen. Sollen wir wirklich glauben, dass sie fürchtete, all ihre Millionen und ihr Status als Super-Celebrity wären nicht Schutz genug gewesen? Die wenigsten Menschen taugen zum Helden. Aber ich finde, man könnte wenigstens erwarten, dass die Leute, die über Jahre weggesehen haben, weiter die Klappe halten, anstatt sich mit Anschuldigungen nach vorne zu drängeln, um sich ihre Platzkarte beim Spektakel der Verurteilung zu sichern.

Wenn nicht alles täuscht, treten wir nach der gesellschaftlichen Ächtung des Täters und der Entlastung durch Empörung gerade in die dritte Phase der Bewältigung ein: der Verallgemeinerung des Falls zum Grundsatzproblem. Der Fall Weinstein steht nun für ein Klima der Belästigung und Einschüchterung, in dem Frauen generell Freiwild sind.

Die unfreiwillige Pointe dieser Form der Bewältigung ist eine eigenartige Schuldentlastung, das scheint den meisten zu entgehen. Wenn alle Männer Schweine sind, kann sich das einzelne Schwein darauf hinausreden, dass schließlich alle so handelten. Sicher, es war nicht anständig, was ich getan habe: Aber hey, so geht es nun mal zu in der Männerwelt!

Geht es nicht, würde ich sagen. Wie Weinstein sich benommen hat, ist nicht normal. Aber da bin ich vielleicht befangen.

Es gibt auch einen Opportunismus des politischen Wohlverhaltens, das gehört ebenfalls zur Wahrheit dieser Geschichte. Die Enthüllungen aus Hollywood lösen auch deshalb eine solche Schockwelle aus, weil hier jemand der Gewalt gegen Frauen beschuldigt wird, der zum linken Establishment gehörte.

Bei einem wie Trump wäre man nicht erstaunt, aber bei einem Großunterstützer der linksliberalen Sache? Kaum jemand in Hollywood war den Demokraten so verbunden wie der Gründer von Miramax. Wenn es um die Förderung der Gleichberechtigung ging oder den Schutz von Minderheiten, war auf seine Spende immer Verlass.

Überall finden sich jetzt Männer, die ihre Bestürzung zum Ausdruck bringen und einen noch entschiedeneren Einsatz für die Frauen geloben. Es gibt sogar schon einen eigenen Hashtag, unter dem Männer beschreiben, wie sie sich bessern wollen (#HowIWillChange). Vorsicht bei Kerlen, die sich besonders verständnisvoll geben. Wenn es eine Lehre aus dem Weinstein-Skandal gibt, dann, dass man niemandem trauen sollte, weil er sich als Feminist geriert. Manchmal ist der Feminismus für Männer nur Tarnung.

Über Jan Böhmermann und das Fernsehen als moralische Anstalt

Jan Böhmermann will jetzt Politiker sein. Er hat sich vorgenommen, das Internet in einen Platz zu verwandeln, in dem Liebe und Vernunft regieren. Das habe ich nicht erfunden, um ihn lächerlich zu machen. Das hat er selbst so gesagt.

Bislang kannte man Jan Böhmermann als Spaßmacher bei der Late-Night-Show »Neo Magazin Royale«, die im Schnitt zwei Prozent der Zuschauer, die zu diesem Zeitpunkt noch vor dem Fernsehapparat sitzen, auf ZDFneo verfolgen. Weil er im deutschen Feuilleton so viele Fans besitzt wie kein anderer TV-Komödiant, gilt er auch ohne Quote als der heimliche Gigant der deutschen Fernsehunterhaltung.

Die Wirklichkeit zu kommentieren, reicht Böhmermann nicht mehr, er will sie gestalten. Ach, was sage ich, »gestalten«: Er will sie transformieren. Deshalb hat er gleich eine »Bürgerrechtsbewegung« ins Leben gerufen. Andere Bürgerbewegungen kämpfen gegen die Einschränkungen von Freiheitsrechten und für die Stärkung der Demokratie. Die erste Tat der Böhmermann-Bewegung war das Erstellen von Listen zur Markierung von Leuten, die politisch verdächtig sind.

Ich persönlich glaube nicht an die Macht von Listen, weshalb ich auch die Aufregung darüber für übertrieben halte. Wenn Böhmermann oder seine Anhänger dazu aufrufen, missliebige Personen zu melden, ist das etwa so wirkungsvoll wie ein Appell, am Karfreitag von Tanzveranstaltungen abzusehen. In Wahrheit hat die Sache eher den gegenteiligen Effekt. Seit Böhmermann das Interesse auf rechte Troll-Seiten gelenkt hat, haben diese ungeahnten Zulauf.

Dass Böhmermann wenig Liebe und Vernunft walten lässt, wenn er selbst in die Kritik gerät, zeigt seine Reaktion auf den Vorwurf, Intoleranz zu fördern. »Diskurserstickung« hatte der »Zeit«-Redakteur Jochen Bittner ihm in einem Kommentar vorgehalten. Das Einzige, was Böhmermann dazu einfiel, war, Bittner eine Reise nach Auschwitz zu empfehlen. Bei jedem anderen wäre die Inanspruchnahme des Holocaust zur

Kritikabwehr als das gewertet worden, was es ist, nämlich als ein ziemlich erbärmliches Manöver. Bei Böhmermann entschied sich die Feuilletongemeinde, dies als weiteren Witz zu sehen.

Böhmermanns größte Leistung besteht darin, Besserwisserei so zu verkaufen, dass sich auch Leute, die normalerweise über das deutsche Kabarett die Nase rümpfen, vor Vergnügen kringeln. Wer Böhmermann schaut, der schaut in dem Bewusstsein, politisch korrekt zu lachen. #MeToo ist eine todernste Sache, also darüber keine Scherze. Alexander Dobrindt hingegen ist böse und Frau Weidel noch viel böser, da kann der Satirekakao, durch den sie gezogen werden, gar nicht dick genug sein. Das funktioniert wie ein Abzählreim.

Im »Neo Magazin Royale« kann man sehen, was passiert, wenn Humor Gutes bewirken soll. Humor zieht seine Kraft aus allem Möglichen, aus dem Tragischen, dem Albernen, dem Grotesken. Die Pädagogik ist als Schürfgebiet leider denkbar ungeeignet. Den Bademeister der deutschen Humorszene, hat der Zeitkritiker Felix Dachsel Böhmermann einmal genannt. Wie jeder gute Bademeister steht der Kabarettist am Beckenrand und wacht mit der Trillerpfeife im Mund darüber, dass niemand über die Stränge schlägt.

Vielleicht sollte ich weniger Feuilleton lesen. Wenn ich nicht wieder überall gelesen hätte, wie wahnsinnig cool Böhmermanns Internet-Liebesidee sei, hätte ich ein anderes Thema gewählt. Aber in dem Fall konnte ich nicht anders. Ein Satz wie: »Wo Ironie distanziert und unangreifbar macht, wagt sich Böhmermann vor. Er bezieht Haltung, er meint es ernst«, lässt mich nicht ruhen.

Vermutlich hat Böhmermann zu kleine Hände. So wie Donald Trump. Männern mit zu kleinen Händen kann man in Politik und Showbusiness nicht trauen, sie kommen auf die komischsten Ideen. Weil sie die ganze Zeit mit dem Gefühl herumlaufen, man schließe von der Größe der Hände auf die Größe ihres Geschlechtsteils, müssen sie ständig so tun, als hätten sie die dickste Hose. Okay, das war jetzt ein Scherz. Bevor jemand auf die Idee kommt, mich wegen Beleidigung zu verklagen, sage ich gleich, dass ich mir das nur ausgedacht habe.

So funktioniert Böhmermann-Humor. Man sagt die irrwitzigsten Dinge, aber bevor man dafür haftbar gemacht werden kann, ruft man: Alles nicht so gemeint!

Pech ist, wenn einer wie der türkische Präsident herkunftsbedingt keine Ironiezeichen kennt und sich auch mit dem Hinweis auf die satirische Absicht nicht besänftigen lässt. Da Böhmermann nicht über den Kampfgeist eines Henryk M. Broder verfügt, der bei Beleidigungsklagen zur wahren Form aufläuft, rennt er zum Kanzleramtsminister, wenn es eng wird, und bittet darum, dass man ihn rauspaukt.

Er habe nicht das Zeug, die Dunja Hayali von ZDFneo zu werden, hat Böhmermann in einem seltenen Moment der Einsicht gesagt. Vielleicht nicht Hayali, da gebe ich ihm recht. Aber der Konstantin Wecker des ZDF, das ist drin.

Über einen Auftritt bei einem Burschenschaftstag

Ich war auf dem Burschentag in Eisenach. Der Burschentag ist die Zusammenkunft von 67 studentischen Verbindungen, die in der Deutschen Burschenschaft zusammengeschlossen sind. Einmal im Jahr trifft man sich in Thüringen, um bei viel Bier über die Vorhaben für das kommende Jahr zu reden.

Ich habe mit Leuten, die einem mit Schmerz in der Stimme erklären, warum wir den Krieg verloren haben, nicht viel am Hut. Auch Abstammungsfragen lassen mich kalt. Vor ein paar Jahren gab es Riesenärger, weil die »Alte Breslauer Burschenschaft der Raczeks zu Bonn« unbedingt festgestellt wissen wollte, ob das chinesischstämmige Mitglied einer anderen Verbindung den Anforderungen ans Deutschtum genüge. Das sind so die Fragen, mit denen man sich in diesem Milieu herumschlägt.

Anderseits gehe ich keiner Auseinandersetzung aus dem Weg. Ich habe in Göttingen mit Mitgliedern des Schwarzen Blocks diskutiert und in Lübeck mit Ralf Stegner, als er mich zu sich in den Norden einlud. Ich würde auch sofort bei der Linkspartei auftreten, wenn sie mich dort einladen würden, ungeachtet der Tatsache, dass der Verfassungsschutz hier in Teilen sein Auge drauf hat. Vor mir war Alexander Gauland in Eisenach aufgetreten, davor der Kleinverleger Götz Kubitschek. Soll man wirklich Nein sagen, wenn man als Repräsentant der sogenannten Mainstreammedien die Gelegenheit hat, vor Leuten zu reden, die Blätter wie den »Spiegel« oder den »Stern« für Staatspresse oder etwas noch Schlimmeres halten?

»Mit Rechten reden«, heißt der Titel eines Buches, das nach seinem Erscheinen eine gewisse Popularität erlangte. Im Prinzip finden Reden alle gut. Nur wenn es konkret wird, zucken viele zurück. Die ZDF-Moderatorin Dunja Hayali hat im März 2017 der »Jungen Freiheit« ein Interview gegeben, in dem sie darlegte, was sie an der Neuen Rechten stört. Mit der »Jungen Freiheit« zu reden ist immer noch ein Tabu. Mit denen rede man nicht, heißt es, das werte die nur auf. Das Interview wurde in linken Kreisen entsprechend kritisch gesehen. Mich hat Hayalis Entscheidung beeindruckt. So viel Eigensinn hätte ich ihr gar nicht zugetraut.

Dass man nicht sagen dürfe, was man denke, ist ein zentraler Topos der rechten Ideologie. Man darf alles sagen, es hat unter Umständen nur Folgen, war meine Antwort in Eisenach auf die Behauptung, wir lebten in einer Meinungsdiktatur.

Wer zum Beispiel der Auffassung ist, dass Reinhard Heydrich eine ordentliche Politik im Osten gemacht habe, den wird man für jemanden halten, der entweder im Geschichtsunterricht nicht aufgepasst hat – oder aber Sympathien für die Leute hegt, die vor 75 Jahren Europa in ein Schlachthaus verwandelten. Man landet deswegen nicht im Knast. Man kann sogar politisch Karriere machen. Zum Bezirksverordneten bei der AfD reicht es allemal. Man sollte nur nicht erwarten, dass einem die Mehrheit der Deutschen zustimmt.

Ohne Tabus gibt es keine Grenzen, und eine grenzenlose Gesellschaft ist keine. Interessanterweise ist man nicht einmal bei der AfD der Meinung, dass alles sagbar sein sollte. Wenn ein Politiker der Grünen auf einer Demo auftritt, auf der »Deutschland verrecke« skandiert wird, kann man sicher sein, dass sich jemand findet, der das für einen Skandal hält. Auch ein forsches Plädoyer für die Tötung von Hunden zum baldigen Verzehr würde auf entschiedenen Widerspruch stoßen. Offenbar ist die Wahrnehmung, was man sagen können darf und was nicht, sehr stark durch die politischen Neigungen geprägt. Lügenpresse sind immer die anderen.

Die Reaktionen auf meine Rede waren gespalten. Ein Teil des Publikums war entgeistert, dass nicht wieder ein strammer Rechter die Festrede gehalten hatte, sondern ein Mann von der Mainstreampresse, der seine Scherze über die AfD und deren Untergangssehnsucht trieb. »Was für eine miese Rede«, brach es anschließend aus einem Zuhörer heraus. »Ich hoffe, dass sich das nie wiederholt.« Andere kamen und bedankten sich. »Wie schön, dass wir einmal nicht hören mussten, dass Deutschland dem Ende geweiht ist«, sagte ein Teilnehmer. »Wenn man immer nur zu hören bekommt, was alle in ihrer Meinung bestärkt, wird man doch blöd.«

Je näher man heranrückt, desto vielfältiger wird manchmal das Bild. Mich hatte die »Münchener Burschenschaft Alemannia« eingeladen, die in diesem Jahr beim Burschentag den Vorsitz führte. Die Alemannia München gehört zum liberalen Flügel, was sich unter anderem darin äußert, dass man dort gleichzeitig Verbindungsstudent und SPD-Mitglied sein kann. Später am Abend stieß ich auf den ehemaligen CDU-Finanzsenator Peter Kurth, der für das Event eigens aus Berlin angereist war. Ein offen schwul lebender Politiker unter lauter Rechten? Ganz so homogen scheint es nicht einmal bei der Burschenschaft zuzugehen.

Der sicherste Weg, die Kohäsionskräfte in einer Gruppe zu stärken, ist es, von außen Druck auszuüben. Je größer der Druck, desto schwieriger wird es für den Einzelnen, sich abzusetzen. Die größte Freude, die man den Anführern der AfD machen kann, sind Demonstrationen, die jeden AfD-Anhänger in seinem Glauben bestärken, Widerstandskämpfer in einer feindlichen Umgebung zu sein.

Daraus folgt nicht, dass man die politische Auseinandersetzung ausfallen lassen sollte. Bedingungslose Liebe ist auch kein Konzept. Aber man sollte es sich im Meinungskampf nicht zu einfach machen. Die Wahrheit ist, dass der Demonstrationszug für die Teilnehmer mindestens so wichtig ist wie für die Anliegen, die sie vertreten. Was gibt es Schöneres, als sich von Tausenden Gleichgesinnten versichern zu lassen, dass man auf der richtigen Seite steht? Am Ende wird man keinen einzigen Sympathisanten der Gegenseite überzeugt haben, aber mit dem guten Gefühl nach Hause gehen, es den anderen gezeigt zu haben.

Der Hayali-Weg ist mühsamer, aber auf ihm lernt man mehr.

Über Marius Müller-Westernhagen und
die demonstrative Rückgabe von Preisen

Marius Müller-Westernhagen will seine Echos zurückgeben. Eine Industrie, die Menschen mit sexistischen oder rassistischen Positionen unter Vertrag nehme und diese dann auch noch auszeichne, sei skrupellos und korrupt, schrieb er auf seiner Facebook-Seite. Außerdem sei der Echo kulturell nie relevant gewesen.

Ich würde die Liste der Dinge, die wir in Deutschland nicht mehr tolerieren wollen, gerne erweitern. Wenn ich eine Bitte äußern dürfte, dann sollten auch Westernhagen-Texte künftig zu den Erzeugnissen gehören, denen die deutsche Musikindustrie keinen Platz mehr bietet.

Ich gebe zu, ich habe Westernhagen nie gemocht. Ich halte ihn für einen großen Kitschproduzenten, der im Gegensatz zu anderen Popgrößen den Dreh raushat, seine Ware so mit Politstatements aufzubrezeln, dass er im Kulturfeuilleton als Denker durchgeht. Er hat nie den Spott aushalten müssen, der sich regelmäßig über Schlagerstars wie Helene Fischer ergießt. Dabei trennt die beiden weniger, als man meinen sollte.

Wie ich auf Wikipedia gelesen habe, hat Westernhagen sein 50-jähriges Bühnenjubiläum hinter sich. Über zwölf Millionen Klangträger hat er über die Zeit verkauft, was ihn zu einem der erfolgreichsten deutschen Sänger macht. Merkwürdig, dass ihm erst mit solcher Verspätung auffällt, dass die Firmen, für die er gearbeitet hat, seelenlose Maschinen sind, deren Chefs sich nur fürs Geld interessieren, wie er sich ausdrückt.

Irgendwie scheint ihm bis zu diesem Moment auch entgangen zu sein, dass der Echo, den er in Serie in Empfang nahm, kein Grammy ist, sondern eine Auszeichnung, mit der sich die Branche selbst feiert.

Irgendeine Verwechslung hat aus Leuten wie Westernhagen moralische Instanzen gemacht, die man praktisch zu allem befragen kann, was politisch bedeutsam scheint, vom Klimawandel bis zu Fragen der Einwanderung. Dabei ist Billigmut eine Tugend, die unter Künstlern besonders ausgeprägt ist. Das Bekenntnis zur guten Sache erfolgt in der Regel dann, wenn der Applaus garantiert ist. Ich habe dafür vollstes Verständnis. Wer von den Launen des Marktes abhängt, sollte es sich zweimal überlegen, ob er sein Publikum mit Aussagen vergrätzen will, die dieses nicht goutiert. Aber muss man diese Form der vorausschauenden Rücksichtnahme unbedingt als besonders kühne Gewissensentscheidung verkaufen?

Ich habe gemerkt, wie bei mir mit jeder weiteren Echo-Rückgabe nach dem großen Kollegah-Farid-Bang-Skandal das Bedürfnis zum Widerspruch wuchs. Noch drei Künstler, die ihre Preise loswerden, und ich schreibe eine Verteidigung der beiden Rapper, die durch anstößige Texte den Skandal auslösten.

Die Wahrheit ist, dass man jetzt über die beiden Knalltüten, die mit dem Echo ausgezeichnet wurden, alles sagen darf, was man normalerweise nie über Leute sagen dürfte, die über einen Migrationshintergrund verfügen oder muslimischen Glaubens sind. Plötzlich fällt auch im Feuilleton auf, dass mit einem bestimmten ethnischen oder religiösen Hintergrund die Wahrscheinlichkeit für frauen-, schwulen- und judenfeindliche Aussagen steigt. Kollegah und Farid Bang erfüllen so ziemlich jedes Klischee des geistig etwas zurückgebliebenen Kleingangsterdarstellers, das ist ihre Masche.

Wenn ich Westernhagen richtig verstehe, dann kritisiert er nicht nur die Preisvergabe an die Künstlerkollegen mit den dicken Sprüchen und den noch dickeren Armen. Ginge es nach ihm, dürften solche Lieder, wie sie die zwei Rapper am laufenden Band produzieren, gar nicht mehr erscheinen. Das geht deutlich über die Kritik an der Echo-Verleihung hinaus. Aber es ist absehbar, dass sich die Diskussion in diese Richtung bewegen wird. Die Nächsten, die in die Schusslinie geraten, sind die Manager bei Bertelsmann, auf deren Labels so etwas erscheint.

Ständig davon zu faseln, wen man gern ficken würde, sich mit Auschwitz-Überlebenden zu vergleichen oder über Schwule herzuziehen, ist hirnlos. Aber Hirnlosigkeit begründet in Deutschland noch keinen Straftatbestand. Ich denke in der Hinsicht ganz legalistisch. Die Grenzen der Kunstfreiheit werden durch die Gesetze bestimmt, in denen Tatbestände wie Beleidigung, Gewaltandrohung oder Volksverhetzung beschrieben sind.

Für die Anwendung sind die Gerichte zuständig, nicht Geschmackskommissionen, in denen dann Leute wie Marius Müller-Westernhagen sitzen, die ohnehin finden, dass die deutsche Jugend die falschen Lieder hört.

Über Betroffenheit und schlechtes Englisch

Wir sollen hinhören, was uns Menschen mit Wurzeln in anderen Ländern zu sagen haben. Also hören wir hin.

Beginnen wir mit dem Hashtag, unter dem eine neue Diskriminierungsdebatte läuft. Als ich zum ersten Mal von »#MeTwo« las, dachte ich, jemand wolle einen Scherz machen. Mich zwei? Will hier jemand Migranten verhöhnen, dass sie nicht nur ausschließlich gebrochen Deutsch können, sondern auch nur gebrochen Englisch? Erst als das Hashtag wieder und wieder auftauchte, begriff ich, dass es sich um das Zeichen einer neuen Sammlungsbewegung handelt.

Die Zahl zwei bedeute, dass zwei Herzen in seiner Brust schlügen, hat der Erfinder des Hashtags, der Autor Ali Can, erklärt. Aber das rettet die Sache nicht. #twohearts oder #doubleheart oder meinetwegen #★identity: Das hätte Sinn ergeben. Schlechtes Englisch ist immer eine schlechte Idee. Ungenaue Sprache führt zu ungenauem Denken, da bin ich ganz bei Wittgenstein.

Ein anderes Wort, über das sich nachzudenken lohnt, ist das Wort »Rassismus«. Ich dachte, wir seien von der Idee abgekommen, dass man Menschen nach Rassen unterteilt. Dass es genetische Unterschiede zwischen Menschen gibt, steht außer Frage. Sie sind sogar weitaus vielfältiger, als man lange annahm. Dennoch ist in der Biologie heute bestenfalls von »Unterarten« die Rede. Hautpigmentierung oder Gesichtsschnitt sind viel zu oberflächliche Kategorien, um darauf eine Taxonomie zu begründen.

Jakob Augstein hat jetzt den »Rassismus ohne Rasse« eingeführt, was ein cleverer Kunstgriff ist, aber das Dilemma nicht auflöst. Genauso gut könnte man von Fremdenhass ohne Fremde reden oder vom Sexismus ohne Sex. Sinnvoller wäre es, von Abwertung aufgrund der Herkunft oder des Aussehens zu sprechen, aber das ist den Aktivisten offenbar zu schwach. Also verwenden sie lieber einen Begriff, der am Leben hält, was zu bekämpfen sie sich vorgenommen haben. Oder wie der Werbefachmann Thomas Brasch beobachtete: »Wer ständig Rassismus brüllt, wenn er Diskriminierung meint, braucht sich nicht wundern, wenn auch die kommenden Generationen noch weiter glauben, es gäbe Menschenrassen.«

Die #MeTwo-Debatte ist, wie ihre Vorläuferin, an Paradoxien reich, das macht sie so interessant. Dass in einer Debatte Argumente und Ideen zählen sollten und nicht Herkunft, Aussehen oder Geschlecht, ist ein Prinzip, zu dem sich auch die #MeTwo-Teilnehmer bekennen. Gleichzeitig weisen sie jeden, der das falsche Geschlecht, die falsche Hautfarbe oder die falsche Einkommensklasse besitzt, drauf hin, dass er in der Diskussion nichts zu suchen habe, weil er zu weiß, zu männlich oder zu privilegiert sei.

Seine Stärke bezieht #MeTwo aus seiner radikalen Subjektivität. Jeder Tweet gilt als Beweis, wie schlecht es in Wahrheit um das Zusammenleben zwischen Migranten und Einheimischen bestellt sei. Die Soziologie kann einen darüber aufklären, dass die anekdotische Evidenz ein äußerst unzuverlässiger Gradmesser zur Beurteilung gesellschaftlicher Zustände oder Veränderungen ist. Wollte man wissen, wie es um die Integration in Deutschland steht, müsste man die Diskriminierungserfahrungen in Relation zu anderen Ländern mit einer ähnlichen Migrationsgeschichte setzen. Oder zu glücklicheren oder weniger glücklichen Zeiten in der deutschen Nachkriegszeit. Aber das interessiert die Teilnehmer nicht. Seht her, sagen sie: Die Masse der Beiträge beweist doch, wie sehr wir recht haben.

Was die #MeTwo-Aktivisten übersehen, ist, dass genau dieser subjektive Ansatz die Wirkung ihrer Kampagne begrenzt. Wenn alles auf das eigene Empfinden hinausläuft, stimmt eben auch die Gegenempfindung, also zum Beispiel der Eindruck, dass wir in Wahrheit ein weltoffenes, fremdenfreundliches Land sind, welches jedermann mit offenen Armen empfängt, der sich an Sitten und Gepflogenheiten hält. Wo alles eine Frage des eigenen Erlebens ist und eben nicht der objektivierbaren Fakten, ist alles auch eine Frage der Anschauung und damit relativ.

In Wahrheit geht es vielen Teilnehmenden nicht darum, politisch aktiv zu werden. Politik bedeutet, ein Anliegen zu formulieren und Mehrheiten zu gewinnen. Den meisten Leuten, die unter dem Hashtag #MeTwo Erfahrungen beisteuern, reicht es völlig, dass ihnen auf Twitter jemand bestätigt, wie wahnsinnig wichtig er ihr Engagement finde. Das ist Lohn genug.

Umgekehrt setzt ihnen nichts so zu wie Kritik oder Spott, was für jede politische Auseinandersetzung eine schlechte Voraussetzung ist.

In zwei, drei Monaten wird man lesen, wie verhärtet die Gesellschaft sei, dass sie sich nicht habe bewegen lassen – so wie man jetzt von einer der Befürworterinnen der #MeToo-Kampagne lesen konnte, dass die Gesellschaft das Gesprächsangebot von #MeToo ungenützt habe verstreichen lassen. Dass #MeTwo das Land verändern wird, wie man im ersten Überschwang zu hören bekam, ist unwahrscheinlich. Weil die Debatte auf so rührende Weise selbstbezogen ist, bleibt sie harmlos.

Über die Grenze zwischen
Moral und Doppelmoral

Für alle, die an Donald Trump verzweifelten, ist die »New York Times« Stimme des Trostes und der Hoffnung. Wenn es eine Zeitung gibt, die als Bollwerk des guten Amerika gilt, dann das Blatt aus der Heimatstadt des Präsidenten.

Im Kosmos der »New York Times« nimmt die sogenannte Op-Ed-Seite eine besondere Stellung ein. Wer hier schreibt, darf all das sein, was die Zeitung sich nach außen versagt: gnadenlos voreingenommen, nur sich und der eigenen Weltsicht verpflichtet. Schon in der Vor-Trump-Zeit war die Auswahl der Kolumnisten ein Hoheitsakt, der von der Öffentlichkeit so genau beobachtet wurde wie früher die Berufung ins Politbüro der KPdSU.

Da ist der weitgereiste Thomas Friedman, bei dem man sich immer fragt, wie er die Schreibtätigkeit mit den unzähligen Podienauftritten in Einklang bringt; der Linksexzentriker Paul Krugman, der jeden Republikaner für einen Bösewicht oder Trottel hält; die scharfzüngige Maureen Dowd, deren Schlangenbiss die Betroffenen noch nach Wochen schmerzt; der sanfte Konservative David Brooks mit seinem rührenden Einsatz für »Anstand« und »Charakter«.

Dieser Tage gab es wieder einen Zuwachs. Sarah Jeong soll ab sofort über alles schreiben, was mit dem Internet zusammenhängt. Die Frau ist aus Sicht einer Zeitung wie der »New York Times« eine Idealbesetzung: jung, weiblich, mit Migrationshintergrund (sie ist in Südkorea geboren). Dazu schon ausweislich ihrer Haarfarbe (lachsfarben) und ihrer Sprache Vertreterin einer Generation, die man gerne als Abonnenten gewinnen würde.

Leider ist die Freude über die Verpflichtung nicht ungetrübt. Kaum war die Personalie verkündet, tauchten Einträge auf, die Jeong auf Twitter hinterlassen hatte und die, sagen wir, nicht ganz zum Ton der »grey old Lady« passen.

Jeongs Twitter-Ich hatte unter dem Motto »Cancel White People«

freimütig bekannt, für wie überflüssig sie Weiße halte. Sie hatte darüber sinniert, welch irre Freude sie empfinde, »grausam zu alten weißen Männern zu sein«, oder sich gefragt, ob Weiße »genetisch dazu neigen, schneller in der Sonne zu verbrennen«.

»Junge Migrantin räumt auf«, ist ein Genre, das sich auch in Deutschland einer gewissen Beliebtheit erfreut. Die Berliner »tageszeitung« beschäftigt mit Hengameh Yaghoobifarah eine Kolumnistin, die im Wochenrhythmus gegen die »Kartoffeln« zu Felde zieht, womit nicht die Knolle, sondern der Durchschnittsdeutsche gemeint ist. Auch die Feministin Margarete Stokowski ist nicht dafür bekannt, Gefangene zu machen.

Aber gegen Jeong sind die beiden Nonnen. Entsprechend groß ist die Empörung über das Engagement der amerikanischen Amazone. Die Chefredaktion der »Times« stellte sich in einer Erklärung vor die Kolumnistin. Man habe mit »Sarah« offen gesprochen, sie sehe ein, dass diese Form der Rhetorik bei der »New York Times« nicht akzeptabel sei.

Ich persönlich finde es respektabel, wenn eine Zeitung sich nicht gleich beim ersten Entrüstungssturm wegduckt, sondern Rückgrat zeigt. Aufmerksame Leser müssen an dieser Stelle allerdings ein unangenehmes Déjà-vu gehabt haben.

Es ist noch nicht einmal sechs Monate her, dass ihnen für die Stelle der Techkolumnistin eine Journalistin präsentiert wurde, die über mindestens so viel Erfahrung verfügt wie Jeong. Quinn Norton, so ihr Name, hatte vorher für »Wired« geschrieben. Sie ist bestens mit der amerikanischen Hackerszene vertraut und war, bis zu dessen Tod, mit einem der bekanntesten amerikanischen Netzaktivisten liiert. Auch in ihrem Fall tauchten nach der Berufung zur Op-Ed-Autorin Tweets auf, die einen Teil der empörungsbereiten Öffentlichkeit nach der sofortigen Beendigung des Vertragsverhältnisses rufen ließen.

Wie sich herausstellte, hatte Norton, die sich seit Langem für die Sache der Schwulen und Lesben einsetzte, ein paarmal das Wort »Fag«, also »Schwuchtel«, benutzt. Sie hatte einen Tweet retweetet, in dem einer ihrer Bekannten in Verteidigung von Barack Obama das N-Wort benutzt hatte. Außerdem hatte sie sich geweigert, ihre Freundschaft zu einem Mann zu beenden, der es als Neonazi zu zweifelhaftem Ruhm gebracht hat. Norton wies darauf hin, dass sie über einen sehr heterogenen Freundeskreis verfüge, darunter befänden sich auch Leute, deren Meinung sie schrecklich finde. Es half nichts. Nur sechs Stunden nach Bekanntgabe der Verpflichtung löste die Chefredaktion der »New York Times« den Vertrag wieder auf.

Es lohnt, die beiden Fälle nebeneinanderzulegen, weil sie etwas über die Biegsamkeit moralischer Ansprüche sagen. Es ist in diesen Tagen viel über den Verlust moralischer Autorität die Rede und darüber, wie wichtig Haltung sei. »Die Wahrheit verlangt unsere Aufmerksamkeit«, lautet ein Werbespruch der »Times«. Wer als moralische Instanz ernst genommen werden will, tut allerdings gut daran, seine Maßstäbe nicht den Gegebenheiten anzupassen. Die meisten Menschen haben ein feines Gespür dafür, wo Moral endet und Doppelmoral beginnt. Heuchelei ist eine Eigenschaft, auf die viele allergisch reagieren.

Jeong hat erklärt, ihre Tweets hätten dem »Countertrolling« gedient, also dem Versuch, dem Hass im Netz durch ironische Steigerung zu begegnen. »Das war als Satire gemeint – aber ich bedaure zutiefst, dass ich die Sprache meiner Angreifer übernommen habe«, schrieb sie in einer Stellungnahme.

Wie man auf die Idee kommen kann, den Hass einzudämmen, indem man ihn verdoppelt, ist mir ein Rätsel. Ich traue mir zu, Ironie und Satire von Ernstgemeintem unterscheiden zu können. Wenn ein Journalist ein »Pro und Kontra« in der »Zeit« zur Seenotrettung im Mittelmeer zum Anlass nimmt, eine Umfrage zu präsentieren, in der gefragt wird, ob man auf »Zeit«-Redakteure schießen solle, kann ich den satirischen Ansatz erkennen. Wenn der Journalist dazu aufruft, der Redakteurin, deren Meinung er nicht teilt, brühenden Kaffee ins Gesicht zu schütten, halte ich das für die Gewaltfantasie eines Mannes, die unter anderen politischen Vorzeichen nicht betretenes Schweigen, sondern eine Kündigung zur Folge hätte. Dass er Herausgeber der »Titanic« ist, ändert nichts an meiner Einschätzung.

Es gibt viele Wege, Vertrauen zu ruinieren. Ein Weg ist, bei sich oder politisch Nahestehenden zu entschuldigen, was man bei anderen als verwerflich geißelt.

Über Berlin als das Venezuela Deutschlands

Eine Geschichte aus der großen Stadt. Ein Mann, Schriftsteller und ehemaliger Mediziner, seit Längerem in Rente, glaubt im Lebenslauf der Sprecherin der Stadtregierung Unstimmigkeiten entdeckt zu haben. Die Immobilienfirma, bei der sie angeblich eine Leitungsfunktion innehatte, findet sich nicht im elektronischen Handelsregister. Ein Studium an der Fernuni Hagen dauerte offenbar nicht sechs Jahre, wie von ihr angeben, sondern eher 13. Auch was ihre frühere Tätigkeit als Journalistin angeht, gibt es aus seiner Sicht Fragen.

Der Mann trägt seine Rechercheergebnisse in einem 79 Seiten umfassenden Dossier zusammen, das er an den Bürgermeister der Stadt und die Fraktionschefs der im Abgeordnetenhaus vertretenen Fraktionen verschickt. Als Autor neigt er zu einer kräftigen Sprache. Die Sprecherin wird in seinem Text als »Flunkerqueen« und »Plappermaul« bezeichnet. Anderseits: Verglichen mit dem, was Leute so im Internet schreiben, darf das als maßvolle Meinungsäußerung durchgehen.

Nicht lange, nachdem er sein Pamphlet auf den Postweg gebracht hat, bekommt der Mann Besuch von der Polizei. In aller Herrgottsfrühe stehen sechs Polizisten vor der Tür und verlangen Zutritt zu seiner Wohnung. Sie konfiszieren Computer und Handys sowie Drucker, Festplatten und diverse USB-Sticks, wie man bei »stern.de« nachlesen kann, das den Fall publik machte.

Hans-Joachim Lehmann, so heißt der Dossierschreiber, hat nicht mit Drogen gehandelt oder Hehlerware angenommen. Vielleicht hätte Lehmann mit Drogen handeln sollen, dann wäre ihm ein Polizeibesuch vermutlich erspart geblieben. Berlin unterhält im Görlitzer Park den größten Open-Air-Drogenumschlagplatz Europas, ohne dass die Polizei eingreift. Die Bezirksbürgermeisterin will es so.

Dit is Berlin, kann man sagen. Kein Personal für die Routinearbeit, aber sobald jemand ein böses Wort über ein Mitglied der Landesregierung verliert, steht ein halbes Einsatzkommando in der Tür. Dit is Berlin unter Rot-Rot-Grün, würde ich sagen. Eine gewisse Wurschtigkeit gepaart mit dem Hochmut der Metropole war der Stadt immer zu eigen. Die Mischung aus Inkompetenz, Hybris und Arroganz, die der Senat unter Michael Müller an den Tag legt, ist allerdings einzigartig.

Der Kolumnist Harald Martenstein füllt seine Kolumne im »Tagesspiegel« mittlerweile mühelos mit Begebenheiten aus dem Verwaltungsalltag. Manches ist so kurios, dass man es nur glaubt, weil es in der Zeitung steht. Um die chronischen Verspätungen bei der S-Bahn zu beheben, kamen die Verkehrsbetriebe auf die Idee, nicht mehr an jeder Haltestelle zu stoppen. Der Plan wurde erst nach Protesten aufgegeben. Tote dürfen nicht unter die Erde, weil die Ämter überlastet sind. Geburtsurkunden gehen mit Verspätung von Monaten ein. Heiratswillige müssen ihr Vorhaben weit in die Zukunft schieben.

Eine Bekannte ist mit Mann und Kindern nach Berlin-Charlottenburg gezogen. Als sie sich beim Einwohnermeldeamt anmelden wollte, hieß es, der früheste Termin sei in vier Wochen. Ich dachte, es sei illegal, so lange mit der Ummeldung zu warten, weil die Meldegesetze einem maximal 14 Tage geben, seinen neuen Wohnort anzugeben. In jedem Fall ist es hinderlich, weil man für die Anmeldung der Kinder auf einer weiterführenden Schule eine Meldebestätigung braucht. Darauf wiederum wird auch in Berlin nicht verzichtet.

Es liest sich lustig, wenn man nicht in Berlin lebt. Wenn man das Pech hat, von Michael Müller und seinen Leuten regiert zu werden, dann flüchtet man sich am besten in Galgenhumor. Oder weicht auf private Lösungen aus. Wer nicht auf öffentlichen Nahverkehr, funktionierende Kitas und allgemeine Schulen angewiesen ist, den muss der Zustand der Politik nicht bekümmern. Die Reichen kommen immer zurecht. Notfalls beschäftigen sie neben Kindermädchen und Privatlehrern auch Personal, das für sie die Behördengänge erledigt. Links sein muss man sich leisten können, das war schon früher so.

Ich halte die Venezuelaisierung der deutschen Hauptstadt für ein politisch unterschätztes Thema. Es gibt ja nicht wenige, die Rot-Rot-Grün als Modell für ganz Deutschland empfehlen. Wer wissen will, wie das Leben unter einer Verbindung aus Linkspartei, SPD und Grünen aussehen würde, der muss sich nur in der Hauptstadt umsehen.

Das Ehepaar Lafontaine/Wagenknecht hat unter der Überschrift »Aufstehen!« eine neue Sammlungsbewegung ausgerufen, um wieder mehr Menschen für linke Politik zu begeistern. Angeblich haben sich binnen einer Woche mehr als 60 000 Leute als Unterstützer eingetragen.

Es gibt keine Stadt, zu der Wagenknechts Idee so gut passt wie zu Berlin. »Aufstehen« ist die erste politische Bewegung, bei der man nicht einmal vom Sofa aufstehen muss, um dabei zu sein. Es reicht völlig, dass man im Internet seinen Namen hinterlässt, damit man Teil der Bewegung wird. Das funktioniert sogar in einem Milieu, in dem die Mehrheit die Wohnung nur noch zum gelegentlichen Einkauf beim Spätkauf verlässt.

Über Cancel Culture in Hessen

Ein Mann trifft einen Politiker. Der Mann steht einer Kulturorganisation vor, die staatliche Gelder an Künstler verteilt. Der Politiker ist Vorsitzender der größten Oppositionspartei des Landes. Die beiden sind in einem italienischen Restaurant verabredet, sie essen zu Mittag. Kurz darauf veröffentlicht der Politiker ein Foto des Treffens auf seiner Instagram-Seite. »Sehr angeregter und konstruktiver politischer Gedankenaustausch heute«, schreibt er dazu.

Kaum ist das Bild in der Welt, setzen Verdächtigungen ein. Eine Reihe von Künstlern, die der Regierung zugetan sind, äußert ihr Missfallen. Sie sagen, dass sie nicht länger mit dem Kulturmanager zusammenarbeiten könnten, weil er durch das Mittagessen kompromittiert sei.

Man sammelt Unterschriften. Es gehen Petitionen heraus, die eine Entlassung fordern. Die Ministerin für Wissenschaft und Kunst beruft eine Krisensitzung ein. Erst heißt es, man müsse die Lage prüfen. Dann steht in den Zeitungen, dass der Mann seinen Posten verloren habe. An seine Stelle solle eine Person rücken, die das Vertrauen der Kunstschaffenden genieße. Von dem Entlassenen hört man nichts mehr.

Die Geschichte liest sich, als würde sie in einem fernen Staat im Osten spielen, einer dieser Autokratien, in denen die Bürger gut beraten sind, bei allem, was sie sagen oder tun, Vorsicht walten zu lassen. Aber ist keine Geschichte aus der Ferne. Es ist eine deutsche Geschichte.

Der Mann, der seinen Job verlor, heißt Hans Joachim Mendig. Er war drei Jahre lang Geschäftsführer der hessischen Filmförderung – bis er sich auf einen Lunch mit dem AfD-Vorsitzenden Jörg Meuthen traf. Nach dem Essen wurde er seines Amtes enthoben. Man habe den Imageschaden begrenzen müssen, der durch das Treffen entstanden sei, erklärte die Kulturministerin Angela Dorn, die dem Aufsichtsrat der hessischen Filmförderung vorsteht und für die Grünen in der Landesregierung sitzt.

Ich beschreibe den Fall hier so ausführlich, weil ich ihn für außergewöhnlich halte, auch für außergewöhnlich hinterhältig. Es kommt nicht oft vor, dass Menschen ihren Job verlieren, weil sie mit den falschen Leuten zu Mittag gegessen haben. Ich kann mich, ehrlich gesagt, an keinen vergleichbaren Fall in den letzten 30 Jahren erinnern. Ich hätte deshalb erwartet, dass er größere Beachtung findet. Die »Frankfurter Allgemeine Zeitung« hat berichtet, etwas ausführlicher die »Welt«. Aber in der Regel blieb der Fall eine Randnotiz im Feuilleton, eine dieser Personalien, über die man beim Lesen schnell hinwegliest.

Was ist da los? 600 Leute aus der deutschen Filmszene unterschreiben eine Erklärung, in der sie androhen, nicht mehr mit der Hessen-Film zusammenarbeiten zu wollen, wenn deren Geschäftsführer weiter im Amt bleibe. Ein Subventionsannahmeboykott als Druckmittel, das ist originell. Andererseits: Niemand ist gezwungen, Fördermittel entgegenzunehmen. Es gibt sogar Menschen, die meinen, dass der deutsche Film in einer deutlich besseren Verfassung wäre, wenn es keine staatliche Filmförderung gäbe. Als förderwürdig gelten in Deutschland vor allem Filme, die viel Kunstwillen, aber wenig Aussicht auf Publikum haben. So sagt es natürlich keiner, aber das ist die Praxis.

Die Kultur ist ein eigenes Milieu, mit eigenen Gesetzen und Regeln. Es ist schon schwer, in der Medienwelt jemanden zu finden, dessen Herz nicht für die linke Sache pocht. In der Kulturwelt ist dies nahezu unmöglich. Was wäre das deutsche Petitionswesen ohne die »Filmschaffenden«, wie sie sich bei der Gelegenheit gern nennen. Keine Unterschriftenliste, auf der sich nicht der Name von Schauspielern, Bühnenbildnern oder Regisseuren findet, die im hohen Maße empört oder besorgt sind.

Mit der Bereitschaft zur Empörung korrespondiert ein ausgeprägtes Kuschelbedürfnis, das in interessantem Widerspruch zum Widerstandsgestus steht. Früher war man stolz darauf, die Bürger aus der Fassung gebracht zu haben. Wenn es im Parkett zum Aufstand kam, galt das als Gütesiegel. Heute lassen sich deutsche Bühnen beraten, wie sie mit Unmutsbekundungen und Störungen umgehen sollen. »Viele Theater fühlen sich auf solche Anfeindungen nicht hinreichend vorbereitet«, berichtete die Geschäftsführerin der Mobilen Beratung gegen Rechtsextremismus in einem Interview mit der »Süddeutschen Zeitung«.

Ich bin immer wieder erstaunt, wie schwer sich Menschen, die ansonsten bei jeder Gelegenheit betonen, wie bereichernd das Fremde sei, in dem Moment tun, in dem sie tatsächlich mit dem Fremden konfrontiert sind. Die Künstler, denen man in der Theater- und Filmwelt begegnet, gleichen einander auf verblüffende Weise. Sie sehen vielleicht unterschiedlich aus, sie mögen aus exotischen Gegenden kommen oder fremd klingende Namen tragen: Aber was die Überzeugungen und Wertvorstellungen angeht, könnten sie nicht homogener sein.

In Wahrheit ist der im Kulturbetrieb vorherrschende Fremdheitsbegriff sehr oberflächlich, ja man könnte sagen: kolonialistisch. Er macht sich allein am Aussehen fest, also an Hautfarbe, Geschlecht oder ethnischer Herkunft. Der wahre Fremde hingegen wäre jemand, der radikal anders denkt. In dem Sinne ist ein Jörg Meuthen tausendmal fremder als jeder senegalesische Regisseur, der dann auf Festivals herumgereicht wird.

Regelmäßige Leser meiner Kolumne wissen, wie wenig ich mit der AfD am Hut habe. Ich käme im Leben nicht auf die Idee, diese Partei zu wählen. Aber es stört mich, wenn sich alle gegen einen zusammenrotten. Auf einer Unterschriftenliste gegen jemanden Stimmung zu machen ist für mich kein Zeichen von Mut, sondern eher ein Ausdruck von Niedertracht.

Mich erinnert das Ganze an die unselige Zeit in den Siebzigerjahren, als man sich daranmachte, Leute auszuheben, die angeblich mit der RAF und ihren Zielen sympathisierten. Wobei man sagen muss: Bei der RAF handelte es sich immerhin um eine Terrororganisation. Die AfD hingehen mag man verachten, aber sie ist weder verfassungsfeindlich noch kriminell.

Man darf gespannt sein, wie es weitergeht. Schon jetzt sitzen die ersten AfD-Vertreter in den Rundfunkräten. Demnächst werden sie in die Kulturförderung und in die Aufsichtsgremien staatlicher Kulturinstitutionen einziehen. Will man dann im Ernst nach jedem verfänglichen Mittagessen, bei dem sich ein Kulturfunktionär erwischen lässt, mit Boykott drohen? Wer weiß, vielleicht werden die Kulturetats in Deutschland schon bald nicht mehr ausgeschöpft, weil niemand das Geld haben will. Das wäre dann allerdings eine wirklich radikale Entwicklung.

Über das Sentimentale und die Diskriminierung dunkelhäutiger Tierarten

Ich habe einen Scherz über Greta Thunberg gemacht. Das hätte ich besser gelassen. Ich habe ein Foto von ihrem Besuch im Hambacher Forst geteilt. Auf dem Bild war Thunberg im Kreis von mehreren Jugendlichen zu sehen. Die Gruppe stand im Wald. Alle guckten sehr ernst. Einer der Jugendlichen war vermummt.

Ich musste unwillkürlich an eine dieser amerikanischen Serien denken, in der die Kinder gegen das Böse kämpfen, das im Unterholz lauert. Also schrieb ich zu dem Foto: »Die Dreharbeiten zur 4. Staffel von ›Stranger Things‹ haben begonnen, wie Netflix mitteilte.«

Ein harmloser Spaß, dachte ich. Wie wenig ich doch von der Gemütslage der Thunberg-Anhänger verstehe! In dieser Welt ist nichts harmlos. Kaum war die Sache in Umlauf, traf mich eine Kanonade der Verachtung. »Wie abgestumpft kann man werden? Gute Nacht«, donnerte der Pianist Igor Levit, der für seine magischen Hände ebenso bekannt ist wie für sein politisches Engagement und der mühelos aus jeder Beethoven-Sonate eine antifaschistische Ode macht. Andere waren noch direkter.

Darf man über jemanden scherzen, bei dem schon die Frage, wie er oder sie die Nacht verbracht hat, eine Weltnachricht ist? Aber ja, würde ich sagen. Unbedingt sogar. Wer es nicht lustig findet, wenn eine 16-Jährige das Cover von Männermagazinen wie »GQ« schmückt, die ansonsten genau den Lifestyle propagieren, der von der Titelheldin beklagt wird, dem ist aus meiner Sicht nicht zu helfen.

Mir wurde vorgehalten, ich würde das Engagement junger Menschen belächeln. Aber das beruht auf einem Missverständnis. Ich finde es super, wenn junge wie alte Leute etwas auf die Beine stellen. Was mich irritiert, ist der Hang zur Verkitschung, der mit dem Greta-Kult einhergeht. Anhimmelung und Anbetung gehören nach meinem Verständnis nicht zu den Aufgaben des Journalisten, jedenfalls kann ich mich nicht daran erinnern, dass dies in meiner Journalistenschule anders gelehrt wurde.

Die Linke und der Kitsch waren immer schon eine heikle Beziehung. Was dem klassischen Spießer der röhrende Hirsch, das ist dem Grünen der singende Wal, hat der Kulturkritiker Gerhard Henschel einmal angemerkt. Kitsch entsteht aus dem Bedürfnis, einer innigen Beziehung noch mehr Innigkeit zu verleihen beziehungsweise dem Weihevollen noch mehr Weihe. Es ist dieses Übermaß an Süße, das dem Kitsch seine betäubende Wirkung gibt (und seine Erzeugnisse leider auch so schwer verdaulich macht).

Politischer Kitsch gedeiht besonders gut, wo Menschen sich an der Hand fassen, um dem Guten zum Sieg zu verhelfen, also auf Kirchentagen, Demonstrationen und überhaupt allen Zusammenkünften, in denen es um den Weltfrieden, die globale Gerechtigkeit und das Überleben auf Erden geht. Es gilt die Faustformel: Wo der Baum umarmt und die Biene gerettet wird, da ist der Kitsch nicht fern.

Nicht alles ist gleichermaßen kitschfähig. Der Delfin und der Schmetterling eignen sich besser zum Wappentier als, sagen wir, die Spinne. Dabei sind Spinnen faszinierende Tiere, die zu wahren Wunderwerken in der Lage sind. Auch der Fledermaus gelingt es nicht, das grüne Herz zu erweichen, weshalb völlig ungerührt hingenommen wird, dass jedes Jahr etwa 250 000 dieser intelligenten Säugetiere verenden, weil sie den Flug durchs Windrad nicht verkraften.

Die arme Fledermaus erleidet ein Baro-Trauma. Hinter den Rotorblättern, die sie Dank des Echolots pfeilgerade durchsteuert, trifft sie auf ein Vakuum, das ihre kleine Lunge zerfetzt und sie tot zu Boden fallen lässt. Dennoch schafft es die Fledermaus nie auf ein Grünen-Plakat. Es findet sich auch kein Volksbegehren zu ihrer Rettung, das dann vom bayerischen Ministerpräsidenten adoptiert werden könnte.

Es waren bezeichnenderweise vor allem Linke wie Eckhard Henscheid, Klaus Bittermann und Gerhard Henschel, die unter Titeln wie »Die Nackten und die Doofen« oder »Das Blöken der Lämmer« eine Kritik von »Betroffenheitsjargon und Gesinnungskitsch« begründeten. Es ist kein Zufall, dass die Publikation vieler dieser Bücher mit dem Auftritt der grünen Umweltbewegung zusammenfiel, bei der erstmals um die Wette geknetet, gebetet und gefastet wurde. Dass unverwüstliche Oberkitschproduzenten wie Konstantin Wecker (»weiterhin verwundbar sein«) einem heute wieder von Plakaten entgegenlächeln, so als seien die Siebzigerjahre nie zu Ende gegangen, ist Signum unserer Zeit.

Humor schafft Distanz und hilft damit bei der Erkenntnisgewinnung. Umgekehrt vernebelt der Sentimentalismus nicht nur die ästhetische Vernunft. Aus der Tatsache, dass uns etwas besonders nahegeht, folgt noch nicht, dass es auch in der Realität besonders bedeutsam wäre. Nehmen Sie die Aufregung über das Fliegen: Alle reden jetzt über Flugscham, dabei entspricht die CO_2-Belastung durch das Internet schon heute der des Flugverkehrs. Mit 20 Suchanfragen bei Google kann man eine Energiesparlampe eine Stunde brennen lassen. Wer wie Thunberg 100 Prozent emissionsfrei über den Atlantik juckeln will, müsste also nicht nur auf Dieselaggregate, sondern auch aufs Posten bei Twitter verzichten.

Das war jetzt nicht ganz ernst gemeint. Aber an dem Beispiel kann man sehen, wohin der heilige Ernst führt. Dann werden selbst kleine Verfehlungen zur Staatsaffäre. Dass ein Segeltrip nach New York fürs Klima schädlicher ist als ein Transatlantikflug, weil die Crew, die das Schiff zurückbringen soll, ja irgendwie nach Amerika kommen muss, das ist nicht skandalös, sondern komisch, wie ich finde. Wo die Atlantiküberquerung zum Opfergang wird, bleibt allerdings kein Raum für Komik.

Vielleicht ist alles eine Frage des Abstands. Auch Jesus war nicht zu Scherzen aufgelegt, als er das Kreuz auf die Schulter nahm. Das haben mit Verspätung dann Monty Python besorgt. Geben wir der Thunberg-Bewegung also etwas Zeit. Möglicherweise entdecken auch ihre Anhänger irgendwann die segensreichen Wirkungen der Selbstironie.

Über die Sprache des Himmels und
die Frage, was Jesus gesagt hätte:
Ein Gespräch mit der Theologin Margot Käßmann

Frau Käßmann, Sie waren elf Jahre Ratsvorsitzende der Evangelischen Kirche ...

... da verwechseln Sie etwas, lieber Herr Fleischhauer. Ich war fast elf Jahre Landesbischöfin in Hannover. Ratsvorsitzende war ich nur ein paar Monate.

Da sehen Sie mal, Sie sind für mich eine so dominierende Figur in der Evangelischen Kirche, dass sich das in meinem Kopf überlagert hat. Für mich waren Sie eigentlich immer Ratsvorsitzende. Ich vermute, das geht einer Reihe von Menschen so. Viele haben Sie bewundert und geliebt. Es gab auch ein paar, die fanden Sie schrecklich. In jedem Fall sind Sie bis heute eine polarisierende Person. Haben Sie selbst dafür eine Erklärung?

Es begann damit, als ich Landesbischöfin in Hannover wurde, die größte Landeskirche der EKD, das kam völlig überraschend, zwei Tage nach meinem 41. Geburtstag. Da haben Konservative in der Kirche eine Notsynode ausgerufen, weil sie fanden, eine Frau, wahrscheinlich auch gerade diese Frau, kann den Stuhl des Landesbischofs nicht besetzen. Ich erinnere mich an die »Hannoversche Allgemeine Zeitung«, die hatte einen meiner Vorgänger mit Mitra und Krummstab abgebildet. Daneben hatten sie ein Bild von mir in kurzen Hosen beim Joggen gesetzt und dazu die Frage: »Kann eine solche Frau Bischöfin sein?« Ich hatte zusätzlich noch vier Töchter im schulpflichtigen Alter. Ich denke, das hat für viele dem Bild des Bischofsamtes nicht entsprochen. Und für die anderen war gerade das ein Zeichen, die Evangelische Kirche verändert sich, Frauen können alle Ämter wahrnehmen. Das hat polarisiert, das war gar nicht ich als Person, sondern es war das Symbol.

Wenn ich mir eine ergänzende Erklärung erlauben darf: Es war nicht nur die Geschlechterfrage, die Sie zu einer so kontroversen Figur gemacht hat, sondern auch ein Verständnis von Kirche, das sich am besten unter dem in Kirchenkreisen so beliebten Begriff »Engagement« fassen lässt. Ich bin in meiner Jugend selbst sehr aktiv gewesen in der Evangelischen Kirche, in einer Gemeinde in Hamburg in diesem Fall. Jugendgottesdienst, Teestube, Taizé – ich habe alles mitgemacht, das volle Programm.

Im Rückblick ist das die Zeit, in der sich die Kirche politisiert hat, in der sich auch der Erlösungshorizont verschoben hat, vom Jenseits ins Diesseits. Wenn ich heute auf einen Kirchentag gehe, habe ich den Eindruck, dass ich bei einem Parteitag der Grünen bin. Die Übereinstimmung geht bis ins Personelle. Die jetzige Vorsitzende der Heinrich-Böll-Stiftung, Ellen Ueberschär, war zuvor Generalsekretärin des Kirchentages, die grüne Fraktionschefin Katrin Göring-Eckardt war lange Präses der Synode.

Was war der letzte Kirchentag, auf dem Sie waren?

2011, Dresden. Da wurde der Herrgott angerufen gegen die Globalisierung, gegen den Kapitalismus, gegen den Klimawandel, gegen immer mehr Wachstum. Wenn Sie grünes Programm und Kirchentagsprogramm übereinandergelegt haben, passte dazwischen kein Blatt Papier.

Gleichzeitig gibt es auf dem Kirchentag auch jeden Morgen 9 Uhr 30 Bibelarbeit, eine Stunde Beschäftigung mit nichts anderem als der Bibel. Da ist für mich die Verbindung. Ich kann viele biblische Texte nicht lesen, ohne sie mit unserer Zeit und Gesellschaft zusammenzubringen. Jesus hat auch über seine Gesellschaft gesprochen: Liebet eure Feinde. Der barmherzige Samariter, der gegen das System gehandelt hat. Der Sabbat ist für den Menschen da und nicht der Mensch für den Sabbat.

Ich merke doch, dass diese Texte in unsere Zeit sprechen. »Der Fremdling, der unter euch wohnt, den sollt ihr schützen« – da kann ich doch nicht sagen, das hat mit Flüchtlingen heute nichts zu tun. Oder: »Gott schuf den Menschen zu seinem Bilde, zum Bilde Gottes schuf er ihn.« Da muss ich sagen: Ja, erst mal ist jeder Mensch gleich geschaffen, und jeder Mensch ist Gottes Ebenbild, ganz gleich welcher Herkunft oder Hautfarbe. Von daher sehe ich das nicht als Politisierung der Kirche. Übrigens, die Kirche war auch sehr politisch, als sie sich überhaupt nicht politisch geäußert hat. In der Zeit des Nationalsozialismus war sie allzu oft stumm gegenüber der Terrorherrschaft, die Millionen Juden das Leben gekostet hat. Das war nicht öffentlich politisch, aber durch Stummsein auch politisch.

Für mich ist es schon ein Unterschied, ob man politisch ist gegen die Macht, gegen das Establishment, gegen den Mainstream. Oder ob man politisch ist mit dem Mainstream, mit der Macht. Ich finde viele Predigten so wohlfeil, weil sie das ausdrücken, was ich in jedem »Süddeutsche«-Kommentar finde. Meine Frage wäre: Vergibt sich die Kirche nicht eine große Chance, wenn sie sich in Konkurrenz zu anderen Wohltätigkeitsorganisationen bringt? Die Kirche ist die einzige Institution, die, soweit ich das sehe, über das Jenseits Auskunft geben kann, für die eschatologische Begriffe noch Begriffe sind. Dazu ist Greenpeace nicht in der Lage, Amnesty auch nicht, aber davon höre ich im Gottesdienst nur noch ganz wenig.

Ich weiß ja nicht, in wie vielen Gottesdiensten Sie in den letzten Monaten so waren. Die Predigten, die politisch sind, die sind immer diejenigen, die zitiert werden. Mir ist jahrelang der Satz »Nichts ist gut in Afghanistan« um die Ohren gehauen worden. Wenn Sie die Predigt mal nachlesen, aus der dieser Satz stammt, dann hat sie sehr viel zu tun mit der Frage, wie furchtsam oder beherzt Christinnen und Christen aus dem Glauben sein können.

Das ist beim Kirchentag nicht anders. Da gibt es so viele Gottesdienste, Abendgebete, spirituelle Angebote. Aber was für Journalisten immer interessant ist, das sind die Sachen, die irgendwas mit Gesellschaftspolitik zu tun haben. Viele meiner Kolleginnen und Kollegen hatten in den letzten Wochen so viele seelsorgliche Gespräche wie selten, zu den Ängsten der Menschen, zu ihren Sorgen. »Frau Kreisel-Liebermann, Pfarrerin der Marktkirche Hannover, hatte ein zweistündiges Seelsorgegespräch mit einem Gemeindemitglied«: Das ist keine Meldung wert.

Weil Sie Ihren Satz zu Afghanistan gerade selbst ansprachen: Sie müssen mir verzeihen, aber ich habe den Eindruck, dass es sich viele Vertreter der Kirche bei moralischen Dilemmata ein bisschen zu leichtmachen. Dieser unbedingte Pazifismus, für den auch Sie standen, bei dem denke ich immer: Okay, wenn man seine Werte nicht mit der Waffe verteidigen muss, dann kann man so re-

den. Aber wenn Sie Verteidigungsministerin sind, sieht die Sache halt sehr viel komplizierter aus.

Dass es sich evangelische oder katholische Christen in moralischen Fragen leicht machen, sehe ich überhaupt nicht so. Es gibt gerade in den ethischen Auseinandersetzungen in beiden Kirchen ein heftiges Ringen. Die Fragen am Lebensende, die Fragen am Lebensbeginn, darüber wurde all die Jahre immer wieder diskutiert. Auch in der Frage von Kriegseinsätzen sind wir uns in der evangelischen Kirche alles andere als einig. Ja, ich bin Pazifistin, aber ich bin doch eher eine Minderheit in der evangelischen Kirche.

Der Einwand »Wie viele Predigten haben Sie denn in den letzten Monaten gehört, Herr Fleischhauer« ist schwer zu kontern. Ich kann für mich immerhin ins Felde führen, dass ich anderthalb Jahre lang meinen zweitältesten Sohn zum Konfirmationsunterricht in den Berliner Dom begleitet habe. Das ist keine klassische Gemeinde, da wird jeden Sonntag ein anderer Prediger eingeladen. Insofern habe ich für achtzehn Monate ein Bild über Predigttext und Predigtqualität in der EKD gewinnen können. Und da hatte ich schon stark den Eindruck, dass es politisch vor allem in eine Richtung geht.

Die Kirche drängt im Zuge der von mir beklagten Selbstsäkularisierung das liturgische Element immer weiter zugunsten einer erzwungenen Formlosigkeit zurück. Im Kindergarten würde man von freiem Spiel reden. Das schlägt sich auch im Ästhetischen nieder. Wenn Sie heute eine evangelische Kirche betreten, wissen Sie sofort, wo Sie sind: Ikea-Charme, helle Buche, fragwürdige Kunst an der Wand – wir sprechen von weißer Wand selbstredend –, irgendwo hängt etwas Selbstgebatiktes. Erstaunlich, als ob man Angst hätte vor der Verehrung Gottes durch das Ornament und die Pracht, wie sie in katholischen Kirchen zu finden ist.

Sind Sie zum Katholizismus konvertiert?

Im Herzen.

Also ausgetreten, aber nicht bei den Katholiken eingetreten?

Ich misstraue dem Konvertiten. Ich habe es mir kurz überlegt, und zwar nach-
dem ich an einem Gottesdienst nach dem alten lateinischen Ritus teilgenom-
men hatte. Im Wedding gibt es eine Enklave, wo dieser Ritus noch vollzogen
wird. Die Kirche untersteht direkt dem Vatikan, sozusagen als Kapelle des
Widerstands, weil natürlich auch die katholische Bischofskonferenz knalllinks
ist, wie wir wissen. Das heißt: Es wird dort mit dem Rücken zum Publikum
gepredigt, in Latein, mit viel Weihrauch. Mich hat das total ergriffen. Ich dach-
te: Ja, das ist Kirche, das ist die Versenkung in Gott. Warum wollten wir das
bloß alles loswerden? Da ist im Zuge der Modernisierung viel verloren gegan-
gen, auch bei den Katholiken. Möglicherweise ist das auch eine Erklärung, wa-
rum die Zahl der Austritte beständig zunimmt.

Das heißt, Sie möchten gerne, dass der Priester sich von Ihnen abwendet
und Sie nichts verstehen?

Ich glaube halt, dass man in die Kirche geht, weil man ein spirituelles Bedürf-
nis hat, und nicht, weil man noch einmal erklärt bekommen möchte, warum
Rasen auf der Autobahn des Teufels ist und der Klimatod kurz vor der Tür
steht.

Ich habe als Bischöfin der evangelisch-lutherischen Landeskirche Hannover 641 Predigten gehalten, sagt eine offizielle Liste, fast jeden Sonntag in
einer anderen Kirche. Es gibt in Niedersachsen wunderschöne Kirchen,
die nicht nur Ikea-Charme haben, sondern wo du spürst, was für groß-
artige Gotteshäuser es gibt.

Zum anderen muss ich sagen: Da ist mir mein Martin Luther näher.
Die Menschen haben damals die Messe überhaupt nicht verstanden.
Manchmal haben sogar die Priester die Messe nicht verstanden, weil ihr
Latein nicht gut genug war. Und dann kam Luther und sagte: Du darfst
selbst lesen, du darfst selbst denken. Der die Bibel so in die deutsche Sprache übersetzte, dass Menschen sie endlich auch verstehen konnten. Das
war doch ein Schub an Mitdenken und Mitverstehen.

Ich versuche das bei jeder Predigt, dass ich da nicht nur irgendwas
vorgebe von der Kanzel, sondern dass es Anstöße sind, sich mit dem Glauben auseinanderzusetzen. Das ist auch Luther: Du musst dir Glauben nicht
nur irgendwie spirituell erfühlen, sondern der Verstand darf schon eine
Rolle dabei spielen. Fundamentalismus heißt ja gerade: Du darfst nicht

denken, du darfst nicht fragen. Ich muss sagen, die Freiheit, selbst zu denken, ist mir schon wichtig.

Ich wollte jetzt nicht anregen, liebe Frau Käßmann, dass Sie wieder zum lateinischen Ritus zurückkehren. Mir würde ein bisschen mehr Liturgie ja schon reichen. Aber wo wir bei Luther sind: Ich habe mir vor ein paar Jahren extra eine Lutherbibel von 1912 besorgt, weil ich natürlich das alte Lutherdeutsch mag, das kraftvolle Deutsch. Manchmal frage ich mich: Wo kommt das her, dass man die Menschen in einem fort irgendwo abholen möchte, um ein Stück weit mit ihnen zu gehen, dieser ganze Betroffenheits- und Innerlichkeitsjargon?

Sie sollten mal die revidierte Lutherbibel von 2017 zur Hand nehmen. 70 Exegeten und Exegetinnen waren daran beteiligt. Die sind tatsächlich in vielen Übersetzungsfragen zum Luther-Original zurückgegangen. Nehmen Sie das Psalmwort: »Wie der Hirsch lechzt nach frischem Wasser«. Da hatte Luther übersetzt: »Wie der Hirsch schreit nach frischem Wasser«. Jetzt schreit der Hirsch wieder. Luther war ein Sprachgenie, das muss man einfach sagen.

Er hat das Neue Testament in elf Wochen auf der Wartburg übersetzt. Bis zum Lebensende saß er mit Melanchthon und anderen an der Übersetzung des hebräischen Teils der Bibel. Die haben dann einen Schlachter geholt, der ein Schaf ausgenommen hat, um hebräische Begriffe richtig ins Deutsche zu übertragen. Übersetzung bedeutet so viel. Bei Lea, Jakobs erster Frau, heißt es in der alten Luther-Übersetzung: Leas Augen waren scheel. Dann heißt es, ich glaube, das war die 1912er-Version: Leas Augen waren ohne Glanz. Und jetzt steht in der revidierten Luther-Übersetzung: Leas Augen waren sanft.

Aber heißt das nicht, dass die Bibel in gerechter Sprache, bei der von den Aposteln und Apostelinnen die Rede ist und Gott wahlweise Er und Sie genannt wird, dass diese Anpassung an den Zeitgeist letztlich ein Irrweg war? Würden wir uns heute darauf einigen können?

Auf gar keinen Fall.

Und ich dachte, Sie wollten mir gerade das kraftvolle Lutherdeutsch als den goldenen Weg verkaufen.

Eine Apostelin kommt schon im Römerbrief vor. Es ist inzwischen erwiesen, dass Junia eine Apostelin war. Sogar in der katholischen Einheitsübersetzung von 2017 heißt es jetzt: die Apostelin Junia. Ich habe mal wunderbar mit Peter Hahne gestritten, weil er mir vorgehalten hat: Du machst die ganze Weihnachtsgeschichte kaputt mit deinen Hirtinnen. Es ist nachgewiesen, dass nicht Männer allein mit ihren Schafherden durch Palästina zogen, sondern Männer und Frauen und Kinder. Und was die Bibel in gerechter Sprache versucht hat, ist, diesen sozialen Kontext bei der Übersetzung einzubeziehen. Ich finde, das hat sein Recht.

Das eben noch modern Klingende ist schon in dem Augenblick wieder veraltet, wenn der Zeitgeist voranschreitet. Eine Zeit lang gilt es als wahnsinnig fortschrittlich, von Gott als Er / Sie zu reden und das Binnen-I zu sprechen. TheologInnen, klar. Aber wer es heute mit TheologInnen versucht, offenbart damit nur ganz altes Denken. »Binäre Ordnung? Was, Sie glauben noch an Männer und Frauen? Wo ist das dritte Geschlecht?«, schreit dann die Transgender-Community auf. Das heißt, das Nächste wäre die Bibel in gendergerechter Sprache. Sind wir dann auch dafür?

Als ich Ratsvorsitzende der EKD wurde, hat die russisch-orthodoxe Kirche die Beziehung zur EKD abgebrochen, weil sie gesagt hat, meine Wahl als Ratsvorsitzende sei Anpassung an den Zeitgeist. Das war nicht Anpassung an den Zeitgeist, sondern lutherische Tauftheologie: Jeder getaufte Christ ist Priester, Bischof, Papst. Neulich hat ein katholischer Theologe sehr gut gesagt: »Wenn wir die Tradition über alles stellen, dann müssten wir auch sagen, wir Kirchen sind traditionell antijudaistisch eingestellt.« Wollen wir dazu kommen, dass diese Tradition jetzt auch nicht dem Zeitgeist »geopfert« wird? Da geht es doch um Lernprozesse!

Jetzt wechseln Sie gerade das Standbein. Wir sind bei Sprache und der Frage, ob ein Text nicht auch hermetisch sein darf. Ob ein Text nicht auch so sein kann, dass man bei bestimmten Worten stockt, weil sie im Sprachgebrauch nicht mehr anzutreffen sind, obwohl es schöne Worte sind. Es heißt, man müsse es dem Gläubigen möglichst einfach machen. Oder um einen typischen Kir-

chensatz zu benutzen: Man müsse die Menschen mitnehmen. Kann es nicht sein, dass genau das möglicherweise ein großer Irrtum ist? Dass die Menschen schon damit umgehen können, dass sie etwas nicht verstehen? Dass man mal ein Lexikon zurate ziehen muss? Gerade das Arkane, das Mystische, das Dunkle gehört doch zum Glauben dazu.

Ich denke, dass Menschen schon verstehen, dass es schöne alte Begriffe gibt, für die wir offen sein sollten. Ich nehme mal den Begriff »Besonnenheit«. »Gott hat uns mitgegeben nicht den Geist der Furcht, sondern den Geist der Kraft, der Liebe und der Besonnenheit« – dieser Satz aus dem 2. Timotheus-Brief war für mich in der Corona-Krise der Leitvers. Besonnenheit wird im Englischen übrigens übersetzt mit »self discipline«, das finde ich sehr interessant. Besonnenheit ist für mich diese Balance zwischen Panik– »oh, alle sterben und werden angesteckt« – und Sorglosigkeit – »ist mir doch egal, ich trag keine Maske«.

Ich denke, die Menschen haben ein Empfinden dafür, dass es sehr schöne alte Begriffe gibt. Ich will nicht, dass wir alles über den Haufen werfen. Aber wenn eine Predigt so ist – und solche Predigten gibt es auch –, dass sich die Leute fragen: »Was hat denn das mit mir zu tun? Das kann ich überhaupt nicht mit mir in Verbindung bringen«, dann läuft etwas falsch.

Dass man so redet, dass die Menschen einem gerne zuhören, ist doch selbstverständlich. Wir hatten ja mal einen gemeinsamen Auftritt, in Ihrer Kirche in Hannover. Die war, wie ich bezeugen kann, proppenvoll. Da wäre jeder neidisch und froh, wenn er ein so großes und treues Publikum hätte wie Sie. Es ist nur leider nicht in jeder in der Lage, so über die eigene Person zu wirken, wie Sie das können. Wenn man keine charismatische Persönlichkeit ist, sondern der eher dröge Typ, dem Charisma leider gar nicht gegeben ist, dann braucht es den Rahmen des Liturgischen, das Formelhafte, um zu wirken. Wenn der Nichtcharismatiker zu gendern versucht, dann wird's lächerlich.

Was meinen Sie mit »gendern«?

Diese Form des politischen Idealismus, die gerade hoch im Kurs steht. Bei jedem Platz und jeder Straße wird gefragt, ob derjenige, nach dem sie benannt ist, noch tragbar ist. Wir versuchen rückwärts aufzuklären, indem wir den Kenntnisstand von heute in die Vergangenheit transportieren.

In München, wo ich lebe, wurde im Februar eine Liste mit Straßennamen veröffentlicht, bei denen eine Kommission empfiehlt, darüber nachzudenken, ob die noch in die Zeit passen. Der Franz-Josef-Strauß-Ring steht drauf. Franz Josef Strauß hat mal Antilopen gejagt in Afrika und bei der Gelegenheit gesagt: »Wir Schwarzen müssen zusammenhalten.« *Ein Gag, der ihm nun post mortem auf die Füße fällt. Ganz oben auf der Liste auch: die Martin-Luther-Straße. Sie waren ja Botschafterin der Kirche im Luther-Jahr. Wie sind Sie eigentlich damit umgegangen, dass Martin Luther als schwerer Antisemit nach heutigen Kriterien gewissermaßen der Hindenburg der Kirche ist?*

Ich habe das immer angesprochen. Es nützt gar nichts, das zu leugnen. Luther war zunächst Antijudaist, aber das hatte auch antisemitische Züge. Es gibt diesen Satz, der auf Luther zurückgeht:»Trau keinem Fuchs auf grüner Heid, noch einem Jud bei seinem Eid.« Darüber muss offen gesprochen werden.

Was halten Sie von der Bilderstürmerei? Churchill-Statuen müssen weichen, weil: Churchill war Rassist. Dann heißt es: Bismarck muss raus. Hindenburg sowieso. Klar, deutsche Generäle, keine Diskussion. Jetzt George Washington, einer der Gründerväter Amerikas. Hat Sklaven gehalten. Ich weiß nicht, wer bleibt noch übrig? Claudia Roth?

Sie müssen sich darüber nicht lustig machen. Ich finde das richtig und wichtig. Beispielsweise wenn ich jetzt sehe, wie in der Demokratischen Republik Kongo darüber gesprochen wird, ob da ein Denkmal des belgischen Königs Leopold stehen sollte.

Leopold ist ein Massenmörder gewesen. Da ist noch ein Unterschied zu Luther, würde ich sagen.

Aber Leopold steht da auch als Denkmal. Kann man das nicht mal hinterfragen? Oder dass Washington und Jefferson Sklaven besaßen? Also ich finde gut, dass die junge Generation darüber nachdenkt, wen wir verehren und wie wir verehren. Oder nehmen Sie die Judensau an der Stadtkirche in Wittenberg. Da ist auch die Frage, lässt man die jetzt stehen, weil sie da seit dem 15. Jahrhundert steht? Oder sagen wir, das muss runter, weil es Menschen heute beleidigt? Ich finde, man kann solche Statuen auch in ein Museum stellen.

Also Ihre Meinung im Fall der Wittenberger Judensau ist: Von der Kirche abnehmen und ab in die Ausstellung?

Ja, da habe ich meine Meinung tatsächlich geändert. Am Anfang habe ich gesagt: Die kann bleiben, weil darunter ja schon in der DDR-Zeit eine Zeder aus Israel gepflanzt und dazu eine Platte eingelassen wurde, auf der steht: »Mit jedem ermordeten Juden wurde der Name Gottes geschändet.« Ich fand das eine ganze Zeit für mich in Ordnung. Aber wenn mir dann betroffene Jüdinnen und Juden sagen, das beleidigt sie zu sehen, dass Juden an den Zitzen einer Sau saugen und ein Rabbiner ihr in den After schaut: Das muss ich doch wahrnehmen. Sie können als weißer Mann auch nicht sagen, wie sich Rassismus anfühlt …

… aha …

… als weiße Frau ebenfalls nicht. Rassismus kann ich nicht nachempfinden, weil ich nie rassistisch beleidigt wurde. Insofern müssen wir, denke ich, immer von denen ausgehen, die sich beleidigt fühlen.

Dann dürfen wir uns aber auch nicht beklagen, wenn in der Hagia Sophia die Mosaike abgehängt werden, um die religiösen Gefühle der Muslime zu schützen, für die noch das Bilderverbot gilt.

Das ist jetzt ein gewisser Sprung von der Judensau in Wittenberg zur Hagia Sophia in Istanbul.

Die Gemeinsamkeit zur Rassismusdiskussion ist die Frage, inwieweit man Rücksicht auf die Betroffenheit einer Gruppe nehmen muss, die sich bei bestimmten Dingen, die sie hört oder sieht, in ihren Gefühlen verletzt fühlt.

Es war jedenfalls eine sehr weise Entscheidung von Atatürk, 1935 zu sagen, damit es keinen Religionsstreit um diesen Ort gibt, wird er zum

Museum. Was Erdoğan tut, indem er die Hagia Sophia wieder zur Moschee macht, ist, den Konflikt anzufeuern.

Wo ich Sie schon als Luther-Expertin hier habe, will ich die Gelegenheit nicht verstreichen lassen, um Handreichung zu bitten. Wenn ich jetzt vor die Münchner Straßen-Umbenennungskommission trete in Verteidigung von Franz Josef Strauß und anderen großen Namen, welche Botschaft von Margot Käßmann darf ich mitnehmen: Kann die Martin-Luther-Straße bleiben oder nicht?

Da würde ich sagen, ich bin Demokratin. Ich sitze hier in meinem Häuschen auf Usedom. Entscheiden Sie das doch im Süden ganz frei in einem offenen Diskurs.

Oh, das ist feige.

Nein, ich bin ja nicht beteiligt.

Soweit ich weiß, haben Sie auch eine Wohnung in Berlin. In Berlin gibt es die Diskussion ebenfalls. Jetzt schummeln Sie nicht.

Ich wohne wieder in Hannover. Aber gut, wenn ich Münchnerin wäre, würde ich für die Beibehaltung der Martin-Luther-Straße plädieren, weil ich denke, Martin Luther hat eine große Leistung für die deutsche Sprache, die Reformation, die Freiheit gebracht. Aber ich würde niemals leugnen, dass dieser Mensch schwere Schattenseiten hatte. Das hat er theologisch sogar reflektiert, als er sagte: simil iustus et peccator. Jeder Mensch ist gerecht und Sünder zugleich.

Sie würden also eine Art moralische Waage empfehlen, heißt das. In die eine Schale legen wir das, was für den Angeklagten spricht, in die andere das ihn Belastende. Und dann schaut man, was schwerer wiegt.

In dem Fall würde ich so argumentieren. Aber ich würde akzeptieren, wenn andere das anders sehen.

Das habe ich nicht anders erwartet, liebe Frau Käßmann. Noch einmal zurück zur Sprache des Himmels. Es gibt ein schönes Buch von Jan Feddersen und Philipp Gessler mit dem Titel »Phrase unser«. Es geht darin viel um die Betonung des Gefühls, um Innerlichkeit und Betroffenheit natürlich, Kränkung ist auch ein ganz wichtiges Wort. Wenn ich darauf hinweisen darf: Jesus war anders. Er hat nicht überall Safe Spaces eingerichtet, damit sich, um Gottes willen, niemand beleidigt fühlt. Er hat den Menschen im Gegenteil ziemlich viel zugemutet. Man könnte sagen, für seine Zeit war er politically totally incorrect. Anderseits wäre er mit zu viel Rücksichtnahme auf die Empfindlichkeiten seiner Umgebung vermutlich auch nicht zum Begründer einer Weltreligion geworden.

Ist möglicherweise nicht eine Lehre, die wir aus dem Neuen Testament ziehen können: Dass es Vertrauen in sich selbst braucht, in die Kraft der Ideen, dass dazu gehört, dass man Konflikte eingeht, sich fremden Ideen aussetzt, sich dem Streit eben nicht entzieht?

Da sind sie bei mir irgendwie an der falschen Adresse, denke ich. Das letzte Interview, das wir beide geführt haben, ist mir furchtbar um die Ohren geflogen, weil Sie mich gefragt hatten: Was würde Jesus zu Terroristen sagen? Und darauf habe ich geantwortet: Ich nehme an, er würde das sagen, was er damals gesagt hat. Also: »Liebet eure Feinde; segnet, die euch verfluchen; tut wohl denen, die euch hassen.« Was hatte ich für einen Shitstorm am Hals: Wie kann man so blöd und naiv sein! Dabei habe ich gar nicht Käßmann zitiert, sondern nur Matthäus 5.44.

Jesus war auch provozierend, klar. Liebet eure Feinde, das ist bis heute eine Provokation. Wenn Christen von Gnade reden – Gnade ist ein wunderbares altes Wort –, da nicken alle. Aber Gnade walten zu lassen, fällt vielen sehr, sehr schwer. Denken wir allein daran, wie darüber gesprochen wird, was mit Straftätern zu geschehen hätte. Barmherzigkeit, Nächstenliebe, das sind Provokationen für eine Gesellschaft, die meint, dass diejenigen, die viel Geld haben, auch diejenigen sind, die bestimmen können, wie es weitergeht.

Lassen Sie uns schließen mit Matthäus 10.34: »Ich bin nicht gekommen, Frieden zu bringen auf die Erde. Ich bin nicht gekommen, Frieden zu bringen, sondern das Schwert«. Auch das ein Wort des Herrn.

Der dabei aber gemeint hat, dass es Auseinandersetzungen in den Familien geben wird über die Frage: Was glauben wir, woran glauben wir? Wenn darüber mal wieder gestritten würde in Familien, das fände ich gut.

Ich wusste, dass ich in einem Gespräch mit Margot Käßmann nicht das letzte Wort behalten würde.

Margot Käßmann war von 1999 bis 2010 Bischöfin der Evangelisch-Lutherischen Landeskirche Hannover, der mit drei Millionen Mitgliedern größten Kirche in der Evangelischen Kirche Deutschlands. Ihre Bücher (»Im Zweifel glauben«, »Nur Mut!«) stehen regelmäßig auf der Bestsellerliste. Sie lebt auf Usedom und in Hannover.

Über die Angst vor der AfD

Ein Freund von mir saß in der DDR zweieinhalb Jahre im Gefängnis. Er war beim Versuch, das Land über die tschechische Grenze zu verlassen, verhaftet worden. Ein Bekannter hatte ihn bei der Stasi verpfiffen.

Er war 17 Jahre alt, als sie ihm den Prozess machten. Wer als Jugendlicher mit Totschlägern, Raubmördern und Gewohnheitskriminellen im Knast sitzt, entwickelt bestimmte Überlebenstechniken. Sobald sich die Zellentür öffnete, um einen Neuzugang einzulassen, musste blitzschnell entschieden werden, ob es sich bei dem Neuen um einen Spitzel handelte oder jemanden, dem man vertrauen konnte. Diese Technik der Menschenbeurteilung hat mein Freund bis heute nicht abgelegt. Wenn ihm jemand vorgestellt wird, fragt er sich unwillkürlich, wie sich derjenige in einer Umgebung verhalten würde, in der die Gesetze der bürgerlichen Welt suspendiert sind.

Auch ich mache gelegentlich den Gefängnis-Test. Er ist, zugegeben, ein spekulatives Mittel, um Menschen zu beurteilen. Aber beruhen nicht die meisten Charakterannahmen auf Spekulation?

Wenn ich zum Beispiel Andreas Kalbitz sehe, den großen Mann der AfD in Brandenburg, habe ich eine ungefähre Vorstellung, wie er sich an einem anderen Ort unter anderen Umständen verhalten würde. Ich weiß, das ist hochgradig ungerecht. Möglicherweise ist Herr Kalbitz im Kern ein herzensguter Mensch, der jede Spinne über die Schwelle trägt, damit sie keinen Schaden nimmt. Aber ich kann mir nicht helfen: Ich würde ihm aus dem Weg gehen, wenn wir zusammen eingesperrt wären.

Es gibt eine rege Diskussion, ob die AfD eine bürgerliche Partei ist. Die AfD würde gerne so wahrgenommen werden – ihre Gegner auf der Linken schreiben lange Abhandlungen, warum schon die Idee absurd sei. Wie viele Debatten, die um die AfD kreisen, trägt auch diese komische Züge. Dass jetzt ausgerechnet Leute, die eben noch alles daransetzten, möglichst unangepasst zu erscheinen, die Definitionsmacht über das Bürgerliche reklamieren, bringt mich zum Schmunzeln.

Das Problem der AfD ist aus meiner Sicht, dass sie zu viele Politiker in ihren Reihen hat, die eine Mehrheit der Deutschen als seltsam empfindet. Einer wie Björn Höcke mag in der Partei eine große Nummer sein, die meisten Wähler verfolgen seine Auftritte mit einer Mischung aus Faszination und Befremden.

Manche Menschen verbringen ihr Leben damit, Elvis nachzueifern. Sie schmeißen sich in Glitzerklamotten, toupieren das Haupthaar zur Tolle und schmettern die großen Hits. Höcke hat sich für die Goebbels-Imitation entschieden. Das ist angesichts der historischen Umstände eine mutige Wahl. Als Elvis-Imitator hätte Höcke es deutlich leichter im Leben, insofern gebührt ihm Respekt, wie ich finde.

Ich halte die Leute der AfD nicht für gefährlich, ich halte sie für skurril. Wer ständig so redet, als er ob zu viel Leni Riefenstahl geguckt hat, der wird es in Deutschland nicht zum Ministerpräsidenten bringen, allen Erlösungsfantasien zum Trotz. Das heißt nicht, dass ich das Rohheitspotenzial übersehen würde, das in dieser Partei steckt. Ich glaube nur nicht, dass man es in Deutschland damit ganz nach oben schafft. Wenn sogar ein beträchtlicher Teil der AfD-Wähler der Meinung ist, dass man die Vertreter dieser Partei nicht in die Nähe eines Regierungsamts lassen sollte, sagt uns das etwas über die realen Machtchancen.

Am normalsten ist noch Parteichef Jörg Meuthen. Aber der darf ja nicht einmal mehr als Delegierter zum Bundesparteitag fahren, weil sie in seinem Kreisverband finden, dass er zu lasch sei. Ein echter Professor hat es in der AfD schwerer als ein falscher Goebbels.

Ein gut Teil ihres Nimbus verdankt die AfD den Leuten, die sie bekämpfen. Jede Großmäuligkeit wird umgehend für bare Münze genommen, anstatt sie als das zu sehen, was sie ist, nämlich die Angeberei von Leuten, die auch rhetorisch über ihre Verhältnisse leben.

Wenn ein AfD-Hintersasse herumposaunt, dass man mit dem Wahlergebnis in Brandenburg ein Drittel des Weges gegangen sei, gilt das der Gegenseite als Beweis für den totalitären Anspruch der Partei. So nährt die Aufregung den Größenwahn und der Größenwahn wiederum die Aufregung. Das ist wie in einer unglücklichen Sadomaso-Beziehung, in der sich die Akteure auf verquere Weise gegenseitig stützen.

Wer mit einem AfD-Politiker spricht, tut als Journalist gut daran, sich vor jeder Frage dreimal öffentlich zu bekreuzigen. Wer auf diese Übung verzichtet, gilt als Sympathisant, wenn nicht gar als heimlicher

Parteigänger. Viele Journalisten glauben, der AfD so maximal zu schaden. Sie fühlen sich dadurch bestätigt, dass die Parteiführer den Umgang
mit ihnen als unfair beklagen. In Wahrheit sonnen sich Leute wie Höcke
und Kalbitz in der Aufmerksamkeit, die ihnen zuteilwird. Es ist tausend
Mal besser, man ist berüchtigt und gefürchtet als ignoriert und verspottet.

Die gefährlichste Waffe im Meinungskampf ist nicht die Beschimp-
fung, sondern der Spott. Lange wusste das niemand besser als die Linke.
Es gehört zu ihren tragischen Alterserscheinungen, dass ihr dieses Wissen
abhandengekommen ist.

Über schlechten Umgang

Der Verleger Jakob Augstein hat einen Film über Empörung gedreht. Der Film heißt, nach seinem Thema, »Die empörte Republik« und ist in der Mediathek von 3sat zu sehen. Im Kern geht es um die Frage, warum sich so wenig bewegt, obwohl so viele Menschen so schrecklich aufgeregt sind. »Wie kann es sein, dass die Kraft der Empörung, die am Anfang jeder gesellschaftlichen Veränderung steht, bei uns dermaßen ins Nichts läuft?«, wundert sich der Autor.

Augstein ist für seinen Film durch die Republik gereist und hat mit Menschen gesprochen, die Debatten anzetteln oder beobachten, wie diese angezettelt werden. Der Journalist Stefan Aust ist dabei (früher »Spiegel«, heute »Welt«), die Europapolitikerin Julia Reda, die den Widerstand gegen das digitale Urheberrecht anführte, eine Google-Managerin.

Noch interessanter als die Namen der Menschen, die zu sehen sind, sind allerdings die Namen der Leute, die in dem Film fehlen. Augstein hatte auch die Publizistin Carolin Emcke gefragt, ob sie mit ihm reden würde, die »Spiegel«-Kolumnistin Margarete Stokowski, den Theaterregisseur Falk Richter, allesamt Repräsentanten des besseren Deutschland, die normalerweise nie um eine Antwort verlegen sind. Aber keiner wollte in seinem Film auftauchen. Alle sagten eine Teilnahme ab oder ließen seine Anfrage unbeantwortet.

Augstein verfügt in der linken Szene über beste Referenzen, sollte man meinen. Er trommelt seit Jahren verlässlich für die gute Sache. Er gibt mit großem Engagement die Wochenzeitung »Der Freitag« heraus, gegen die selbst die »taz« ein rechtslastiges Mainstream-Blatt ist. Mit einer Reihe der von ihm Angefragten ist er persönlich bekannt. Was also hat er falsch gemacht? Was ist sein Vergehen?

Augstein gilt als unsicherer Kantonist, das ist sein Vergehen. Er kennt die falschen Leute, Leute wie mich zum Beispiel. Außerdem ist er ein neugieriger Mensch. Neugier gilt in diesen Kreisen, in denen Augstein verkehrt, nicht als Tugend, sondern als Ausdruck mangelnder Standfestigkeit.

Im Mai letzten Jahres hat er auf Schloss Ettersburg bei Weimar mit Karlheinz Weißmann diskutiert, einem der Vordenker der Neuen Rechten. Anderthalb Stunden stritten die beiden über Deutschland, den Islam und das Fremde. Das reichte, um Augstein auf die Liste derjenigen zu befördern, mit denen man besser keinen Kontakt mehr pflegt.

Ich erzähle diese Geschichte, weil sie illustriert, wo wir stehen. Alle reden davon, wie wichtig Debatte sei. Kaum eine Veranstaltung, auf der nicht beteuert wird, dass Streit die Demokratie lebendig halte. Die »Zeit« hat ein eigenes Ressort ins Leben gerufen, das so heißt. Aber sobald es ernst wird, kneifen die meisten Kombattanten. Wenn selbst ein Projekt des Herausgebers des »Freitag« als politisch so zweifelhaft gilt, dass man zweimal überlegen muss, ob man daran teilnimmt, lässt das erahnen, wie sich die Dinge verschoben haben.

»The Closing of the American Mind« hieß ein berühmtes Buch, in dem der Philosoph Allan Bloom in den Achtzigerjahren die Verödung der amerikanischen Hochschulwelt beschrieb. Wir sind heute Zeugen einer Entwicklung, die man als Selbstabschließung eines geistigen Milieus bezeichnen könnte, das für das intellektuelle Klima in Deutschland seit Langem bestimmend ist. Eine ganze Generation hat sich entschieden, nur noch mit Leuten zu verkehren, die so denken wie sie selbst.

Das entscheidende Merkmal der Kultur des Einverständnisses ist, dass man unter sich bleibt. Man trifft sich auf den immer gleichen Podien, man verleiht sich gegenseitig Preise für den Mut, Dinge auszusprechen, mit denen alle einverstanden sind. Emcke hat für ihren unbestechlichen Einsatz im Rahmen des Akzeptierten den Friedenspreis des Deutschen Buchhandels bekommen, Stokowski den Kurt-Tucholsky-Preis.

Was ist der politische Einsatz wert, der sich der Konfrontation entzieht und stattdessen auf den Applaus der ohnehin Überzeugten setzt? Er ist jedenfalls nicht sehr politisch, würde ich sagen. Vor einiger Zeit machte ein Videoclip die Runde, in dem der Sänger Herbert Grönemeyer seine Fangemeinde auf den Kampf gegen Rechts einschwor. Grönemeyer ist kein Goebbels, wie ihm wegen der leichten Sportpalast-Atmosphäre vorgehalten wurde. Er ist nicht mal ein Fegelein, sondern lediglich ein um seinen Spätruhm besorgter Gesangskünstler, der die alten Hits mit dem Pfeffer des Politrebellentums aufzupeppen sucht. Selbstverständlich kommt der Antifaschismus keinen Millimeter voran, nur weil sich 14 000 Grönemeyer-Fans im Gefühl, es dem Gegner mal richtig gezeigt zu haben, von Song zu Song schunkeln. Was die viel beschworene Vielfalt angeht, ist auf jedem Helene-Fischer-Konzert mehr los.

Früher waren es die Helmut-Kohl-Getreuen, die sich ständig versichern mussten, dass sie die Mehrheit stellen, heute sind es die Vertreter des progressiven Justemilieu. Über dem Eingang der Berliner Volksbühne, einem der Inspirationsorte der Szene, hängt ein Transparent, auf dem in riesigen Lettern das Wort »unteilbar« steht. Wenn man die Misere der Linken auf einen Nenner bringen sollte, dann reicht dieses Wort.

Solidarität war immer ein wichtiger Wert der Bewegung, aber ihre Kraft und ihren Elan bezog sie eben nicht aus dem Betonen der Zugehörigkeit, sondern aus dem Dissens, dem Aufbegehren. Die Leitfigur der neuen Linken ist nicht länger der Außenseiter, es ist der Gefolgsmensch. An die Stelle des Dissidenten ist der Mitläufer getreten, der die Fahne aufnimmt und sich in den Demonstrationszug einreiht.

Über den Unterschied zwischen
Uwe Tellkamp und Heinrich Böll

Das Lingnerschloss am Dresdner Elbhang ist eine der prachtvollsten Villen in der an Villenpracht reichen Stadt. Von der Terrasse hat man einen imposanten Blick über das Elbtal, entsprechend beliebt ist das zwischen 1850 und 1853 errichtete Palais bei Hochzeitspaaren und Festgesellschaften.

Im Januar sollte hier eine neue, von der Kulturzeitschrift »Tumult« ins Leben gerufene Veranstaltungsreihe beginnen. Für die Auftaktveranstaltung hatte man den Autor Uwe Tellkamp verpflichten können, mit einer Lesung aus seinem neuen, noch unveröffentlichten Roman. Doch daraus wurde nichts, und es wird auch nichts daraus werden. Überraschend zog das Lingnerschloss seine Zusage zurück. Die Veranstaltungsreihe und mithin der Auftritt Tellkamps widerspreche dem Neutralitätsgebot, dem man sich verpflichtet fühle, erklärte der zuständige Förderverein.

Das ist in mehrfacher Hinsicht ein bemerkenswerter Vorgang. Tellkamp ist nicht irgendein Autor, sondern der bekannteste Autor der Stadt. Was Günter Grass für Lübeck und Heinrich Böll für Köln, das ist Uwe Tellkamp für Dresden. Große Teile seines Erfolgsromans »Der Turm«, der es nach seinem Erscheinen 2008 zu einer schwindelerregenden Auflage brachte, spielen hier. Von den Tantiemen hat sich der ehemalige Chirurg im Stadtteil Weißer Hirsch eine Souterrainwohnung gekauft, in der er seitdem am Nachfolgeband arbeitet.

Der Verweis auf ein Neutralitätsgebot, das es zu achten gelte, ist auch deshalb eigenartig, weil der Veranstalter nicht eine politische Veranstaltung, sondern eine Lesung angekündigt hatte. Die Rolle, in der Tellkamp seinem Publikum gegenübertritt, ist die des Schriftstellers, dafür wird er verehrt. Dass er sich hin und wieder politisch äußert, ist eher der Gelegenheit geschuldet. Seine politischen Einlassungen sind auch nicht außergewöhnlich. Ausweislich der Umfragen (und der Wahlergebnisse der AfD) teilen über 25 Prozent der Bürger in Sachsen seine Meinung. Außergewöhnlich ist, dass ein Suhrkamp-Autor sich kritisch zur Flüchtlings- oder Europapolitik der Regierung äußert.

Ich habe Tellkamp in den vergangenen Jahren mehrfach getroffen. Das erste Mal sahen wir uns anlässlich einer Lesung in Weimar. Es war Tellkamps erster öffentlicher Auftritt, nachdem er ein paar Monate zuvor bei einer Diskussionsveranstaltung im Dresdner Kulturpalast sein Debüt als Kritiker des Zeitgeschehens gegeben hatte. Tellkamp hatte bei einer Diskussion mit dem Schriftstellerkollegen Durs Grünbein unvorsichtigerweise seine Sympathie für den Teil des ostdeutschen Publikums zu erkennen gegeben, der grundsätzlich mit der Regierungspolitik hadert. Ich meine mich an einen Artikel in einer führenden Zeitung zu erinnern, in dem stand, dass man von nun an keine Tellkamp-Bücher mehr lesen könne.

Der Schriftsteller als Seismograf und gesellschaftlicher Mahner hat in der Bundesrepublik Tradition. Ich persönlich habe meine Zweifel, ob Autoren notwendigerweise auch politisch weitsichtige Menschen sind. Nur weil jemand großartig über innere Vorgänge oder menschliche Verwicklungen schreiben kann, ist er nicht automatisch ein scharfsinniger Denker. Doch die Öffentlichkeit billigt dem Autor eine besondere moralische Kompetenz zu. Vielleicht ist es die Sensibilität, die man Künstlern unterstellt, oder die Leser denken, dass der eher meditative Lebensstil tiefere Einsicht begünstigt. Im Grunde knüpft Tellkamp also nur an eine Rolle an, die Leute wie Grass und Böll als Vollzeitstelle bekleidet haben. Aber so einfach lässt man ihn nicht davonkommen. Es macht eben einen gewaltigen Unterschied, ob der kritische Geist von links oder von rechts weht.

Ich würde auch immer einwenden, dass es das Privileg des Schriftstellers sei, Unsinn zu verzapfen. Böll hat als Kommentator hanebüchenes Zeug von sich gegeben, ohne dass dieses seinem Ruf als moralischer Instanz Abbruch getan hätte. Unvergessen ist der »Spiegel«-Essay, in dem Böll die erste Generation von RAF-Terroristen als fehlgeleitete Idealisten gezeichnet hatte, die vom Staat in den Untergrund getrieben worden seien. Auch Grass war von erstaunlicher Eigenwilligkeit im Umgang mit Fakten. Erst als er auf die alten Tage sein Engagement bei der Waffen-SS allzu salopp der eigenen Biografie einzugliedern versuchte, merkten diejenigen im Feuilleton auf, die bis dato jede seiner Einlassungen als gottgleich hingenommen hatten.

Tellkamp ist ein scheuer Mensch. Ihm fehlen das Selbstbewusstsein und die Robustheit des von einer politischen Mission überzeugten Großschriftstellers. Wenn er sich zu Fragen der Einwanderung äußert, dann eher aus Verbitterung über die Hochnäsigkeit, mit der im Westen über die Landsleute geurteilt wird, denen er sich zugehörig fühlt. Dass man den Menschen aus Sachsen und Thüringen den politischen Verstand abspricht, weil sie sich anders äußern, als man es in München oder Hamburg erwartet, erzeugt bei ihm eine Gereiztheit, die sich in impulsiven Gelegenheitsauftritten entlädt.

Als wir im vergangenen Herbst wieder miteinander sprachen, saß er an der Endfassung seines neues Romans. Die Arbeit sei im Wesentlichen abgeschlossen, sagte er, aber das muss bei ihm nichts heißen. Wer seine Arbeitsweise mit dem von Dombaumeistern vergleicht, denkt in anderen Zeiträumen. Tellkamp las dann aus einem Kapitel, das in einer Außenstelle der »Tausendundeine Nacht«-Abteilung des Verkehrsministeriums spielte, dem der Held zugeordnet ist. Von der Leyen tauchte auf, camoufliert als »Flintenbrigitte«, die Kanzlerin sowie eine Reihe ihrer Vasallen. Wenn man nach den Seiten, die er vortrug, auf das Buch schließen müsste, das dem »Turm« folgen soll, erwartet den Leser eine ins Dystopische gewendete Vision der Merkel-Jahre.

Bei Suhrkamp lebt man in banger Erwartung des Buchs. Tellkamp gehört zu den wenigen Schriftstellern, die man nicht ins Weihnachtsgeschäft hieven muss, um Auflage zu machen. Die Wahrheit ist, dass viele der Suhrkamp-Autoren Tellkamp ihre Vorschüsse verdanken. Die Geschäftsgrundlage von Buchverlagen beruht auf einer Mischkalkulation, bei der die Einnahmen des einen die Honorare der anderen subventionieren. Jemand wie Durs Grünbein, der Tellkamp als »Heimatautor« verhöhnt, könnte ohne dessen Heimatschriftstellerei niemals von den eigenen anämischen Auflagen leben.

Selbstverständlich schlägt der Erfolg nicht zugunsten des Mannes aus Dresden aus. Tellkamp berichtete mir von der Begegnung mit einem Kollegen, der ihm nach dem Auftritt im Kulturpalast damit drohte, man werde dafür sorgen, dass Suhrkamp nichts mehr von ihm drucke, wenn sich so ein Vorgang wiederhole. Eine Art Orwell von rechts ist nicht das, was in der Suhrkamp-Welt geschätzt würde. Man darf also vermuten, dass es da noch einen Tanz geben wird.

Der Förderverein des Lingnerschlosses hat jetzt angekündigt, selbstverständlich könne Tellkamp auftreten. Die Ausladung habe sich gegen die Zeitschrift »Tumult« gerichtet, die die Veranstaltungsreihe ersonnen hatte, nicht gegen den Schriftsteller selbst. Der »Tumult«-Herausgeber Frank Böckelmann kommt übrigens von ganz links. Er hat mit Leuten wie Rudi Dutschke die Studentenrevolte angeführt, bevor er in die Kommunikationswissenschaft abbog. Böckelmann würde vermutlich sagen, dass er sich in seinem politischen Engagement treu geblieben sei.

Über die wahre Anzahl
menschlicher Geschlechter

Die Kinderbuchautorin Joanne K. Rowling hat sich zu Fragen der Biologie geäußert. Rowling ist Mutter dreier Kinder, außerdem die Erfin-
derin der Harry-Potter-Welt. Dass sie drei Kinder großgezogen hat, er-
wähne ich, weil niemand, der Kinder hat, an den Grundfragen des Lebens
vorbeikommt, wie erfolgreich er oder sie auch sein mag. Rowling hat die
Welt wissen lassen, dass sie nach wie vor davon ausgehe, dass es Männer
und Frauen gebe. Für sie sei das biologische Geschlecht nichts Erfundenes
sei, sondern real.

Ich wurde darauf aufmerksam, weil sich augenblicklich ein Sturm der
Entrüstung erhob. Wer wie die britische Autorin behaupte, dass es nur
zwei Geschlechter gebe, werte Transmenschen ab, hieß es. Ihre Äußerung
sei diskriminierend und perfide. Es folgte der Aufruf zum Boykott ihrer
Bücher.

Frau Rowling wird den Aufruf, ihre Bücher zu meiden, verschmerzen können. Ich finde den Fall bemerkenswert, weil er zeigt, wie selbstverständlich in einem Teil der akademischen Linken die Vorstellung geworden ist, die Unterscheidung in Mann und Frau sei eine rückständige,
um nicht zu sagen repressive Idee, die kein aufgeklärter Mensch mehr
vertreten könne.

Die Frage, ob es mehr als Mann und Frau gibt, beschäftigt die akademische Öffentlichkeit schon seit Längerem. Der Theorie zufolge, die
Einzug in die Seminarräume gehalten hat, ist Geschlecht nichts, was man
vorfindet, so wie Gene oder Hormone, sondern Definitionssache und damit eine Frage der gesellschaftlichen Übereinkunft. Wie viele Geschlechter es gibt – ob es drei sind, fünf oder wie bei Facebook 60 –, das ist noch
Teil der akademischen Debatte. Aber dass die sogenannte binäre Ordnung
der Vergangenheit angehöre, darüber besteht Einigkeit.

Man darf sich nicht täuschen: Nur weil etwas absonderlich wirkt,
heißt nicht, dass es nicht Wirkung entfalten kann. Tatsächlich hat kaum
eine Disziplin eine solche Karriere hingelegt wie die Gender-Wissen-

schaften, wobei man von Wissenschaften im engeren Sinne eigentlich nicht sprechen kann. Keine der vorgetragenen Thesen hält einer Überprüfung durch die Biologie oder die Neurowissenschaften stand. Im Grunde funktionieren die »Gender Studies« wie Homöopathie. Es existiert eine Reihe von Hypothesen und Annahmen, die nicht durch das Prinzip von Bestätigung oder Falsifikation, sondern allein durch Wiederholung Wahrheitskraft erlangen. Dennoch gibt es inzwischen in Deutschland über 150 Lehrstühle.

Wie bei allen Theorien, die lange genug im Umlauf sind, verselbstständigt sich die Sache irgendwann. Aus Lübeck erreichte uns zum Jahreswechsel die Nachricht, dass die Stadtverwaltung einen Leitfaden zur »gendersensiblen Sprache« verfasst hat, damit sich alle Bürger angesprochen fühlen, auch jene, »die sich nicht als Frau oder Mann beschreiben«. Bevor Mitarbeiter der Stadt in näheren Kontakt mit einem Lübecker treten, sollen sie zuerst ermitteln, welches Geschlecht der- oder diejenige bevorzugt. Die Empfehlung zur Ansprache lautet: »Guten Tag Name Vorname, wie darf ich Sie in Zukunft ansprechen?«

Selbst in bayerischen Gemeinden wird inzwischen überlegt, ob man in Grundschulen nicht Toiletten für das dritte Geschlecht einführen sollte, also für Kinder, die angeblich nicht genau sagen können, ob sie nun Jungen oder Mädchen sind, oder die das nicht sagen wollen.

Wenn ich im Gemeinderat von Taufkirchen säße, würde ich mir die Frage stellen, ob es ein einziges Kind gibt, das durch den Toilettengang dokumentieren will, dass es grundsätzlich anders ist als alle anderen. Der sicherste Weg, zum Mobbing-Opfer zu werden, besteht darin, sich als Außenseiter zu outen. Aber solche Überlegungen spielen keine Rolle, wenn es darum geht, sich als aufgeschlossen zu erweisen.

Vermutlich kämen die Gemeindemitglieder arg ins Schwimmen, wenn sie sagen sollten, was genau sie unter dem drittem Geschlecht verstehen. Sind Intersexuelle gemeint, also Menschen, die beide Geschlechtsmerkmale besitzen und deshalb wirklich nicht sagen können, ob sie Mädchen oder Junge beziehungsweise Frau oder Mann sind? Die Zahl ist sehr gering. Der Prozentsatz von Kindern, die als Zwitter geboren werden, liegt deutlich unter 0,1 Prozent.

Oder sind vielmehr Transsexuelle das Ziel der Baumaßnahme? Dann allerdings wäre die Investition in gesonderte Toiletten für die Katz. Der Transsexuelle besteht ja gerade darauf, ein Mann oder eine Frau zu sein, nur unglücklicherweise im falschen Körper beheimatet. Dass die Krankenkasse die Kosten für eine Geschlechtsumwandlung übernimmt, lässt sich nur damit begründen, dass Geschlecht eben keine Frage der Definition, sondern eine der Hormone ist. Wäre es anders, könnte man sich die Kosten für die Behandlung sparen. Dann müsste man dem Transsexuellen lediglich sagen, dass die binäre Ordnung ohnehin passé sei.

Je ausführlicher man sich mit der Materie beschäftigt, desto verwirrender wird es. In Kanada ist eine Gender-Aktivistin vor Gericht gezogen, weil sich die Mitarbeiterinnen mehrerer Schönheitsstudios geweigert hatten, ihr die Hoden zu wachsen. Die Aktivistin machte geltend, die Weigerung stelle eine Diskriminierung als Frau dar. Der Komiker Ricky Gervais hat die Geschichte zum Teil seines Stand-up-Programms gemacht, womit er sich augenblicklich den Vorwurf der Minderheitenfeindlichkeit einhandelte.

Manchmal lohnt es sich, ein wenig Abstand zu gewinnen. Als mich die Nachricht über die Rowling-Äußerungen erreichte, war ich in Kenia und Tansania unterwegs. Ich kann nicht einschätzen, wie viele Menschen dort der Meinung sind, dass eine Romanautorin verdammt gehört, weil sie nach wie vor an die Biologie glaubt. Meine Vermutung wäre: Es sind weniger als 0,1 Prozent. Die meisten Menschen, die in Afrika leben, wissen noch nicht mal, was ein Gender-Stern ist. Würde man ihnen sagen, dass sich Frau und Mann als Geschlechter überholt haben, würden sie nur den Kopf über die verrückten Weißen schütteln.

In Wahrheit lassen sich die Zentren der neuen Geschlechtertheorie auf einer Weltkarte relativ gut eingrenzen. Es sind die amerikanischen Hochschulen an den beiden Küsten der USA sowie die europäischen Universitätsstädte, wobei Deutschland als Verbreitungsgebiet besonders hervorsticht. Was zu einer interessanten Frage führt: Wenn die Gender-Theorie den Anspruch erhebt, für alle Menschen zu gelten, muss man dann nicht unweigerlich zu dem Schluss kommen, dass die Bewohner Afrikas besonders rückständig sind?

Vielleicht sollten die Vertreter der »Gender Studies« mal mit den Kollegen von den Kolonialismusstudien reden. Eine Tür weiter könnte man ihnen sagen, warum die Zeiten, als man im Westen glaubte, dem Rest der Welt überlegen zu sein, vorbei sind.

Über puritanisches Denken und
den einwandfreien Bücherschrank

Zu den Büchern, die mich durch das Studium begleiteten, gehörte ein schmaler Band mit schwarzem Wachsumschlag, von dem sich in roten Buchstaben der Titel abhob: »Schumann's Barbuch: Drinks & Stories«.

Das Buch leistete mir wertvolle Dienste. Ich hatte neben dem Literaturstudium einen Job als Barkeeper angenommen, eine Nebenbeschäftigung, die mich viel über das Leben und seine Abgründe lehrte. Als ich mich an der Journalistenschule bewarb, fragte mich einer der Prüfer, wie denn ein Negroni beschaffen sei. Als ich es ihm, auch dank Schumanns Barbuch, erklären konnte, lehnte er sich zurück und sagte: »Wenn das hier nichts wird, haben Sie ja noch einen anderen Beruf in Aussicht.« Es ist dann zum Glück doch etwas mit dem Journalismus geworden.

Charles Schumann ist heute 78 Jahre alt und wahrscheinlich der berühmteste Barkeeper der Welt. Weil er nichts davon hält, zu Hause seine Zeit zu vertrödeln, steht er nach wie vor in seiner Bar am Münchner Odeonsplatz und kümmert sich um die Gäste. Vor Kurzem habe ich ihn am Flughafen getroffen, er kam gerade aus London, wo er wieder einen Preis entgegengenommen hatte, den Industry Icon Award, verliehen von der Vereinigung »The World's 50 Best Bars«. Wir teilten uns ein Taxi in die Stadt.

Er habe ein Problem, sagte er, ob ich ihm einen Rat geben könne. Seit dem Morgen gebe es im Netz eine Kampagne, dass man ihm keine Preise mehr verleihen dürfe. Ein paar Aktivisten hatten ein Interview mit der »Japan Times« aus dem Jahr 2009 ausgegraben, in dem er gesagt hatte, dass Frauen abends nicht hinter die Bar gehörten.

Es war klar, dass der Satz nicht ganz ernst gemeint war, aber das war egal. Charles Schumann hindere Frauen, Geld in der Gastronomie zu verdienen, hieß es jetzt in dem Aufruf. Zwei Tage später veröffentlichte »The World's 50 Best Bars« eine »Entschuldigung«: Die Organisation bedaure die »Verletzungen«, die durch die Auszeichnung an Schumann entstanden seien. Man verurteile jegliche Form von »Frauenfeindlichkeit« und »Sexismus«.

Vor zehn Jahren hat der Münchner Gastronom Charles Schumann also einmal gesagt, dass er Frauen nicht raten würde, ins Bargewerbe zu gehen. Das reicht, um ihn als Feind zu markieren, den man boykottieren muss. Wenn man einen Barmenschen wie Schumann zu einem Symbol im politischen Kampf machen kann, dann kann es jeden treffen, würde ich sagen. Aber das zu demonstrieren ist ja vielleicht auch das Ziel.

Wann ist die linke Bewegung auf den Weg des Pietismus eingeschwenkt? Die Linke, mit der ich aufgewachsen bin, war stolz auf ihre Aufmüpfigkeit und ihren Widerspruchsgeist. Bei den sogenannten K-Gruppen gab es schon damals nichts zu lachen. Wer gläubiger Marxist ist, hält Ironie für ein Zeichen von Dekadenz. Aber die eigentliche Anziehungskraft der Bewegung beruhte auf dem Regelbruch, der Unangepasstheit, der Aussicht auf ein wildes, ungebärdiges Leben, das sich den Moralvorstellungen der bürgerlichen Gesellschaft verweigerte. Jimi Hendrix, »Easy Rider« und der ewige Sommer der Liebe: Das waren die Versprechen der Counterculture, nicht eine besonders strenge Befolgung der Sittengesetze. Alles, was vom wilden Leben geblieben ist, ist ein bisschen Haschisch am Abend, und auch das nur, wenn keiner zuguckt.

Die moderne Linke, jedenfalls in ihrem akademischen Teil, scheint vor allem mit der Frage beschäftigt, wie sie dafür sorgen kann, dass niemand vom rechten, also linken Weg abkommt. Ihre ganze Energie ist darauf gerichtet, dass die Menschen nicht das Falsche sagen. Oder die falschen Witze reißen. Oder die falschen Kostüme zu Halloween tragen.

Der kanadische Premierminister Justin Trudeau wurde mit 18 Jahren Verspätung dabei erwischt, dass er während seiner Studentenzeit einmal mit Turban und dunkler Schminke als Aladin verkleidet bei einem Kostümfest aufgetaucht war. Er hat sich tausend Mal entschuldigt. Trotzdem hätte ihn der Vorgang fast die Wiederwahl gekostet.

Der neue Puritanismus stellt besondere Anforderungen an den Menschen, erst recht, wenn er als einflussreich gilt. Als Philip Roth starb, der Mann, der mit den Sexszenen in »Portnoys Beschwerden« 1969 das amerikanische Establishment in Schockstarre versetzte, hieß es in einem Nachruf auf »Spiegel Online«: Philip Roth, ein bewunderter Schreiber, gut und schön, aber diese Form der Literatur, in der ein alter weißer Mann Frauen als Objekt der Begierde darstelle, gehöre der Vergangenheit an.

Ich frage mich manchmal, was im Buchregal einer aufrechten Feministin steht. Jojo Moyes wahrscheinlich oder Nicholas Sparks. Wenn man die heutigen Maßstäbe an die geforderte Harmlosigkeit anlegt, muss vieles raus, angefangen bei Goethe (er 73, sie 17), Thomas Mann (hat ständig den Kellnern auf den Hosenstall gestarrt), Bertolt Brecht natürlich (räkelte sich beim Sex gelangweilt auf dem Sofa, während ihm Helene Weigel zu Diensten war). Leider gehen Genialität und mustergültige Lebensführung selten Hand in Hand. Tatsächlich ist die Zahl der Scheusale unter Künstlern sogar relativ hoch.

Weil theoretisch alles verstörend sein kann, was sich auf dem Terrain zwischen Mann und Frau abspielt, gehen Museen dazu über, vor Räumen mit anstößigen Bildern Warntafeln anzubringen. Studenten erhalten vor der Lektüre von Textpassagen, die sie belasten könnten, sogenannte Trigger-Warnungen. Die Rechte habe ein Problem mit freier, selbstbestimmter Sexualität, hat die Feministin Margarete Stokowski dieser Tage geschrieben. Mag sein, ließe sich einwenden, aber zumindest muss man als Rechter vor dem Beischlaf nicht lange Verträge unterschreiben, um mögliche Klagen abzuwenden, wenn einer oder eine anschließend enttäuscht ist.

Manchmal frage ich mich, was dieses freudlose Leben so reizvoll macht, dass ihm eine ganze Generation von Studenten folgt. Anderseits fühlten sich auch jahrhundertelang junge Mädchen vom Klosterleben angezogen.

Wir reden viel über den Wert der Freiheit, aber in Wahrheit ist Freiheit für ängstliche Naturen eher Drohung denn Verheißung. Der Nachteil des Glücksversprechens der Siebzigerjahre war, dass es jedem Einzelnen die Verantwortung aufbürdete, sein Glück zu finden. Wer einsam zu Hause saß, weil er keinen Anschluss fand, musste es sich selbst zuschreiben, wenn das wilde Leben an ihm vorbeizog. Von dieser Last ist die nachfolgende Generation befreit. Die Freuden der Selbstkasteiung stehen jedem offen. Wer sich bei den linken Flagellanten einschreibt, muss nie fürchten, dass andernorts die bessere Party stattfindet.

Charles Schumann hat übrigens den Icon Award zurückgegeben. »Ich will ihn nicht mehr«, schrieb er auf seiner Facebook-Seite. Wenn man 78 Jahre alt ist, können einem bestimmte Dinge einfach egal sein. Das ist ein großer Vorteil des Alters.

Über einen seltenen Fall von Tourette und
die sich daraus ergebenden Schlussfolgerungen

Ich habe ein Interview mit einem Tourette-Forscher gelesen. Tourette ist diese eigenartige Krankheit, bei der die Betroffenen den unkontrollierbaren Zwang verspüren, Beleidigungen von sich zu geben oder anzügliche Gesten zu machen. Sie stehen im Supermarkt und rufen unvermittelt »Arschloch« oder »Wichser«. Manche zucken auch mit dem Kopf oder mit den Armen, was ebenfalls sehr unangenehm sein kann.

In der Öffentlichkeit führten Tourette-Kranke lange eine Randexistenz. Das hat sich geändert. Auf der Bühne, im Fernsehen und in den sozialen Medien begegnet man immer öfter Menschen, die an dieser Störung leiden. Oder das jedenfalls von sich behaupten. Der Tourette-Experte Professor Alexander Münchau von der Universität Lübeck berichtete in dem Interview, dass die öffentliche Präsenz auch deshalb zugenommen habe, weil es immer mehr Fälle von »Pseudo-Tourette« gebe. Eine wachsende Zahl von Menschen würde so tun, als ob sie unter dem Syndrom litten.

Ich wäre nie auf die Idee gekommen, dass man Tourette vortäuschen könnte. Was bezwecken die Leute damit? Wenn man Mitleid erregen will, finden sich einfachere Wege, sollte man meinen. Man kann zum Beispiel so tun, als ob man an einem seltenen Gendefekt leidet oder an einer Krebserkrankung. Falscher Krebs hat zumindest den Vorteil, dass man nicht dauernd in peinliche Situationen gerät. Ich stelle es mir auch furchtbar anstrengend vor, den ganzen Tag zwanghaft Beschimpfungen ausstoßen zu müssen. Das ist wie Tinnitus, nur dass ihn alle hören. Aber wenn man Professor Münchau glauben kann, finden es manche Menschen so attraktiv, dass sie sogar Videos davon drehen und auf YouTube stellen.

Ich glaube, der eigentliche Kick besteht darin, einer Minderheit anzugehören, in diesem Fall einer sehr exklusiven. Je ausgefallener die Krankheit, desto größer die Anteilnahme. Irgendein Leiden hat heute jeder. Aber eine Störung, bei der man von außergewöhnlichen Tics heimgesucht wird? Da ist einem die Aufmerksamkeit sicher.

Wir leben in minderheitsbewussten Zeiten. Oder sollte man besser sagen: minderheitsbesessenen?

Über Jahrhunderte strebten die Menschen danach, als möglichst normal zu gelten. Total gestrig. Kaum etwas gilt mittlerweile als so stigmatisierend wie die Zugehörigkeit zur Mehrheit. Wer Durchschnitt ist, also weiß, etwas älter und ohne Vorfahren, die aus fremden Ländern nach Deutschland gekommen sind, sitzt schnell auf der Anklagebank. Es heißt dann, man sei »privilegiert«. Als »privilegiert« gilt im Prinzip jeder, der nicht mindestens ein Minderheitenmerkmal geltend machen kann. Zur Not geht das weibliche Geschlecht als Ausweis durch, auch wenn Frauen in der Bevölkerung rechnerisch immer noch die Mehrheit stellen. Darüber wird zum Glück hinweggesehen.

Schwer zu sagen, wann der Aufstieg der Minderheit von der Randgruppe zur kulturellen Leitinstanz begonnen hat. Ich erinnere mich noch gut, wie wir in meiner Schulzeit Anfang der Achtzigerjahre rosa Winkel an den Parka steckten, um Solidarität mit der gerade erwachenden Schwulenbewegung zu zeigen. Schon als 17-Jährige hatten wir ein klares Gefühl, dass es nicht besonders heroisch ist, wenn man aus einem Mittelschichtshaushalt in Hamburg-Wellingsbüttel stammt. Da konnte ein Flirt mit dem Leben am Rande der Gesellschaft nicht schaden, auch wenn man selbst nie auf die Idee gekommen wäre, diesem Leben über die Koketterie hinaus näherzutreten.

Eine Minderheit, die heute besonders entschieden auftritt, sind junge, aktivistisch veranlagte Migrant*innen. Der Durchschnittsdeutsche firmiert in diesem Milieu als »Kartoffel«, was man als Kartoffeldeutscher aber nicht persönlich nehmen sollte. Wie bei allen sozialen Gruppen gibt es Unterschiede. Auch die Minderheit hat ihre Aristokratie. Die Stellung innerhalb der Gruppenhierarchie bemisst sich nach dem Grad der Exotik. Wer aus Polen stammt, steht eher am unteren Ende der Minderheitenleiter. Polen ist migrationstechnisch das, was der Discounter im Handel ist: ehrlich, aber unsexy. Deutlich besser sieht es aus, wenn man auf einen türkischen oder arabischen Elternteil verweisen kann. Die Stars der Bewegung hingegen sind die PoC.

Ich fürchte, nicht wenige Leser werden das für ein exotisches Gemüse halten, wie man es in der asiatischen Küche verwendet. Da sich diese Kolumne der Aufklärung verpflichtet fühlt, deshalb der Hinweis: PoC steht für »People of Color«. Ich weiß, was der eine oder andere jetzt einwenden will: Der Verweis auf die »Farbe« von Menschen klingt fragwürdig, nur sehr alte Menschen sprechen heute noch von »Farbigen«. Aber so ist es jetzt entschieden. Wer ganz korrekt ist, sagt übrigens PoCI – People of Color and Indigenous Origin, also Personen von Farbe und ursprünglicher Herkunft.

Um als Minderheitenfeind zu gelten, ist es völlig unerheblich, für wie aufgeschlossen man sich selbst hält. Als wegweisend kann hier ein Buch der Journalistin Alice Hasters gelten, das in der Szene gerade gefeiert wird und den Titel »Was weiße Menschen nicht über Rassismus hören wollen« trägt. Die Lösung, die die Autorin darin anbietet, ist so einfach wie naheliegend: Erst wenn alle weißen Deutschen anerkennen, dass sie Teil eines rassistischen Systems sind, wird der Weg frei zu einer Welt ohne Rassismus.

Theoretisch strebt jede Minderheit danach, Anschluss an die Mehrheitsgesellschaft zu finden. Der Grundgedanke der Emanzipation ist ja, dass man seine Sonderexistenz aufgibt und im wahrsten Sinne Mainstream wird. Leider verliert man damit auch die Vorteile, die der Minderheitenstatus mit sich bringt.

Ein Kollege von mir ist knallschwul. Er hat nie ein Hehl aus seiner sexuellen Orientierung gemacht. Trotzdem würde er nie sagen, er sei deshalb nicht Ressortleiter geworden, weil er schwul ist. Das ist für mich Emanzipation: Wer sich als selbstverständlicher Teil der Gesellschaft empfindet, wird den Grund für Rückschläge oder Karriereenttäuschungen in der Gemeinheit seiner Vorgesetzten sehen, vielleicht auch in persönlichen Defiziten, aber jedenfalls nicht in der Vorurteilsstruktur des Systems, das ihn nicht hochkommen ließ, weil er anders ist.

Es ist sicher kein Zufall, dass sich das Bild der Schwulen in der linken Szene verändert hat. Viele Schwule sind wie mein Kollege: weiß, relativ gut verdienend, körperbewusst und, was die Masseneinwanderung junger Männer aus extrem schwulenfeindlichen Gesellschaften angeht, eher skeptisch. Auf die Solidarität der linken Mitstreiter von einst kann mein Kollege nicht mehr setzen. Tatsächlich gelten Leute wie er als Verräter.

Es gibt für Schwule wie ihn ein neues Schimpfwort. Man spricht im progressiven Milieu vom »Homonationalismus«. Klingt noch schlimmer als Nationalismus. Wie gut, dass ich nur weiß und privilegiert bin.

Über Schwierigkeiten im Kontakt
zu einfachen Menschen

Der Journalist Hasnain Kazim hat auf Twitter eine Empfehlung zum Umgang mit AfD-Wählern abgegeben. »Es geht nicht darum, AfD-Wählerinnen und AfD-Wähler zu ›erreichen‹«, schrieb er. »Es geht darum, sie auszugrenzen, zu ächten, sie kleinzuhalten, ihnen das Leben schwer zu machen, sie dafür, dass sie Neonazis und Rassisten den Weg zur Macht ebnen wollen, zur Verantwortung zu ziehen.« 448 Menschen versahen den Beitrag spontan mit einem Herzen.

Am Tag zuvor hatte der Deutschlandfunk einen Kommentar gesendet, in dem der Kommentator seine Zuhörer aufforderte, mehr Hass auf AfD-Anhänger zu entwickeln. »Wir müssen wieder hassen lernen – und zwar richtig«, empfahl er. »Wer glaubt, dass Hass generell von gestern ist, der glaubt auch an die Unumkehrbarkeit der Geschichte und der demokratischen Zivilisierung. Dass dieser Glaube ein Irrglaube ist, wenigstens diese Einsicht sollte sich inzwischen durchgesetzt haben.«

Vor Kurzem bekam man für ein Buch mit dem Titel »Gegen den Hass« noch den Friedenspreis des deutschen Buchhandels, heute gilt man damit in einem Teil der Szene als Verräter. Sicher, man kann jetzt einwenden: Wer sind schon Hasnain Kazim oder Jens Balzer, der Mann im Deutschlandfunk? Aber das hieße, die veränderte Stimmungslage zu unterschätzen. Wenn ich mich nicht sehr täusche, stehen die zitierten Texte für eine Haltung, die sich links der Mitte inzwischen großer Zustimmung erfreut.

In Wahrheit sind die Aufrufe zu mehr Hass ein Eingeständnis des Scheiterns. Wer davon träumt, sechs Millionen Wähler zu ächten, hat den politischen Kampf aufgegeben, wäre meine Schlussfolgerung. So jemandem bleibt nur, den »Nazi-Notstand« auszurufen, wie es die Stadt Dresden getan hat. Wenn man die Rechte zu einer Art Naturgewalt erklärt, vergleichbar der Erderwärmung, kann am Ende nur noch eine höhere Macht helfen, nicht mehr die Politik. Ist für eine politische Bewegung eine größere Bankrotterklärung denkbar?

Seit es die Neue Rechte gibt, ringt man links der Mitte mit der Frage, was man tun sollte, um ihren Aufstieg zu verhindern. Man hat jeden als Nazi oder Nazi-Sympathisanten bezeichnet, der nicht schnell genug »Antifa« rufen konnte. Man hat auf Buchmessen Quarantänezonen eingerichtet, um unerwünschte Verlage zu isolieren. Man hat Podien boykottiert und fleißig Blocklisten angelegt.

Selbst der Kabarettist Dieter Nuhr gilt in bestimmten Kreisen inzwischen als so rechts, dass man sich mit ihm besser nicht mehr an einen Tisch setzt, wie ich neulich bei einer Veranstaltung erfahren habe. Was die Selbstvergewisserung angeht, mögen die Ächtungsversuche erfolgreich gewesen sein. Insofern sie aber darauf abgezielt haben sollten, die Rechte kleinzuhalten, muss die Strategie als spektakulär gescheitert gelten.

Die Unbeholfenheit der Linken im Umgang mit der Konkurrenz resultiert aus einem Missverständnis. Bis heute hält sich hartnäckig die Vorstellung, dass es sich bei den Anhängern der neuen Bewegung um Menschen handeln würde, die mit der Globalisierung haderten, weshalb sie auf alles allergisch reagierten, was sie mit Globalisierung verbänden, Ausländer und Muslime zuallererst. Nur langsam setzt sich die Einsicht durch, dass es sich bei dem Aufstand von rechts nicht in erster Linie um einen sozialen Aufstand handelt, sondern um einen kulturellen.

Sollte man zusammenfassen, was die Wähler der AfD eint, dann ist es das Gefühl, gegen »die da oben« zu stehen, wobei mit »die da oben« nicht die wirtschaftliche Elite gemeint ist. Gemeint ist die Schicht von Leuten, die in den Medien, der Kultur und den Hochschulen dominierend sind, also genau dort, wo das rot-grüne Milieu besonders verankert ist. Das ist eine schmerzliche Erfahrung für die Linke, die sich ja bis heute als Anti-Establishment versteht. Dass man exakt zu den Leuten gezählt wird, gegen die man doch immer angekämpft hat, nämlich zu den Herrschenden, ist möglicherweise eine Erklärung, warum es so schwerfällt, die Natur des Protestes zu verstehen.

Kulturell abgehängt kann man sich auch mit 100 000 Euro auf dem Konto fühlen. Die Zugehörigkeit zur Klasse derjenigen, die den Ton angeben, bemisst sich nicht am Einkommen, sondern daran, ob man die Codes beherrscht, die eine Zugangsberechtigung signalisieren. Was hat man sich nicht darüber lustig gemacht, dass sich Trump-Wähler aus den Redneck-Staaten ausgerechnet in einem Baulöwen aus New York wiedererkannten. Trump, ein Außenseiter, hahaha, hieß es: Schaut doch nur, wie der lebt. Tatsächlich ist Trump genau das, ein radikaler Außenseiter. Ich war lange genug in New York, um beurteilen zu können, wie tief die Verachtung der Elite für den Talmi-König schon vor seinem Umzug ins Weiße Haus reichte.

Von den sogenannten einfachen Menschen hat man links der Mitte eher romantische Vorstellungen, so nahe kommt man sich in der Wirklichkeit ja nicht. So wie sich die Intelligenz den einfachen Menschen vorstellt, ist er ein vielleicht etwas ungelenker, aber dafür mit einem Herzen aus Gold gesegneter Vertreter, der sich nichts sehnlicher wünscht als Bildung, um seiner unverschuldeten Unmündigkeit zu entkommen. Groß ist der Schock, wenn man unter den Wohlmeinenden feststellen muss, dass die Leute, die man an die Sonne der Aufklärung heranführen möchte, daran gar nicht interessiert sind. »Deplorables« hat Hillary Clinton die Zurückgebliebenen genannt, die Kläglichen. Gibt es ein besseres Wort, um die Verachtung zu beschreiben?

Ich habe neulich einen Bühnenabend mit Christian Ude bestritten, dem langjährigen Münchner SPD-Oberbürgermeister. Wir kamen dabei auch auf den Aderlass zu sprechen, den die Sozialdemokratie vor allem im Westen nach rechts erlitten hat. Er sei sich nicht sicher, ob die SPD die Leute, die sie an die AfD verloren habe, überhaupt zurückhaben wolle, sagte Ude. In Wahrheit habe man sich doch immer für diese Menschen geschämt, ihre als nicht fortschrittlich genug empfundenen Ansichten, ihr aus linker Sicht anstößiges Verhalten.

Ich fürchte, Ude hat recht, wenn er glaubt, dass viele auf der Linken insgeheim froh sind, die falschen Wähler los zu sein. In der SPD sind sie jetzt deutlich weniger, aber dafür sind die Verbliebenen alles anständige Menschen, die noch morgens um drei fehlerlos aufsagen können, wofür die Abkürzung LGBTQIA steht oder was ein Cis-Mann ist.

Ude hat übrigens jedes Mal mit weitem Abstand vor seinem Herausforderer gewonnen, das letzte Mal mit 66,8 Prozent der Stimmen. Er gehörte noch zu den Linken, die sich nicht für ihre Wähler geschämt haben. Sie haben es ihm mit Mehrheiten gedankt.

Über Solidarität mit Meghan und Harry und
warum Geld allein auch nicht glücklich macht

Eine feste Größe in der Berichterstattung der bunten Blätter ist die reiche, aber unglückliche Frau, die unter den Umständen leidet. Sie mag Millionen auf dem Konto haben und mehr Adelstitel besitzen als andere Leute Unterhemden: Wenn es ums Lebensglück beziehungsweise -unglück geht, ist sie nicht besser dran als du und ich, also ganz nah bei den Lesern.

Das ist selbstredend Quatsch, wie alles, was auf Sentimentalität beruht. Aber es ist tröstlicher Quatsch, deshalb verkauft er sich. Meine linken Professoren hätten gesagt, dass die Regenbogenpresse den Leuten ihre bunten Geschichten unterjuble, damit sie die Machtverhältnisse nicht infrage stellten. Das war vielleicht etwas zu marxistisch gedacht. Sie können sich trotzdem mein Erstaunen vorstellen, als ich jetzt ausgerechnet beim »Spiegel« auf die linke Version der Herzblatt-Geschichte stieß.

Für jeden klarsichtigen Menschen ist der Privatisierungsentschluss des Herzogs und der Herzogin von Sussex die Folge einer Fehlkalkulation bei der Eheschließung. Für den »Spiegel«-Redakteur Jonas Schaible ist der Rückzug der beiden nach Kanada eine »Botschaft der Selbstfindung, Emanzipation, aber auch der nicht-weißen Vielfalt«, wie es im schönsten Proseminarjargon in einer »Analyse« hieß, die anlässlich der Umzugsankündigung online ging.

Bündnispartner bei dem Ausbruchsversuch seien nicht die traditionellen Fans des Königshauses, von denen wenig Verständnis zu erwarten sei, ließ der Autor seine Leser wissen. Alliierte seien vielmehr alle, »die nicht in die alten Strukturen der britischen Gesellschaft passen«: Schwarze, Muslime, Frauen, Einwanderer, kurzum diejenigen, die »die Selbstermächtigung eines jeden und einer jeden über das Anspruchsdenken der anderen stellen, die sich von den auferlegten Lebenswelten emanzipieren wollen, die für Antirassismus und Feminismus eintreten«.

Ich bin vor Lachen fast vom Stuhl gekippt, als ich das las. Harry und Meghan als Hoffnungsträger aller Diskriminierungsopfer? Wenn es jemanden gibt, der sich vor Bewunderung nicht retten kann, dann doch das britische Adelspaar. Es gibt auch nicht viel, was Meghan und Harry mit, sagen wir, einer polnischen Putzfrau oder einem rumänischen Klempner auf der Insel verbindet, außer dass die einen die Steuern zahlen, von denen die andern ihre Häuser renovieren lassen. Aber so nüchtern können selbst linke Journalisten die Dinge im Meghan-Rausch nicht sehen.

In Wahrheit ist der Megxit die Geschichte eines Missverständnisses. Eine junge Frau aus Hollywood verliebt sich in einen Prinzen. Als er ihr die Ehe anträgt, glaubt sie, Disney würde wahr. Dass das Leben als Royal eine endlose Abfolge von Repräsentationsterminen bedeutet, das hat ihr keiner gesagt – oder sie wollte es nicht hören. Morgens Altenheim, mittags Veteranenverband, danach Besuch im Krankenhaus, um den Moribunden Zuspruch zu spenden: So zieht es sich dahin. Dazu eine Presse, die jeden Protokollverstoß hämisch kommentiert. Kein Wunder, dass man da als Hollywood-Aktrice schlecht drauf kommt.

Ich habe die Linke immer für ihren klaren ökonomischen Blick auf die Welt geschätzt. Wer in Interessenlagen denkt, ist relativ immun gegen Sentimentalismus und falsche Solidarität. Leider gibt es die marxistisch geschulte Linke, die in Interessengegensätzen zu denken vermochte, kaum noch. An ihre Stelle ist eine akademische Linke getreten, der die Frage nach der Zugehörigkeit wichtiger ist als jede Klassenfrage.

Was heute unter dem Begriff »Identitätspolitik« läuft, ist die Aufgabe ökonomischer Kategorien zugunsten von psychologischen. Statt danach zu fragen, wie man für materiellen Ausgleich sorgen kann, kümmert man sich lieber darum, dass jeder sich wertgeschätzt und anerkannt fühlt. Das hat kurzfristig politisch durchaus Vorteile. Anerkennung ist leichter zu organisieren als materieller Aufstieg. Es reicht, dass man die richtigen Worte findet oder Anteilnahme zeigt, wenn jemand es schwer im Leben hat. Billiger ist Fortschritt nicht zu haben, würde ich sagen. Mit den entsprechenden Postings bei Facebook oder Instagram wird selbst die millionenschwere Glamour-Amsel zum Emanzipationssymbol – oder wie es heute heißt: zu einer Botschafterin der »Selbstermächtigung« und »Selbstverortung«.

Der Nachteil des Strategiewechsels ist allerdings ebenfalls evident. Den Erfolg klassischer Sozialpolitik konnte man am Haushaltseinkommen ablesen und, wenn es gut lief, an den Studienabschlüssen der Kinder. Kultureller Fortschritt ist sehr viel schwerer zu ermessen. Wann kann die schwarze, lesbische Frau muslimischen Glaubens von sich sagen, dass sie in der Mitte der Gesellschaft angekommen ist? Wenn niemand sie mehr fragt, wo sie herkommt? Oder wenn die Zahl schwarzer, lesbischer Musliminnen in Vorstandsetagen dem Anteil an der Gesamtbevölkerung entspricht?

Gleichberechtigung ist als politisches Programm unendlich, deshalb wächst der Bedarf ja auch mit dem Bemühen um mehr Gerechtigkeit. Es ist kein Zufall, dass noch nie so viel über Benachteiligung geklagt wurde, obwohl sich die Lage von Minderheiten über die letzten 30 Jahre entscheidend verbessert hat.

Vermutlich ist die Vernachlässigung der Klassenfrage der zentrale strategische Fehler der Linken, weil Identitätspolitik ein Gefühl der Solidarität annimmt, das so nicht existiert. Die traditionelle Klientel mag in Wahrheit nicht einsehen, warum sie Mitleid mit Leuten haben soll, deren Lebenswirklichkeit himmelweit von der eigenen entfernt ist.

Nicht jede Verkäuferin zerfließt in Tränen, wenn sie vom Schicksal einer migrantisch bewegten Soziologiestudentin hört, deren größtes Problem im Leben es ist, dass sie öfter danach gefragt wird, woher sie denn stamme. Manche Verkäuferin würde gerne mal auf ihren Namen oder ihre vermutete Herkunft angesprochen. Es wäre eine nette Abwechslung in einem ansonsten relativ monotonen Arbeitsalltag.

Ich bin erklärtermaßen Fan des britischen Komikers Ricky Gervais. Bei einer seiner Golden-Globe-Moderationen hat er die Schauspielerin Jennifer Lawrence aufs Korn genommen, die gerade mit der Forderung nach »Equal Pay« die Herzen der Presse erobert hatte. »Sie bekam Unterstützung von Leuten von überallher«, sagte Gervais. »Es gab Demonstrationen von Krankenschwestern und Fabrikarbeitern, die sich fragten: Wie, in Gottes Namen, kann eine 25-Jährige nur von 52 Millionen Dollar im Jahr leben?«

Als er dieses Jahr wieder an der Reihe war, endete Gervais seine Moderation mit der Bitte an die Gäste, sich ihre Preise abzuholen und dem Fernsehpublikum ansonsten Kommentare oder politische Statements zu ersparen. »Ich mache mich nicht über Hollywoods Millionäre her, weil sie ein Haufen Linker sind. Ich bin selbst ein Linker«, erklärte er im Anschluss. »Ich habe sie mir vorgenommen, weil sie ihre linken Überzeugungen wie Orden vor sich hertragen.«

Über Protestkultur und den Nutzen einer späten Marx-Lektüre:
Ein Gespräch mit dem Achtundsechziger Mathias Greffrath

Herr Greffrath, was hätte Karl Marx zu dem Aufstand von rechts gesagt, den wir überall in Europa beobachten können?

Marx hätte gesagt: Einer der drei Ausgänge aus dem Kapitalismus ist die Sozialdemokratie. Also eine Art Klassenkampfkompromiss, bei dem die Verteilung der Anteile von Lohnarbeitern und Kapitalisten am Wachstum geregelt ist. Seit dem Beginn der Wachstumsschwäche in den Siebzigerjahren funktioniert das leider nicht mehr so richtig. Man hat die Lohnkosten gesenkt, um wieder Wachstum zu schaffen, aber das Einzige, was gestiegen ist, sind die Profite. Jetzt sind einige Leute verständlicherweise sauer, weil sie gemerkt haben, dass sie über 20 Jahre betrogen wurden. Sie wünschen sich, es könnte wieder so werden wie früher.

Das beantwortet aber noch nicht die Frage, warum sich so viele Menschen nach rechts wenden und nicht, wie von Marx eigentlich vorgesehen, nach links.

Die linke Antwort, die nicht national ist, sondern internationalistisch, ist immer die schwierigere. Die Linke kann oder will nicht sagen: Macht die Grenzen dicht, lasst uns die Globalisierung beenden. Dafür ist sie dann doch zu moralisch. Außerdem versteht sie zu viel von den ökonomischen Gesetzen. Deshalb weiß sie, dass es den Weg zurück nicht gibt. Die nationale Regression würde in die kollektive Verarmung führen. Es gibt diesen schönen Satz von George Orwell: Vielleicht wird sich der englische Arbeiter an den Gedanken gewöhnen müssen, dass er nicht mehr der arme, ausgebeutete Knecht ist. Viele Dinge, die uns heute selbstverständlich erscheinen, verdanken wir Reichtumsquellen, die außerhalb Europas liegen.

Der Chef der Heinrich-Böll-Stiftung in Washington, Bastian Hermisson, hat in einem Vortrag auf dem Parteitag der Grünen gesagt: Wir haben die Arbei-

termittelschicht wie eine kulturelle Unterschicht behandelt, indem wir ihre Lebensweise und ihre Wertvorstellungen für rückständig erklärt haben. Vielleicht gehen die Leute nicht wegen der ökonomischen, sondern wegen der kulturellen Abwertung auf die Straße.

Bruce Springsteen lässt in seinem Lied »Youngstown« einen alten Stahlkocher sagen: Wir haben die Panzer gegen Hitler gebaut, wir haben unsere Söhne nach Vietnam geschickt, und jetzt kommt ihr und sagt: Tut uns leid, die Welt hat sich geändert, und ihr kennt nicht mal mehr unseren Namen. Die Basis der Wut ist die Ökonomie, aber die Missachtung ist die Glut, die sie zum Zünden bringt.

Wenn das Volk nicht so will wie vorgesehen, neigt die Linke zu Spott und Verachtung. Das ist nicht sehr klug, wenn man Menschen für sich gewinnen möchte.

Nicht die Linke neigt zur Verachtung, es gibt linksliberale Journalisten, die dazu neigen. Jakob Taubes sagte immer: »Seid schlau, bleibt beim Überbau.« Es ist kein Wunder, dass der Anteil derjenigen, die für das bedingungslose Grundeinkommen streiten, unter arbeitslosen Kulturwissenschaftlern besonders hoch ist. Die können sich ein Leben mit 900 Euro, ein paar Reclam-Heftchen und ab und zu einem Konzertbesuch gut vorstellen. Das ist für jemanden, der am Band oder an der Ladenkasse steht, keine Perspektive. Dem fehlen die kulturellen Ressourcen dafür.

Dass das revolutionäre Subjekt im Klassenkampf so oft enttäuscht, ist das bei Marx vorgesehen?

Vom Arbeiter als revolutionärem Subjekt zu sprechen hat 1848 noch Sinn ergeben, als die Arbeiter Berlins dafür sorgten, dass es einen Schritt in Richtung Dreiklassenwahlrecht ging. Aber spätestens ab 1895, als selbst Friedrich Engels klar war, dass der Weg in die sozialdemokratische Verbesserung der Welt führt, war der Begriff obsolet.

Joschka Fischer und andere Revolutionäre sind 1970 in die Opel-Werke gegangen, um den Arbeiter zum Klassenkampf anzustacheln.

Ich habe das schon damals für die romantische Reprise von Bürgerkindern gehalten, die der fixen Idee anhingen, dass die Geschichte irgendwann eine falsche Wendung genommen hat, weil ein Schwein vor 1933 die Weiche falsch gestellt hatte, und sie glaubten, man könne das korrigieren, indem man zu dem Punkt zurückführe, an dem die Weiche falsch gestellt worden war. Die einen haben sich dann als Trotzkisten kostümiert, die anderen als Stalinisten, und ein paar sind zu den Sozialdemokraten gegangen, was den gewaltigen Nachteil hatte, dass die SPD schon damals als kreuzlangweilig galt und die schöneren Mädchen bei der Konkurrenz waren.

Die bei den Sozialdemokraten haben später dann die Agenda ausgeheckt.

So ist es halt in der Politik. Man geht mit viel Schwung rein, dann fährt man in den Sandberg, und irgendwann ist man entweder müde oder korrumpiert.

Sie haben anlässlich des 150. Geburtstags des »Kapitals« einen Band vorgelegt, in dem Sie und eine Reihe weiterer Autoren examinieren, was an den darin ausgebreiteten Ideen noch taugt. Warum lohnt sich heute die Marx-Lektüre?

Marx durchlüftet den Kopf. »Mehrwert«, »Lohnarbeit«, »Entfremdung«, das sind alles Begriffe, die helfen, hinter die Phänomene zu blicken. Wer keine Begriffe hat, der wird auch nie in der Lage sein, die Welt zu sehen, wie sie ist. Marx hat sich schon über die Konsequenzen eines fehlgeleiteten Konsums Gedanken gemacht, als es noch nicht mal in Ansätzen ein Umweltbewusstsein gab, einfach weil er die Dinge zu Ende dachte.

Viele der Aufsätze durchzieht ein Ton des Missmuts. Wenn der Mensch nicht mehr gegen die Verelendung ankämpfen muss, dann ist es der Konsumdruck, der auf ihm lastet. Heute litten wir unter »hochgeschraubten Konsumnormen«, heißt es an einer Stelle. Warum sind Marxisten so vernarrt in den Untergang?

Marx wäre der Letzte gewesen, der bestritten hätte, dass der Kapitalismus den Wohlstand ins quasi Unermessliche steigern kann. Ich sehe zwar nicht wirklich den Vorteil, zwischen 80 Joghurtsorten im Supermarktregal auswählen zu dürfen, aber das ist kein Punkt der Kritik. Entscheidend ist die Frage: Genügt diese Gesellschaft, die so reich ist, den eigenen Kriterien, was Fairness, Gleichheit, Gerechtigkeit angeht? Und da, würde ich sagen, leben wir nicht über, sondern weit, weit unter unseren Verhältnissen.

Wenn man den Leuten predigt, dass das System verrottet sei und die Demokratie eine Farce, dann muss man sich nicht wundern, wenn sie es irgendwann glauben. Ihr Pech ist, dass die Nutznießer dieser Rhetorik heute auf der anderen Seite des politischen Spektrums sitzen.

Aber da kann der Marxismus doch nichts dafür. Es ist schlicht eine Tatsache, dass der Parlamentarismus in den Nationalstaaten nicht mehr funktioniert. Oder dass wir eine kapitalistische Durchforstung der Großstädte erleben, die dazu führt, dass nur noch Doppelverdiener dort wohnen können. Auf die bloße Predigt hin, dass es bergab geht, stellt sich keiner auf die Straße, da müssen schon reale Erfahrungen hinzukommen.

Sie sind als ehemaliger Achtundsechziger selbst Bewegungsteilnehmer. Kommt Ihnen nicht vieles bei der neuen Rechten bekannt vor? Da ist die Protestkultur, in der sich unterschiedlichste Strömungen zusammenfinden; der Kampf gegen die Elite, die das Volk verrät; die Klage über die Konzernpresse, die immer nur schreibt, was den Mächtigen gefällt.

Also erstens hätten wir nicht »Volk« gesagt. Und wenn zwei etwas tun, was gleich aussieht, heißt das noch nicht, dass es auf dasselbe hinausläuft. »Entwendungen aus der Kommune« hat Ernst Bloch diese Aneignung der Ausdrucksformen der Linken durch die Rechten genannt. Die antikapitalistische Rhetorik wird ja selbst von Donald Trump benutzt, aber mit Sicherheit nicht, um kapitalistische Strukturen abzuschaffen.

Sie würden also nicht sagen, dass die rechten Provokateure illegitime Verwandte der Aufrührer von 1968 sind?

Das sind Gegner, die sich unsere Fahne geklaut haben, so wie auch die Textilindustrie irgendwann die Fahnen und Symbole der Hippies geklaut hat. Wie das bei Symbolklau so ist, bleibt die Aneignung allerdings meist an der Oberfläche.

Wenn Marx hier mit uns säße, wäre er nicht bass erstaunt, dass der Kapitalismus noch immer pumperlgesund ist, entgegen allen Vorhersagen des nahenden Endes?

Nee, Marx würde sagen: Also ihr beiden, ihr könnt jetzt noch eine Weile so weiterleben, aber ich war gerade in Afrika, da sieht es ganz anders aus. Ihr und die Afrikaner seid Teil einer Welt. Das ist euch irgendwie auch bewusst, weil ihr ja das Zeug konsumiert, das von da kommt, und im Gegenzug eure Schweinehälften nach Afrika exportiert, auch so eine komische Sache. Ihr seid in ein und demselben System gefangen, und wenn ihr nicht begreift, was das bedeutet, dann wird es für euch sehr unangenehm werden.

Er würde also zugestehen, dass es, vorausgesetzt, man kümmert sich um das afrikanische Problem, noch mal 150 Jahre so weitergehen kann?

Aber sicher. Dieser Kapitalismus ist so dynamisch, der produziert sogar Klopapier in sieben Geschmacksvarianten und eine Heimzapfanlage für jedes Wohnzimmer. Ich konnte mir nicht vorstellen, würde unser wiedergeborener Marx sagen, dass die Menschen sich lieber fürs Heimzapfen entscheiden, anstatt spazieren zu gehen oder mit ihren Kindern zu spielen. Offensichtlich hat der Kapitalismus es geschafft, Bedürfnisse zu wecken, an die ich noch nicht gedacht habe. Aber diese Bedürfnisse sind jetzt um die Welt gewandert. Das heißt, die Heimzapfanlage will nicht nur der deutsche Proletarier in Wanne-Eickel, sondern bald auch der indische Proletarier in Kalkutta, dank der Chinesen, die sie für alle herstellen.

Seine besondere Ausstrahlungskraft verdankte der Marxismus immer der Gewissheit seiner Geschichtstheologie. Wie konkret ist bei Marx die Idee eines sozialistischen Endreichs?

Der Kapitalismus war erst am Anfang, die Skizze ist deshalb notgedrungen abstrakt. Man findet im »Kommunistischen Manifest« den Hinweis auf eine Gesellschaft, in der die Freiheit des Einzelnen die Bedingung der Freiheit aller sei. Die Kommunisten haben das eine Zeit lang leider umgekehrt gelesen.

In der »Deutschen Ideologie« heißt es über das wahre Gesellschaftsglück, dass man morgens Jäger, nachmittags Fischer und abends Kritiker sein werde.

Das ist eine romantische Idee von der Ganzheit der entwickelten Persönlichkeit. Marx war ja der Überwinder und Vollender des deutschen Idealismus. Abends wurde bei ihm Balzac gelesen und Shakespeare mit verteilten Rollen aufgeführt. Wenn Sie so wollen, ist hier die Aufhebung einer Arbeitsteilung angedeutet, die einen verstumpft und verblödet.

So wie die marxsche Utopie von ihren Adepten ausbuchstabiert wurde, ist die Idealgesellschaft eine, in der soziale Unterschiede weitgehend eingeebnet sind.

Marx war kein Naivling. Er wusste, dass man nicht alle Unterschiede ausgleichen kann. Auch im Sozialismus wird es noch Probleme geben, das ist klar, aber das werden menschliche Probleme sein. Auch was das berühmte obere eine Prozent angeht, war er kein Moralist. In der Einleitung zum »Kapital« steht: Es geht nicht darum, dass der Kapitalist böse ist, es geht darum, die Strukturen aufzuzeigen, die ihn zwingen, Dinge zu tun, die anderen Leuten schaden.

Kann man Marx lesen, ohne im Kopf zu haben, was seine Jünger in der Umsetzung seiner Theorie an Gesellschaftsexperimenten folgen ließen?

Bei Marx steht am Schluss seiner Überlegungen eine Mahnung: Wenn ihr euch nicht zusammenschließt, organisiert, vor allem bildet, werdet ihr nur eine unterschiedslose Masse armer Teufel sein, denen keine Erlösung helfen kann. Das heißt, auf dem Weg hin zu einer sozialistischen Gesellschaft ist es erforderlich, dass Menschen Politik machen. Und für deren Ausgang gibt es keine Garantien, die passiert unter dem offenen Himmel der Geschichte. Das ist Marx. Für das Scheitern und das Grauen in der Sowjetunion, die ja kein entwickeltes kapitalistisches Land war, kann man alle möglichen Leute verantwortlich machen, aber mit Sicherheit nicht den Autor des »Kapitals«.

Die Idealgesellschaft der AfD ist interessanterweise ebenfalls eine, in der Unterschiede als Problem gesehen werden, in diesem Fall nicht die sozialen, sondern die kulturellen.

Der Einzige bei der AfD, der nach meiner Meinung eine Vorstellung von einer Idealgesellschaft hat, ist der Alexander Gauland. Ich habe mich mit ihm in den Neunzigern öfter getroffen, weil man sich mit ihm ganz gut unterhalten konnte. Der hatte schon damals den Tick, dass wir Eliten brauchen, die wie englische Lords angezogen sind und ihre Untertanen anständig behandeln. Diese Wiedergeburt des britischen Landlebens um 1800 ist die einzige Utopie, die ich in dieser Partei gefunden habe. Die anderen wollen einfach, dass Afrika draußen bleibt und der deutsche Kapitalismus schnurrt.

Sie haben der Rechten die Regression ins Nationale vorgeworfen. Im grünen Milieu gibt es den Traum von einer Welt, in der nichts mehr raucht und lärmt und in der die Industrie auf die Größe eines Manufactum-Betriebs geschrumpft ist. Ist diese Form der Idylle nicht auch eine ziemlich regressive Idee?

Sie wäre vor allem naiv. Diese Art von Luxus funktioniert nur auf der Basis einer Gesellschaft, in der die ökonomische Frage geklärt ist. Mit dem Land Rover am Wochenende 300 Kilometer fahren, die Fahrräder obendrauf, um auf dem Bauernhof die Biokarotte selbst aus dem Boden zu holen: Das muss man nicht niedermachen, aber das ist gesellschaftlich kein Ausweg.

Ihr ehemaliger Mitstreiter Thomas Hoof hat unter dem Satz »Es gibt sie noch, die guten Dinge« das florierende Handelsunternehmen Manufactum aufgebaut. Dann verlegte er den rechten Krawallautor Akif Pirinçci.

Deshalb lasse ich den Manufactum-Tisch auch vom Tischler fälschen. Ist auch gut 2000 Euro billiger.

Der Wunsch nach Abschottung äußert sich im linken Milieu nicht in der Losung »Grenzen dicht!«, sondern in der Parole: »Schützt unsere Kieze!«

Ach Gott, das Unbehagen an der Moderne, das geht doch durch uns alle durch. Der Wunsch nach einem unverfälschten Umgang mit der Natur, mit Dingen und Menschen, das ist der Luxus, der am Ende steht. Die rechten Spinner meinen, man könne dahin zurück, indem wir die Welt aussperren. Die Sozialisten sagen: Wir brauchen die Industrie, wir brauchen die Rationalisierung, um uns diesen Luxus am Ende leisten zu können.

»Rassist« oder »Fremdenfeind«, wären das für Marx Kategorien der Beschreibung gewesen?

Ihn hätten vor allem die Interessenlagen unter den Ideologien beschäftigt. Im »Achtzehnten Brumaire des Louis Bonaparte« sagt er, der französische Bauer habe nichts als die Nation, weil er nicht in der Lage sei, sich zu vergesellschaften. Eine Gesellschaft von Bauern sei eine Gesellschaft, die wie ein Kartoffelsack sei. Sie werde allein durch den Sack der Nation zusammengehalten. Und dann hätte Marx als Politiker gesagt: Vorwärts, raus aus dem Kartoffelsack und hin zur Demokratie!

Das heißt, das heute übliche Empörungsvokabular hätte Marx nicht interessiert?

Die Berührungsangst der Linken vor der AfD ähnelt dem Abscheu der AfD vor dem Muslim. Je weniger Umgang man mit ihm hat, desto besser eignet er sich als Projektionsfigur. Ich habe einen Freund, der immer schon ein Faible für geschlossene Glaubenssysteme besaß. Er ist vom Marxisten zum Sozialisten geworden, vom Sozialisten zum Systemtheoretiker, vom Systemtheoretiker zu einem, der an Kreise im Kornfeld glaubt. In seiner vorerst letzten Inkarnation hat er jetzt zur nationalen Sache gefunden. Natürlich rede ich weiter mit ihm und sage, wenn es mir zu bunt wird: »Komm, hör auf mit dem Quatsch.« Aber wenn ich das, was er mir am Telefon sagt, in der Zeitung über jemanden lesen würde, der in Stuttgart oder Dresden wohnt, dann würde ich die Hände über dem Kopf zusammenschlagen und sagen: Mein Gott, wie furchtbar ist denn das!

Mathias Greffrath zählte als Student der Soziologie, Geschichte und Psychologie an der FU Berlin zu den Teilnehmern der Bewegung, die als »Achtundsechziger« Berühmtheit erlangte. Von 1991 bis 1994 leitete er die »Wochenpost« in Berlin. Greffrath ist Mitglied im wissenschaftlichen Beirat von Attac.

Über den Hang zur Empfindlichkeit sowie den Vorteil des regelmäßigen Verzehrs von Nüssen

Ein Bekannter erzählte mir beim Abendessen eine Geschichte. Sein Vater traf bei einem Empfang in München auf Gerhard Schröder. Der Abschied aus dem Kanzleramt lag zu diesem Zeitpunkt vier Monate zurück, über die Anschlussverwendung bei Gazprom hatten die Medien breit berichtet. Alle tranken Bier, nur Schröder hielt ein Glas Rotwein in der Hand.

»Na, das hat wohl Gazprom bezahlt«, sagte der Vater in der Absicht, Schröder zu provozieren.

Der erwiderte leichthin: »Wenn Gazprom bezahlt hätte, wäre das Glas deutlich größer.«

Manchmal wünsche ich mir Schröder zurück. Nicht unbedingt seine Politik, obwohl auch die ihre Vorzüge hatte. In jedem Fall aber die Coolness im Umgang mit Vorhaltungen und Kritik an seinem Lebensstil. Uns wird heute gesagt, so wie Schröder dürfe man nicht mehr auftreten. Ich höre schon das Stöhnen derjenigen, die sagen, einer wie Schröder sei völlig aus der Zeit gefallen. Das mag sein, der Mann ist ja auch nicht mehr der Jüngste. Aber die Nonchalance, mit der er es ablehnte, sich für sein Verhalten oder seine Ansichten zu entschuldigen, finde ich vorbildlich.

Wir sind eine Gesellschaft unter permanentem Entschuldigungszwang. Irgendjemand fühlt sich immer beleidigt, sodass man aller Welt versichern muss, wie sehr es einem leidtue, welches Unrecht ihm und seinesgleichen widerfahren sei. Niemand sagt: »Reiß dich zusammen! Deal with it! Weine woanders!« So etwas zu sagen gilt als unschicklich und schrecklich unsensibel.

Der Hang zur Empfindlichkeit ist keine Sache der politischen Präferenz. Was die Kränkungsbereitschaft angeht, hat die Rechte zur Linken aufgeschlossen. Man kann die Empfindlichkeit aber geografisch einengen. Wenn es so etwas wie einen Hotspot des eruptiven Beleidigtseins gibt, dann ist es die Universität. Nirgendwo ist die Wahrscheinlichkeit, einem Menschen mit fragilem Gemüt zu begegnen, größer als auf einem Campus.

Kaum eine Woche, in der nicht irgendwo Studenten die Fassung verlieren, weil entweder jemand auftritt, der nach ihrer Meinung nicht auftreten sollte. Oder weil ein Thema behandelt wird, von dem sie finden, dass es besser unbehandelt bliebe. In Frankfurt lief eine Diskussion über das Kopftuch so aus dem Ruder, dass die Polizei kommen musste. Davor machte die Hamburger Uni mit Getobe rund um die Vorlesungsreihe des Wirtschaftsprofessors Bernd Lucke Schlagzeilen.

Es wird auch immer bizarrer. Zum Jahreswechsel kündigte die AfD-Abgeordnete Beatrix von Storch den Besuch einer Veranstaltung zu »Klimawandel und Gender« an der Freien Universität Berlin an. Sie interessiere brennend, was der Klimawandel mit dem Geschlechterverhältnis zu tun habe und ob Männer und Frauen unterschiedlich betroffen seien, schrieb sie. Das war erkennbar ironisch gemeint. Anderseits: Soll man nicht froh sein, wenn eine AfD-Abgeordnete ihr Milieu verlässt, um Neues zu erfahren? Wer weiß, vielleicht hört sie ja Dinge, die sie ins Nachdenken bringen. Man könnte es auf einen Versuch ankommen lassen.

Aber nein, kaum hatte Frau von Storch ihre Ankündigung verbreitet, forderte die Studentenvertretung von der Universitätsleitung ein »klares Zeichen gegen rechte Hetze« und verlangte ein Hausverbot. Weil selbst in Berlin ein Unipräsident nicht einfach Leute aussperren kann, wie er lustig ist, wurde die Veranstaltung kurzerhand von den Organisatoren abgesagt. Selbstauflösung aus Angst vor der Seminarteilnahme einer bald 50-jährigen Politikerin: Das hat es in der deutschen Universitätsgeschichte noch nicht gegeben, würde ich vermuten.

Wir haben noch nicht amerikanische Zustände, wo sich die Studenten in spezielle Sicherheitszonen flüchten, wenn sie fürchten müssen, mit Gedanken oder Meinungen konfrontiert zu werden, die sie erschüttern könnten. Aber wir sind nicht mehr weit davon entfernt. Aus dem nichtigsten Anlass fallen junge Menschen von einer Ohnmacht in die andere. Wenn nicht gerade irgendwelche Gleichstellungsaktivisten aufschreien, dass man über ihre Gefühle getrampelt sei, findet sich sicher eine feministisch bewegte Person, die geltend macht, dass man sich sexistisch oder rassistisch geäußert habe.

Es nützt einem auch nichts, wenn man zuvor als Kämpfer für die gute Sache hervorgetreten ist. Der Dekan der juristischen Fakultät der Leipziger Universität, Tim Drygala, gilt als aufrechter Mann, seit er sich gegen einen Kollegen stellte, der mit islamfeindlichen Bemerkungen aufgefallen war. Als Drygala auf Twitter einen Witz riss, der als unsensibel empfunden wurde, gab es trotzdem kein Pardon.

Der Witz lautete: »In der Revisionsklausur müssten die Frauen eigentlich besser abschneiden. Sie sind geübt darin, anderer Leute Fehler zu finden.« Das reichte, um den Professor vor den Fakultätsrat zu zerren. Drygala hat jetzt alle Twitter-Aktivitäten eingestellt. Wenn man auf sein Profil geht, erscheint der Hinweis, dass man einem Nutzer zu folgen versuche, den es nicht mehr gebe.

Was ist da los? Eine Erklärung wäre, dass wir es mit einer Generation von Studenten zu tun haben, die durch die Hände sogenannter Helikoptereltern gegangen sind, also Eltern, die überall Gefahren sehen und von morgens bis abends über das Wohlergehen ihrer Kleinen wachen. Dass sich die Überbehütung nachteilig auf die Psyche auswirkt, haben Erziehungswissenschaftler schon länger vermutet. Jetzt ist der Beweis erbracht, würde ich sagen.

Der Sozialpsychologe Jonathan Haidt hat darauf hingewiesen, dass der Versuch, Kinder vor Nussallergien zu bewahren, indem man Nüsse grundsätzlich von ihnen fernhält, das Gegenteil von dem bewirkt, was man erreichen wollte. Das Immunsystem lernt nicht, dass Nüsse harmlos sind, was wiederum die Zahl der Allergien in die Höhe treibt.

So geht es auch mit Ideen, sagt Haidt. Wer Kinder vor bösen Gedanken schützen will, verhindert, dass sie eine Abwehr aufbauen, die ihnen erlaubt, den Kontakt mit fremden Ideen unbeschadet zu überstehen. Wenn sie dann tatsächlich einmal einer als anstößig empfundenen Meinung ausgesetzt sind, erleiden sie einen Schock. Anstatt ruhig und gefasst Gegenargumente zu sammeln, sind sie nur noch fähig, um Hilfe zu rufen, bis die Polizei kommt.

Was kann man tun? Die naheliegendste Lösung ist, die Frustrationstoleranz zu erhöhen. Wenn sich Kinder auf den Boden werfen und mit den Händen auf den Teppich trommeln, weil man ihnen einen Wunsch versagt hat, soll man ihnen Trost spenden, aber nicht nachgeben. Erwachsenwerden bedeutet zu lernen, sein seelisches Gleichgewicht auch unter widrigen Umständen zu behalten.

Gerhard Schröder hatte übrigens keine einfache Kindheit, er musste sich nach oben durchboxen. Vielleicht ist er deshalb heute von solch heiterer Gelassenheit.

Über die Suche nach einer Erklärung,
warum die meisten Journalisten links sind

Ein typischer Tag beim Deutschlandfunk verläuft so: Eine Modebloggerin erklärt anlässlich der Berlin Fashion Week, warum sie gegen Mode sei – weil Mode den Klimawandel befördere.

Ein junger Sprachwissenschaftler berichtet über die neuesten Initiativen, mithilfe gendergerechter Sprache zu einem besseren Verhältnis der Geschlechter zu kommen. Lehrer heißen bei dem in Köln beheimateten Sender nicht länger »Lehrer«, sondern »Lehrende«, wie man bei der Gelegenheit erfährt.

Es folgt ein Beitrag über »rassistische Elemente« im Werk des berühmten »Brücke«-Malers Otto Mueller. Das Bild »Zwei Zigeunerinnen mit Katze« zeige Frauen als »exotische Verführerinnen« und tradiere so Klischees über Sinti und Roma, weshalb sich das Museum entschlossen habe, das Bild nur noch in Verbindung mit einem Dokumentarfilm zu zeigen.

Sie denken, ich übertreibe? Dann haben Sie seit Längerem nicht mehr Deutschlandfunk gehört. Weil auch anderen Hörern aufgefallen ist, dass weite Teile des Programms so klingen, als führten Annalena Baerbock und Robert Habeck persönlich die Aufsicht, hat sich ein Korrespondent der »Neuen Zürcher Zeitung« neulich einem Selbstversuch unterzogen. Sein Fazit: Früher hätten Konservative die öffentlich-rechtlichen Anstalten als »Rotfunk« geschmäht, heute müsste man von einem »Grünfunk« reden.

Insofern war ich doch überrascht, auf der Seite des Senders einen langen Text zu finden, warum es gar nicht wahr sei, dass das Herz des deutschen Journalisten links schlage. Tatsächlich sei es ein Vorurteil zu glauben, die Mehrheit in den Medien tendiere zu Rot-Grün.

Insbesondere linke Journalisten hören es nicht gern, wenn man sie links nennt, die Erfahrung habe ich schon öfter gemacht. Ich glaube, das hängt mit dem Selbstbild zusammen. Journalisten sehen sich gern als mutige Streiter wider den Mainstream. Wenn man sagt, dass sie in einem

Umfeld arbeiten, indem die meisten so denken wie sie, schmälert das ein wenig den Heroismus. Wer gilt schon gern als Mitläufer?

Leider legen die Zahlen nahe, dass es mit dem Widerspruchsgeist nicht so weit her ist. Es gibt nicht viele Studien zu den politischen Vorlieben von Medienmenschen. Eine der größten stammt von 2005 und kommt vom Hamburger Institut für Journalistik. Danach verteilte sich die politische Sympathie wie folgt: Grüne 35,5 Prozent, SPD 26 Prozent, CDU 8,7 Prozent, FDP 6,3 Prozent, sonstige 4 Prozent, keine Partei 19,6 Prozent.

Jüngere Studien kommen zu einem ähnlichen Befund. Mal ist die Zahl derjenigen größer, die sich politisch nicht zuordnen wollen. Mal liegen die Sozialdemokraten besser, mal liegen sie schlechter. Aber am Trend ändert sich nichts: Wenn deutsche Journalisten den Bundeskanzler stellen könnten, käme der nicht aus dem bürgerlichen Lager.

Selbst in Redaktionen, in denen man es nicht erwarten sollte, gibt es eine klare Mehrheit für Rot-Grün. Bei der »Welt«, dem konservativen Flaggschiff des Springer-Konzerns, weiß man es genau, seit die Redaktion vor ein paar Jahren anlässlich einer Bundestagswahl eine Testwahl unter den Kollegen durchführte. Das Ergebnis hing dann zwei Wochen am schwarzen Brett des Springer-Hochhauses in Berlin, bis der Vorstand es abnehmen ließ, weil man nicht jedem Besucher auf die Nase binden wollte, dass der heimliche Lebenstraum eines »Welt«-Redakteurs ein Platz bei der »Süddeutschen« ist.

Linke Medienkritiker weisen gern darauf hin, dass die Chefredakteure oft sehr viel konservativer seien als die Mannschaft. Das mag stimmen, aber es hat im Redaktionsalltag weniger Auswirkungen, als man annehmen sollte (oder sich der Chefredakteur einbildet). Es gibt viele Möglichkeiten, die Anweisung von oben zu unterlaufen – ich spreche aus Erfahrung. Themenvorschläge werden ignoriert, oder der Chefredakteur bekommt zu hören, dass sich leider keine Belege für seine These finden ließen.

Warum sind so viele Journalisten links eingestellt? Ein Grund ist das, was die Soziologie Selektionsverzerrung nennt. Der typische Journalist hat Germanistik, Geschichte oder Politik studiert. Jura oder Ingenieurwissenschaften, also Studiengänge, in denen man linken Gedanken abwartend gegenübersteht, kommen eher selten vor. Weshalb tendieren Geisteswissenschaftler so stark nach links? Die Betroffenen würden vermutlich sagen, weil ihnen die Gerechtigkeit besonders am Herzen liegt. Meine Antwort wäre, dass es sich um eine Art Kompensation handelt.

Mein Freund Roger Köppel, heute Chefredakteur der »Weltwoche«, hat das einmal so beschrieben: Stellen Sie sich vor, Sie sind mit Bill Gates zur Schule gegangen. Jetzt sitzen Sie vor dem Fernseher, während eine Dokumentation über Ihren ehemaligen Klassenkameraden läuft. Der Kopf Ihrer Frau dreht sich, sie spüren schon den unausgesprochenen Vorwurf: »Bill Gates hat 50 Milliarden, du hast es nur zum Redakteur einer mittelgroßen Zeitung gebracht, was ist schiefgelaufen?« Da haben Sie nur eine Chance, wie Sie sich herauswinden können. Sie sagen: »Das stimmt schon, Bill Gates ist viel reicher als ich. Aber ich habe mich nicht korrumpieren lassen. Ich bin nicht zum Kapitalistenschwein geworden.«

Ist es schlimm, dass die Mehrheit der Journalisten mit linken Ideen sympathisiert? Konservative klagen oft über die Voreingenommenheit der Medien. Was die Ungleichbehandlung der politischen Lager angeht, haben sie zweifellos recht. Als Grüner kann man anstellen, was man will, ohne dass man schlechte Presse fürchten muss. Selbst der größte Unsinn wird mit Nachsicht quittiert. Wenn sich die bayerische Spitzengrüne Katharina Schulze bei »Markus Lanz« um Kopf und Kragen redet, heißt es anschließend: Okay, der Auftritt war nicht optimal, aber sie ist eine so nette Person, da muss man doch nicht gleich draufhauen.

Die tröstliche Nachricht ist: Die Voreingenommenheit der Medien spielt für die Wahlentscheidung eine weit geringere Rolle, als man vermuten sollte. Wäre es anders, hätte Helmut Kohl nie Bundeskanzler werden können. Was wurde der Mann nicht verspottet, als Gimpel, als Tor, als Birne. Trotzdem wählten ihn die Deutschen mit so schöner Regelmäßigkeit, dass sich am Ende kaum noch jemand an eine Zeit ohne ihn erinnern konnte. Woran man erkennen kann, dass sich die Leute eine eigene Meinung erlauben, allen Kommentaren oder auch Kolumnen zum Trotz.

Es wird übrigens nicht besser werden, was die politische Einseitigkeit angeht, das lässt sich schon jetzt sagen. Als ich auf der Journalistenschule war, gab es wenigstens noch ein paar Leute, die nicht Germanistik studiert hatten. Die sind heute alle verschwunden, in die Kanzleien oder in die Wirtschaftswelt.

Wer heute Journalist wird, muss entweder finanziell unabhängig sein – oder er ist sehr intrinsisch motiviert, also von einem starken Missionsgeist erfüllt. Es ist im Prinzip schön, wenn Menschen von ihrer Sache überzeugt sind. Es kann leider nur furchtbar nerven, wenn sie alle ständig daran teilhaben lassen.

Über Nazis und woran man sie erkennt

Die Vorsitzende der Linkspartei in Thüringen, Susanne Hennig-Well-sow, hat in der Fernsehsendung »Markus Lanz« erklärt, woran man Nazis erkennen kann. Eine Methode von Faschisten sei, dass sie im Fahrstuhl dicht mit dem Gesicht an einen heranrückten und dann die ganze Zeit grinsten. Es gebe aber auch das extreme Gegenbeispiel: Nazis würden einen auf ein Getränk einladen oder ihre Hilfe in Alltagssituationen an-bieten. »Gehen Sie doch mit uns Kaffee trinken«, würden sie sagen, »sol-len wir Sie nicht da- und dorthin mitnehmen«, solche Sachen. Auch das sei eine Methode der Nazis, erklärte Frau Hennig-Wellsow: übertriebene Freundlichkeit.

Vielleicht bin ich zu naiv, aber ich hatte mir Nazis immer anders vorgestellt. Eher so wie den Rapper Fler, der auf Frauen, die seine Texte frauenverachtend finden, ein Kopfgeld aussetzt, damit sie nicht mehr sa-gen, er sei frauenverachtend. Andererseits soll ja auch Adolf Hitler im persönlichen Kontakt sehr umgänglich gewesen sein. Es gibt Berichte von Zeitzeugen, die sich erstaunt äußerten, wie normal Hitler im Ge-spräch gewirkt habe, gar nicht wie der Schreihals aus den Parteiveranstal-tungen.

Ich habe einen Test gemacht. Nachdem ich im Netz auf einen Bei-trag gestoßen war, in dem ein Journalistenkollege unter der Überschrift »Nazis raus« eine kurze Filmsequenz von Friedrich Merz beim Biertrin-ken gepostet hatte, habe ich meine Leser gefragt, was ihnen zu dem The-ma Nazi einfällt. Ich bekam folgende Antworten, in ungeordneter Rei-henfolge: Zöpfe. Seitenscheitel. Dass man seinen Teller aufisst und beim Essen gerade sitzt. Pünktlichkeit. Doppelhaushälfte. Beim Chinesen Na-sigoreng bestellen. Morgens immer Orangensaft trinken. Im Wanderver-ein sein.

Das mit den Zöpfen ist nicht so weit hergeholt. Die Amadeu Anto-nio Stiftung in Berlin hat vor Monaten eine Broschüre herausgegeben, in der sie Erziehern und Erzieherinnen Tipps gibt, wie sie sich besser gegen rechte Gesinnung im Kindergarten wehren können. Da nicht immer unmittelbar ersichtlich ist, dass ein Kind aus einem völkischen Elternhaus kommt, braucht es Spürsinn.

Ein rechtes Kind erkenne man zum Beispiel daran, dass es im Morgenkreis schweigsam und passiv sei, da rechte Eltern viel Wert auf Gehorsam legten, heißt es in der Broschüre. Außerdem seien »traditionelle Geschlechterrollen« im Erziehungsstil erkennbar: Die Mädchen trügen Zöpfe und Kleider, die Jungs hingegen würden »stark körperlich gefordert«. Meine Tochter ist blond und heißt Greta. Sie singt glücklicherweise laut im Morgenkreis und hasst Zöpfe und Kleider.

Der Punkt ist, es gibt nach wie vor echte Nazis, also Leute, die finden, dass der Nationalsozialismus seine guten Seiten hatte und Hitler alles in allem ein famoser Politiker war. Der Verfassungsschutzbericht schätzt die rechtsextreme Anhängerschaft auf 32 000 Personen. Selbst wenn man die Leute hinzurechnet, die ihre Hitler-Liebe still ausleben und deshalb nicht im Verfassungsschutzbericht auftauchen, kommen die wirklichen Nazis in Deutschland kaum über den Promillebereich hinaus.

Zu einer respektablen Größe bringen sie es erst, weil ihnen der Einfachheit halber auch alle Menschen zugeschlagen werden, die im Verdacht stehen, etwas gegen Fremde, Schwule oder die Gleichberechtigung von Frauen zu haben. Wenn von Nazis die Rede ist, sind in der Regel Rassisten und Sexisten gemeint beziehungsweise diejenigen, die man dafür hält.

Das Problem, das ich bei dieser Art von Nazi-Hochrechnerei sehe, ist, dass man die Zahl der Nazis damit groß macht, ohne dass die Nazis etwas tun müssen. Wäre ich Nazi, wäre es mir ganz recht, dass man mich überschätzt.

Interessanterweise schwankt man auch bei der versammelten Antifa, was die Gefährlichkeit des Faschismus angeht. Einerseits lebt man in ständiger Furcht, dass die braunen Horden morgen wieder durchs Brandenburger Tor ziehen. Jede Äußerung eines AfD-Politikers gilt als Beleg, dass es demnächst wieder so weit ist. Andererseits möchte man dem Gegner auch nicht zu viel an Bedeutung zugestehen. Als der »Spiegel« den AfD-Führer Björn Höcke als »Dämokrat« auf den Titel hob, regte sich sofort Protest. Man dürfe Höcke nicht so groß machen, hieß es. In Wirklichkeit sei er doch eine lächerliche Figur, bestenfalls ein Führerlein.

Ich bin ein praktisch veranlagter Mensch. Wenn Leute neben ihren Namen »Nazis raus« schreiben, frage ich mich, was daraus folgen soll. Ich bin sehr für ein nazifreies Deutschland. Auf Leute, die Andersdenkenden am liebsten den Schädel einschlagen würden, kann ich gerne verzichten. Da in einer Demokratie Zwangsmaßnahmen wie die Verschickung in Strafkolonien ausscheiden, bleibt es allerdings meist beim frommen Wunsch. Wie man in Thüringen gesehen hat, ist es ja noch nicht einmal möglich, Leute wie Björn Höcke daran zu hindern, mit ihrer Stimme die Wahl eines Ministerpräsidenten zum Spektakel zu machen.

Tatsächlich beschränken sich die Vorschläge gegen rechts im Wesentlichen auf die Forderung nach Auftrittsverboten im Fernsehen. Sie werden von mir nur Gutes über die Bedeutung von Talkshows hören, aber dass die AfD nun verschwindet, weil man sie nicht mehr zu »Anne Will« einlädt, daran mag ich nicht glauben.

Das andere, was helfen soll, sind neue Anti-Extremismus-Programme. Grüne und SPD fordern ein »Demokratiefördergesetz«, das noch einmal knapp 100 Millionen Euro bereitstellen soll, zusätzlich zu den 115 Millionen Euro, die das Familienministerium schon jetzt jedes Jahr für den Kampf gegen rechts ausgibt. Auch da habe ich Zweifel, was die Wirksamkeit angeht.

Ich halte die Bekämpfung der Arbeitslosigkeit unter beschäftigungslosen Politologen für ein gesellschaftlich wichtiges Anliegen. Ich fürchte nur, es wird nicht helfen, Fanatiker vom Fanatismus abzuhalten. Oder meint jemand ernsthaft, dass sich der Attentäter von Halle besonnen hätte, wenn ihm die Antonio Amadeu Stiftung beizeiten erklärt hätte, wie man Menschen mit Migrationshintergrund angemessen anspricht?

Deutschland hatte schon einmal ein Problem mit Nazis, 75 Jahre zurück. Damals waren die echten Nazis noch so zahlreich vertreten, dass man über eine breit angelegte Entnazifizierung nachdenken musste. Das Programm, das man auflegte, funktionierte im Grunde nach dem Prinzip »Nazis rein«: Statt die Leute an den Rand zu drängen, eröffnete man ihnen die Möglichkeit zur Rückkehr ins normale Leben. Wer bereit war, sich als guter Demokrat zu erweisen, bei dem sah man über sein Vorleben hinweg. An der weiteren Entwicklung der Bundesrepublik gemessen, war es wahrscheinlich das erfolgreichste Anti-Extremismus-Programm der Welt, und das ganz ohne Geld des Familienministeriums.

Heute gehen wir den anderen Weg. Selbst die FDP gilt nach Thüringen als quasiextremistische Partei. Die FDP sei nicht mehr Teil der politischen Mitte, hat der Generalsekretär der SPD, Lars Klingbeil, bei einer

Diskussion auf »Bild TV« verkündet. Der chinesische Künstler Ai Weiwei, so etwas wie der Lars Klingbeil der Kunstwelt, hat in einem Interview die Deutschen jetzt insgesamt zu Nazis erklärt. Das ist, wenn man so will, die Maximalposition.

Wenn alle Nazis sind, dann ist es irgendwann keiner mehr.

unverwüstlichen Evergreens der Klage über den Entfremdungscharakter des Kapitalismus.

Der Schönheitsfehler der Wachstumskritik ist, dass sie bei den Leuten, die den Laden am Laufen halten, spätestens in der Krise nicht mehr richtig zündet. Wäre es anders, müssten die Grünen weiter von Höhenflug zu Höhenflug segeln. Wenn es eine Partei gibt, bei der Verzicht und protestantisches Entsagungsethos zum Kernbestandteil des Programms gehören, dann die Bewegung um Robert Habeck und Annalena Baerbock. Stattdessen sind die Grünen in den Umfragen bös abgerutscht, was man als Hinweis verstehen darf, dass die Wende zum Weniger deutlich weniger glamourös erscheint, wenn sie nicht nur in der Theorie, sondern ganz praktisch angetreten werden muss.

Es ist halt eine Sache, die Automobilindustrie in Gedanken abzuwickeln, wenn man weiß, dass mächtige Interessen gegen einen stehen, die das schon zu verhindern wissen. Oder wenn ein Wirtschaftszweig, den man zum Teufel wünscht, wirklich zum Teufel geht – mitsamt den zwei Millionen Arbeitsplätzen, die dran hängen. Plus den 800 000 Arbeitsplätzen in der Luftfahrtindustrie. Das werden sie in der fabelhaften Zukunftsbranche der erneuerbaren Energien nicht wirklich herausreißen, selbst wenn sie in jeden Vorgarten ein Windrad pflanzen.

Ich sage es ungern, aber ich fürchte, der französische Außenminister Jean-Yves Le Drian hat recht, wenn er sagt: Die Welt wird sein wie zuvor, nur schlimmer. Ich glaube keinen Wimpernschlag lang, dass nichts mehr so sein wird, wie es einmal war. In Wahrheit verläuft die Pandemie erstaunlich überraschungsfrei. Die Deutschen schlagen sich besser als die Franzosen, die Spanier und die Italiener. Den Leuten ist die Öffnung des Baumarkts wichtiger als die Öffnung einer Buchhandlung. Wer in einer Hartz-IV-Familie aufwächst, ist mal wieder am meisten gekniffen.

Insofern hat mich ARD-Chefredakteur Becker angenehm überrascht. Ich habe ein klein bisschen Angst davor, was passiert, wenn Madonna jetzt die Schlipsauswahl übernimmt, um die angekündigte Änderung des Lebensstils einzuleiten. Das Letzte, was die Sängerin zu Corona von sich hinterließ, war ein Instagram-Video, das sie beim Bad in einer mit Rosenblättern gefüllten Wanne zeigte und in dem sie darüber nachsann, wie sehr die Krise uns doch alle gleichmache. Warum man sich ausgerechnet Entertainment-Millionäre als Botschafter der Wachstumskritik aussucht, ist mir ein Rätsel, aber ich arbeite ja auch nicht bei der ARD.

Was die Degrowth-Pläne von Swami Becker angeht, hätte ich einen praktischen Vorschlag. Acht Milliarden Euro nehmen ARD und ZDF jedes Jahr an Gebühren ein, gerade steht eine neue Gebührenerhöhung ins Haus. Warum nicht mit der Wende zum Weniger im eigenen Hause beginnen? Vielleicht für den Anfang ein Verzicht von 5,5 Prozent der aktuellen Gebührenlast als Corona-Soli, das wäre doch eine tolle Sache.

Und wenn ich mir noch eines wünschen darf, lieber Rainald Becker: die nächste Sendung dann aus der Badewanne. Statt importierter Rosen kann es, ökologisch bewusst, auch Löwenzahn sein. »Lasst hundert Blumen blühen!«, forderte schon der Kapitalismuskritiker Mao Tse-tung.

Über alternative Wahrheiten

Seit sechs Jahren gibt es »Die Anstalt«, die Satiresendung im Zweiten Deutschen Fernsehen. Oder wie der Schriftsteller Heinz Strunk sagen würde: Lachen aus der Todesgrube des Humors.

In einer Folge präsentierte der Kabarettist Claus von Wagner eine Tafel mit den Namen einer Reihe transatlantischer Organisationen wie der Atlantik-Brücke und dem Aspen-Institut. »In diesen Vereinigungen treffen sich Militärs, Wirtschaftsbosse und Politiker in diskreter Atmosphäre«, sagte von Wagner in einem Ton, der klarmachte, dass sich dort Ungehöriges zutrage. Dann schwenkte die Kamera auf die Namen mehrerer Journalisten großer Zeitungen, darunter die »Frankfurter Allgemeine« und die »Süddeutsche Zeitung«.

»Ich sehe da überhaupt keine Verbindungen«, sagte der zweite Mann auf der Bühne, der Mitkabarettist Max Uthoff, in gespielter Unschuld, worauf von Wagner den Vorhang lüftete, um ein Spinnennetz offenzulegen, das die Mitgliedschaften der Journalisten in den genannten Vereinen darstellte. »Oha, das ist aber ein ganz schön dichtes Netzwerk, sagen Sie mal!«, rief Uthoff. »Aber dann sind ja alle diese Zeitungen nur so etwas wie die Lokalausgaben der Nato-Pressestelle.«

So funktioniert Verschwörungstheorie: Man beginnt mit der Behauptung von Macht und Einfluss. Dann entdeckt man geheime Zirkel und finstere Motive. Am Ende landet man bei einer Erklärung, die ein ganz neues Licht auf die Welt wirft. Dass sich die Namen der Journalisten, die in der »Anstalt« als heimliche Nato-Einflussagenten enthüllt wurden, mühelos auf der Webseite der Organisationen einsehen ließen, bei denen sie Mitglied waren? Geschenkt. Irgendwo wird sicher auch die CIA ihre Finger im Spiel haben.

Ein paar Monate nachdem der Beitrag gelaufen war, traf ich in Bonn den Bestsellerautor Udo Ulfkotte. Der als Verschwörungstheoretiker über den Kreis der ZDF-Zuschauer hinaus zu Bekanntheit und Ansehen gelangte ehemalige »FAZ«-Journalist hatte die Einflusstheorie von Uthoff und Wagner in seinem Erfolgsbuch »Gekaufte Journalisten«

in einem eigenen Kapitel verarbeitet. So schließen sich manchmal die Kreise.

Ich habe mit Ulfkotte dann ein paar unterhaltsame Stunden verbracht. Er vertraute mir an, dass er ein in einem See gelegenes Haus bewohne, dessen Lage es nahezu unmöglich mache, sich ihm unbemerkt zu nähern. Im Gegensatz zu den ZDF-Satirikern hat Ulfkotte nie so getan, als wäre er lustig. Der Wahnsinn lag bei ihm offen zutage.

Mich haben Verschwörungstheorien bislang vor allem aus Kuriositätsgründen interessiert. Ich finde es in erster Linie bizarr, wenn Menschen davon überzeugt sind, dass Geheimbünde das Sagen haben, zu denen selbst Leute wie ich mühelos Zugang finden (ich war jahrelang Mitglied der Atlantik-Brücke, bis sie mich wegen Verzugs bei den Mitgliedsbeiträgen von der Mitgliederliste strichen).

Wenn ich den Zeitungen glauben darf, sollte ich allerdings anfangen, mir Sorgen zu machen. Seit sich ein buntes Volk zu sogenannten Hygiene-Demonstrationen trifft, um gegen die Corona-Maßnahmen der Regierung zu protestieren, ist der Verschwörungstheoretiker ins Zentrum der Berichterstattung gerückt. Die Bundesjustizministerin hat sich warnend eingeschaltet, der Präsident des Bundesamtes für Verfassungsschutz, Bundesinnenminister Horst Seehofer natürlich, der immer noch an der Wiedergutmachung für seinen Aufstand gegen die Kanzlerin arbeitet.

Ich kann die Aufregung nicht ganz nachvollziehen. Welche Gefahr sollte von den Corona-Protesten ausgehen? Ist zu erwarten, dass sich die Demonstranten bewaffnen und vor das Kanzleramt ziehen? Oder dass sie die U-Bahn lahmlegen, auf der Suche nach den geheimen Tunnelanlagen, in denen die Reptilienkanzlerin ihre Menschenversuche durchführen lässt? Ich glaube erst an eine Gefahr für die Demokratie, wenn mir Jakob Augstein zuraunt, dass Bill Gates doch heimlich an der Machtübernahme arbeite, und zwar durch die Implementierung eines neuen Chefredakteur-Chip-Updates.

Ich habe mir die Proteste im Netz angesehen. Manches kam mir seltsam bekannt vor. Ein Video, das sich in den sozialen Kanälen großer Beliebtheit erfreute, zeigt junge Menschen bei dem Versuch, das Virus wegzutanzen. Ich hätte schwören können, dass ich die gleichen Leute im letzten Jahr in Berlin gesehen habe, als sie die Straßenkreuzung am Potsdamer Platz lahmlegten, um im Takt der Körper gegen den Klimatod zu protestieren.

Der Weg von Extinction Rebellion zu den Hygiene-Demos ist kürzer, als viele denken. Allenthalben wird jetzt so getan, als handele es sich bei den Protesten um rechte Aufzüge. Die Rede ist von einer »Corona-Pegida«, so als sei der Hang zum Irrationalen das Privileg einer bestimmten politischen Seite. Dabei ist die grüne Impfgegnerin aus dem Prenzlauer Berg für das Esoterische und Versponnene mindestens so empfänglich wie der national gesinnte Gemüseapostel aus dem Vogtland.

Dass der Chef der Biomarke Rapunzel das Virus für ein intelligentes Wesen hält, dem man sich nicht in den Weg stellen sollte, kann nur Leute überraschen, die nie in eines der Blättchen geschaut haben, die im Bioladen ausliegen. Wer an die segensreiche Wirkung von Bergkristallen glaubt, der hält auch Zuckerkugeln für eine angemessene Antwort auf alles. Eine Freundin schrieb neulich, sie werfe in Diskussionen mit Globuli-Anhängern gerne ein, dass man Globuli nur in gerader Anzahl einnehmen dürfe. Bisher habe jeder Anhänger längere Zeit überlegt und dann gesagt, dass er das noch nicht gewusst habe.

Es sind immer die anderen verrückt. Oder wie Descartes anmerkte: Nichts ist gerechter verteilt als der Verstand – jeder glaubt, dass er genug davon besitze. 60 Prozent der Deutschen würden bei einer Covid-19-Erkrankung zu homöopathischen Mitteln greifen. 42 Prozent fänden es außerdem begrüßenswert, wenn die Politik im Kampf gegen das Virus nicht nur konventionelle Forschungsprojekte fördern würde. Im Zweifel handelt es sich um dieselben Leute, die am Wochenende die Nase über die Spinner rümpfen, die sich in Stuttgart und Berlin versammeln, um zum Widerstand gegen das Corona-Regime der Kanzlerin aufzurufen.

Ich habe nichts gegen Homöopathie. Es ist eine faszinierende Parallelwelt. Wo sonst in Gottes Erdenrund ist es möglich, dass eine Substanz wirksamer wird, je stärker man sie verdünnt? Vielleicht sollte man den Homöopathen die Lösung der Energiekrise anvertrauen. Ich würde es auf einen Versuch ankommen lassen. Je weniger Benzin Sie in den Tank geben, desto weiter können Sie fahren. Genial! Ich hege nur gewisse Zweifel, ob sich der Glaube an die Wunderkraft der Potenzierung wirklich mit dem Slogan »Unite behind the Science« verträgt, den sie im grünen Milieu adaptiert haben.

Manche erwarten, dass die Corona-Bewegung der AfD neuen Schub verleihen könnte. Ich bin mir da nicht so sicher. Was wäre die politische Forderung? In der Flüchtlingskrise war das klar: Grenzen dicht und alle Flüchtlinge wieder abschieben. Aber diesmal? Handymasten kippen? Mundschutzpflicht beenden sofort? Wut allein macht noch keine Bewegung. Man muss die Wut einem Ziel zuführen, damit daraus Politik entsteht.

Ich habe mir jetzt erst einmal den Hildegard Orgonakkumulator bestellt, den man derzeit günstig über Ebay erwerben kann. »Orgonenergie fördert den Aufbau von Lebensstrukturen«, heißt es in dem 1995 beim linken Bewegungsverlag Zweitausendeins erschienenen Buch »Der Orgonakkumulator« von James DeMeo. »Sie sorgt für tiefere Atmung, höheres Energieniveau, größere Aktivität und Lebendigkeit, Stärkung von Widerstandskräften.«

Die Orgontheorie geht auf den Psychoanalytiker Wilhelm Reich zurück, der schon bei den Achtundsechzigern hoch im Kurs stand. Manches gerät nie aus der Mode.

Über die akzeptable Auswahl von Talkshowgästen

Die Redaktion einer Talkshow berät über die Gästeauswahl für die nächste Sendung. Es soll um Donald Trump und seine Verantwortung für die Unruhen in den USA gehen, das Konjunkturpaket der Regierung, die Suche nach einem Corona-Impfstoff. In die engere Wahl geraten: eine Börsenkorrespondentin der ARD, ein Dokumentarfilmer, ein Kolumnist des »Focus«. Geladen sind außerdem der deutsche Außenminister und eine Virologin, die eine Firma für Impfstoffe gegründet hat.

Was macht einen guten Talkshowgast aus? Er sollte etwas von der Sache verstehen, über die er spricht – oder jedenfalls so tun können, als verstünde er etwas davon. Es wäre nicht schlecht, wenn ihn ein paar Leute außerhalb des eigenen Bekanntenkreises erkennen würden. Prominenz hilft der Quote. Vor allem aber sollte der Gast keine Angst vor der Kamera haben und auch sonst nicht auf den Mund gefallen sein, schließlich ist man im Unterhaltungsgeschäft.

Wer um 22 Uhr 45 Menschen dazu bewegen will, vor dem Fernseher auszuharren, ohne dabei einzuschlafen, muss sich etwas einfallen lassen. Talkshowgäste, die mit langen Vorträgen ihresgleichen beeindrucken wollen, machen sich gut auf Parteiveranstaltungen oder im Seminarraum, im Fernsehen sind sie eher fehl am Platz.

Seit der letzten »Maischberger«-Sendung vor der Sommerpause weiß man, dass neben Schlagfertigkeit und Fernsehtauglichkeit im Zweifel eine weitere Qualifikation hinzukommen muss: die richtige Hautfarbe. Als die Redaktion ihre Gästeliste veröffentlichte, erhob sich ein Sturm der Entrüstung. Auf change.org gab es eine Petition, alle weißen Gäste auszuladen und durch schwarze Gäste zu ersetzen. Der Einfachheit halber fügte der Initiator der Petition, der Blogger Nasir Ahmad, gleich seine Bewerbungsunterlagen bei: »Ich bin deutscher Muslim, Publizist und Aktivist, setze mich für die Rechte von Migrant*innen und Geflüchteten ein, spreche über Rassismus und Islamismus.«

Wer weiß sei, könne nicht über Rassismus Auskunft geben, lautete, kurz gefasst, das Argument. Mehr noch: Weißen Menschen stehe es nicht zu, sich zu dem Thema zu äußern, weshalb die »Neuen deutschen Medienmacher*innen«, ein von der Bundesregierung unterstützter Lobbyverein für die migrantische Sache, an die fünf Gäste der »Maischberger«-Sendung den Appell richtete, »aus Respekt vor George Floyd und anderen Betroffenen nicht in einer solchen Runde über Polizeigewalt gegen Schwarze und Rassismus« zu diskutieren. Ich antwortete leichtsinnigerweise, dass ich mir ohnehin vorgenommen hätte, über das Plündern von Gucci-Läden als Widerstandsakt zu reden. Manchmal kann ich nicht an mich halten, das ist eine meiner großen Schwächen.

Sieht die Welt für jemanden, der schwarz ist, anders aus als für jemand Weißes? Das ist zu vermuten. Niemand, der weiß ist, wird wissen, wie es ist, in Deutschland aufgrund seiner Hautfarbe immer zur Minderheit zu gehören. So wie jemand, der heterosexuell ist, nie nachvollziehen kann, wie es ist, wenn man als Homosexueller Angst haben muss, wegen seiner sexuellen Orientierung verspottet oder sogar angegriffen zu werden. Ich wäre der Letzte, solche Unterschiede zu leugnen. Das trennt mich von vielen Linken, die nicht an eine grundlegende Differenz aufgrund, zum Beispiel, von Biologie, Geschlecht oder Herkunft glauben.

Aus gutem Grund wird allerdings zwischen dem Betroffenenbericht und dem Kommentatorenbeitrag unterschieden. Wer Rassismus am eigenen Leib erfahren hat, weiß, wie sich Rassismus anfühlt. Schon bei der Frage, inwieweit rassistische Einstellungen in der Gesellschaft verbreitet sind, hilft die eigene Erfahrung nicht weiter. Ist das, was man erlebt hat, ein Einzelfall oder ist es die Regel? Um das herauszufinden, braucht es Befragungen und soziologische Studien. Dabei wiederum ist die Hautfarbe nebensächlich. Zur Erfassung der Welt ist es relativ unerheblich, wie einer aussieht – wäre es anders, gäbe es keine objektive Welt, über die wir uns verständigen könnten.

Ich glaube, dass nicht allen klar ist, welche Konsequenzen sich ergeben, wenn man die Auskunftsfähigkeit zu einem Thema an den emotionalen Zugang bindet. Verfolgt man den Gedanken weiter, landet man bei einem merkwürdig relativen Wahrheitsbegriff, wie er sich auch rechts der Mitte eingebürgert hat. Wenn Donald Trump erklärt, dass es neben der offiziellen Wahrheit eine zweite Wahrheit mit alternativen Fakten gebe, ist er nicht so weit entfernt von Leuten, die behaupten, dass die Aussagekraft eines Urteils davon abhängt, welche Hautfarbe der Urteilende hat.

Wer im Fernsehen nie Schwarze sehe, die sich zu artikulieren wissen, könnte zu dem Eindruck gelangen, sie seien dazu nicht in der Lage, lautet ein anderes Argument. Das ist ein bedenkenswerter Einwand. Man lernt durch Vorbild und Gewöhnung. Die Schauspielerin Annabelle Mandeng hat in einem Interview mit der »Bild« berichtet, wie sie immer wieder Absagen von den Sendern erhalte, weil die Zuschauer angeblich nun einmal lieber deutsch aussehende Schauspielerinnen sähen (was immer »deutsch aussehend« auch heißen mag). Ich würde sagen: Lasst es darauf ankommen. Die Zuschauer werden schon damit fertig, in ihrer Lieblingsserie einer dunkelhäutigen Chefärztin oder Unternehmerin zu begegnen.

Es ist allerdings eine Sache, sich bei der Besetzungsliste von alten Mustern freizumachen – oder ob man behauptet, der Othello könne nur von einem weißen oder nur von einem schwarzen Mann gespielt werden. Sollte sich dieses Gruppendenken durchsetzen, stehen die Redaktionsleitungen vor ungeahnten Herausforderungen, da mehr Gruppen um Sichtbarkeit ringen, als es Plätze in einer Talkshow gibt, um bei dem Beispiel zu bleiben. Weil das auch die Betroffenen wissen, hat ein merkwürdiger Überbietungswettbewerb eingesetzt, bei dem die Aspiranten zu beweisen suchen, wer am meisten diskriminiert ist. Plötzlich ist selbst die engagierte Feministin eine weiße Zicke, die ihre Privilegien verteidigt.

Auf einem der jährlich stattfindenden »taz«-Kongresse wurde ich Zeuge der Begegnung mit einer Vertreterin der sogenannten Critical-Whiteness-Bewegung, die besonders rabiat für die Anliegen der PoC, der People of Color, streitet. Ich war als weißer Mann als Konkurrent außen vor, die Aggression richtete sich gegen die andere Frau auf dem Podium, die »taz«-Reporterin Bettina Gaus.

Wie sie sich anmaßen könne, hier zu reden, wurde Gaus von der Critical-Whiteness-Vertreterin angefahren: Als weiße Frau wisse sie doch gar nichts über wahre Diskriminierung, wie sie schwarze Frauen erleiden müssten. Worauf Bettina Gaus antwortete, sie wisse darüber schon einiges, sie habe nämlich eine schwarze Tochter. Danach herrschte kurz Stille.

Im Netz zirkulierten anlässlich der Black-Live-Matter-Demos »Leitlinien für Weiße Menschen zu Protesten, die von Schwarzen Menschen geführt werden«. An erster Stelle fand sich die Anweisung: »Fange nicht selbst an, Parolen zu schreien. Deine Aufgabe ist es, diesen zu folgen und deine Stimme hinzuzufügen, wenn dazu aufgefordert wird.« Will man wirklich dazu kommen, dass nur die Feministin zum Feminismus reden darf und nur die PoC zum Schicksal der PoC? Das wäre gerade für die linke Bewegung, die auf ihre Empathiefähigkeit immer stolz war, ein schwerer Schlag.

Friedrich Engels war bekanntlich ein steinreicher Fabrikantensohn, was ihn nicht davon abhielt, zu einer Analyse der Situation der arbeitenden Klassen vorzustoßen, die bis heute rezipiert wird. Nach den neuen Kriterien der Repräsentation hätte Engels in stiller Verneigung vor dem Schicksal der ausgebeuteten Klassen niederknien müssen, statt mit seinem Freund Marx das »Kommunistische Manifest« zu schreiben.

Man kann sagen, dann wäre der Welt einiges erspart geblieben. Aber wenn in Zukunft nur derjenige zu einem Thema sprechen darf, der durch Herkunft oder Biologie dazu legitimiert ist, wird es mit der Analyse eher dünn. Betroffenheit ist noch kein Ersatz für Urteilsfähigkeit.

Über die Gültigkeit der Weisheit,
dass man der Spur des Geldes folgen sollte

Das gute Deutschland hat eine neue Heldin. Sie heißt Hengameh Yag-hoobifarah und ist freie Mitarbeiterin der Berliner Tageszeitung »taz«. Kurzzeitig sah es so aus, als ob ihre Karriere einen Knick erlitten hätte. Da war von ihr eine Kolumne erschienen, in der sie darüber nachsann, ob es nicht das Beste sei, Polizisten auf die Müllkippe zu »ihresgleichen« zu schicken.

Das war selbst für »taz«-Verhältnisse ein ungewöhnlicher Vorschlag. Es ist noch nicht lange her, dass die Zeitung in einem Artikel erklärte, dass eine Gesellschaft am Ende sei, wenn Menschen zu Abfall erklärt würden. Entsprechend groß war die Aufregung in und außerhalb der Redaktion.

Aber dann kündigte Innenminister Horst Seehofer eine Klage we-gen Beleidigung an. Seitdem gilt die Causa Yaghoobifarah als Beweis, wie schnell auch in Deutschland die Pressefreiheit gefährdet sein kann. Der Deutsche Presserat schaltete sich ein. Auf change.org ging eine Solidari-tätsadresse online, die binnen Stunden von 1000 Leuten unterschrieben wurde, darunter der Fernsehmoderator Jan Böhmermann, die Seenotret-terin Carola Rackete und überhaupt so ziemlich jeder, der in der linken Celebrity-Welt eine Rolle spielt.

Ich halte es für eine große Eselei, als Politiker eine Journalistin we-gen einer Kolumne verklagen zu wollen, ich muss es leider so sagen. Die Klage hätte noch nicht mal Aussicht auf Erfolg gehabt. Die Meinungs-freiheit ist in Deutschland weit gesteckt: Man darf bei uns auch sagen, dass Soldaten Mörder sind oder alle Politiker korrupt, ohne dass es rechtliche Konsequenzen hätte. Man dürfte sogar behaupten, dass Journalisten Fünf-Mark-Nutten sind. Die Beleidigung stammt von Joschka Fischer, was ihm komischerweise nie jemand wirklich übel genommen hat. Bei Grünen drückt man in deutschen Redaktionen im Zweifel beide Augen zu.

Ich habe seit Längerem den Eindruck, dass Seehofer den Überblick verloren hat. Berlin tut ihm nicht gut. Wie man hört, verlässt er sein Mi-nisterium nur, wenn es nicht anders geht. Er isst und schläft dort. Neben seinem Schreibtisch steht ein Feldbett, damit er auch nach Dienstschluss nicht mehr aus dem Haus muss. Man sieht ihm an, dass er nicht mehr der Alte ist. Seine Augen haben so einen merkwürdig gehetzten Ausdruck, wie bei jemandem, der Stimmen hört. Gibt es keine Fürsorgepflicht der Kanzlerin? Ich finde, sie sollte Seehofer sagen, dass er unter Leute gehen sollte, raus ins Leben. Zurück nach Bayern, das wäre das Richtige.

Aber dass seine Anzeige ein Anschlag auf die Pressefreiheit gewesen sei, wie man lesen konnte? Das halte ich dann doch für etwas übertrieben. In der Türkei oder Ägypten, klar, da würde ich mir als Kolumnist*in auch Sorgen machen, wenn mich der Innenminister verklagt. Aber in Deutschland? Alles, was einem hier droht, ist ein Schwung Talkshoweinladungen. Tatsächlich war die Strafankündigung des Ministers ein Gottesgeschenk für alle Yaghoobifarah-Fans. Man konnte den Seufzer der Erleichterung bis zu mir nach Pullach hören.

Es steht ja einiges auf dem Spiel. Der etwas unbedachte Polizei-Müll-Text bedrohte nicht nur die Reputation der »taz« als Bollwerk gegen Menschenfeindlichkeit, er gefährdete auch ein relativ erfolgreiches Geschäftsmodell. Alle reden von der hippen Start-up-Szene, aber was den Beschäftigungseffekt angeht, kann die junge Anti-Hate-Speech-Industrie durchaus mithalten.

Unbemerkt von der breiteren Öffentlichkeit hat sich eine florierende Branche entwickelt, die erstaunlich findig darin ist, Texte auf verfängliche Stellen zu flöhen, um diese dann in einer vielfältigen Broschürenproduktion zu katalogisieren. Es gibt Hate-Speech-Seminare, woran man Hate-Speech erkennt, und Workshops, wie man sich gegen Hate-Speech zur Wehr setzen kann. Auf »Hate-Slams« werden am Abend die schlimmsten Hasskommentare vorgetragen.

Da ist es natürlich misslich, wenn einer der eigenen Leute damit auffällt, wie er sich genau der Wortwahl bedient, die man an anderer Stelle als verwerflich anprangert. Der Anti-Hate-Speech-Aktivist als Hate-Speech-Produzent? Das ist so wie der Priester, der eine Stelle zur Überprüfung von Texten gegen Unzucht leitet und dann im Bordell beim Absingen besonders schmutziger Reime erwischt wird.

Einige Unterstützer haben es mit dem Hinweis versucht, Menschen mit Migrationshintergrund reagierten aufgrund ihrer Diskriminierungserfahrungen bei bestimmten Themen nun einmal besonders emotional. Abgesehen davon, dass dieses Argument einen ziemlich rassistischen

Beigeschmack hat (»Ihr dürft das nicht so ernst nehmen, was Migranten schreiben, die schlagen nun mal leichter über die Stränge«): Es hat nicht wirklich verfangen. Beim Thema Müll versteht der Deutsche keinen Spaß.

Kein freier Journalist kann vom »taz«-Gehalt leben. Es müssen andere Einnahmequellen her. Die verlässlichste ist immer noch der Staat. Man mag auf das kapitalistische System schimpfen, aber wenn es darum geht, seine Segnungen in Anspruch zu nehmen, schwinden alle Vorbehalte. Oder wie es ein Aktivist auf einem Linkspartei-Kongress in bemerkenswerter Offenheit sagte: Es gehe darum, Staatsknete abzugreifen, deshalb sei man ja im Parlament.

Wer sich in der Szene einen Namen gemacht hat, darf darauf vertrauen, dass es immer einen Podiumsplatz gibt. Dann sitzt man bei der Heinrich-Böll-Stiftung in Halle, um über nichtbinäre Geschlechtsidentität Auskunft zu geben, oder bei der Rosa-Luxemburg-Stiftung zu einem Vortrag zu queer-sozialistischen Perspektiven nach Corona. Oder einer der vielen Vereine gegen Rechts bucht einen für einen Kurs zu Hassrede im Netz. So hangelt man sich von Auftritt zu Auftritt. Man wird dabei nicht reich, aber es langt für die 53 Quadratmeter in Kreuzberg-Friedrichshain.

Dass es immer die gleichen Leute auf den immer gleichen Veranstaltungen vor dem immer gleichen Publikum sind, stört niemanden. Im Gegenteil, das ist so gewünscht. Das Stiftungspublikum ist wie der Abonnentenstamm der Staatsoper: Der will auch keine Neutöner im Programm.

Finanziell ist die Anti-Hate-Speech-Branche ebenfalls ein Hidden Champion. Die Böll-Stiftung verfügt über einen Jahresetat von 63 Millionen Euro an Steuergeldern (Stand 2018). Die Rosa-Luxemburg-Stiftung bekommt 64 Millionen von der Finanzkasse des Bundes überwiesen, die Ebert-Stiftung sogar über 170 Millionen. Damit kann man schon einige Leute in Lohn und Brot bringen.

Dazu kommen direkte Zuwendungen der Bundesregierung an die freie Vereinswelt. Die »Welt am Sonntag« hat sich neulich die Mühe gemacht, bei den »Neuen Deutschen Medienmacher*innen« anzufragen, wie es mit der öffentlichen Förderung aussehe. Der Verein war eher schmallippig, ein Gespräch sagte die Vereinsvorsitzende ab. Also wandte sich die Zeitung direkt an die staatlichen Stellen.

Die Zahlen geben einen Einblick, was zu holen ist, wenn man es einmal auf die richtigen Listen geschafft hat. Vom Bundeskanzleramt kommen dieses Jahr 1 012 152 Euro aufs Konto der Berliner Lobbyorganisation. Das Familienministerium ist für ein Projekt namens »Die Würde des Menschen ist unhassbar« mit 191 896 Euro dabei. Die Bundeszentrale für politische Bildung beteiligt sich mit 70 199 Euro, für sieben dreiminütige Videos zum Grundgesetz. Auch Horst Seehofer ist unter den Förderern, mit 89 882 Euro für ein Medientraining. Titel: »Wir sind Gesprächsthema!«

Es spricht, wenn man so will, für die Szene, dass sie sich ohne Wenn und Aber hinter die bedrängte »taz«-Kolumnistin gestellt hat. Solidarität ist ein schöner Zug, erst recht die unbedingte. Solidarität bedeutet allerdings, dass aus einem Einzelfall ein grundsätzliches Problem wird. Das gilt auch für den Vergleich von Polizisten mit Müll.

Über die unerwartete Rückkehr der Ahnenforschung

Vor zwei Jahren kam man im Bezirksstadtrat von Berlin-Wedding auf die Idee, eine Straße nach einer Königin aus dem 17. Jahrhundert zu benennen. Ana Nzinga, so ihr Name, hatte über Ndongo und Matamba geherrscht, das heutige Angola. Sie hatte erfolgreich die Portugiesen in Schach gehalten, dann die Holländer. Eine starke schwarze Frau, die sich zudem mutig den Kolonialisten in den Weg gestellt hatte? Das Straßenschild war praktisch schon angeschraubt.

Dann tauchten Fragen auf. Dass Nzinga offenbar eine herrschsüchtige, paranoide Persönlichkeit gewesen war, die ihren eigenen Bruder hatte vergiften lassen, um auf den Thron zu gelangen: Das ließ sich noch verschmerzen. So sind halt Herrscher, befanden in diesem Fall selbst die Grünen. Ein größeres Problem war, dass die Königin Macht und Reichtum ihrer Beteiligung am Sklavenhandel verdankte.

Nzinga hatte im großen Stil Landsleute einfangen lassen, um sie bei den Holländern abzuliefern, die dann die Elenden auf ihren Plantagen sich zu Tode schuften ließen. 12 000 bis 13 000 Sklaven verkaufte sie im Jahr an ihre Geschäftspartner, wie Abrechnungen zeigen. Ohne Mithilfe von Stammesfürsten wie Ana Nzinga wäre der europäische Sklavenhandel im 17. Jahrhundert nicht wirklich in Schwung gekommen. Die Europäer trauten sich selten ins Landesinnere, wo sie Fieber, feindliche Stämme und der Wahnsinn der Tropen erwarteten.

Auch die Geschichte des Sklavenhandels ist komplizierter, als es auf den ersten Blick erscheint. Die Geburtsstätte ist nicht Europa, sondern das alte Mesopotamien. Und es waren auch nicht Deutsche, Holländer oder Briten, die das System des gewerbsmäßigen Handels etablierten, sondern die Araber.

Fast zehn Jahrhunderte besaßen muslimische Sklavenhändler das Monopol in Afrika. 17 Millionen Menschen sollen sie in die Gefangenschaft geführt haben. Der Anthropologe Tidiane N'Diaye kommt in seinem Buch »Der verschleierte Völkermord« zu dem Fazit, »dass der von den arabomuslimischen Räubern betriebene Sklavenhandel weitaus verheerender für Schwarzafrika war als der transatlantische«. Dass von diesem düsteren Kapitel kaum noch die Rede ist, führt N'Diaye darauf zurück, dass sich Afrikaner und Muslime beide als Opfer des westlichen Imperialismus sehen.

Geschichte holt uns immer wieder ein, auch die Geschichte des Kolonialismus. Wenn man den Wortführern der neueren Theorie glauben darf, ist dies die Ursünde, aus der alles Weitere folgt: das Elend Afrikas, der weiße Blick auf den schwarzen Menschen, die Erniedrigung und Entrechtung großer Teile der Menschheit, die bis heute anhält. Die Deutschen mögen mit Verspätung zum Kreis der Kolonialmächte gestoßen sein, aber auch sie haben sich schuldig gemacht, weshalb das Thema bei uns ebenfalls an Fahrt gewinnt.

Was Rassismus sei beziehungsweise den Rassisten ausmache, ist dabei einer radikalen Neudefinition unterworfen. Nach landläufiger Meinung ist ein Rassist jemand, der sich anderen aufgrund seiner Hautfarbe oder Herkunft überlegen fühlt. Es ist ein individueller Akt der Verblendung, dem man am besten mit Aufklärung und Erziehung beikommt. Die neue Theorie geht über diese Definition hinaus. Rassismus in seiner modernen Lesart ist keine psychologische oder ideologische Angelegenheit mehr, es ist ein theologisches Konzept, das man ohne die Zuhilfenahme religiöser Kategorien auch nicht wirklich verstehen kann.

Der weiße Mensch wird mit dem Makel des Rassismus geboren, an seiner Wiege steht die Ursünde des Kolonialismus. Niemand kann sich von dieser Schuld frei machen oder freisprechen. Es gibt kein Entrinnen. Wir sind Nachfahren der Sklavenhändler und daher Kinder des Sündenfalls. Der Rassismus ist uns gewissermaßen eingepflanzt. Wir atmen und wir leben ihn, weshalb uns nur übrig bleibt, dies als Tatsache zu akzeptieren. Wer wie der grüne Parteivorsitzende Robert Habeck dazu auffordert, den Rassismus aktiv zu verlernen, ist bestenfalls naiv. Wer seine Verstrickung leugnet, beweist nur, wie virulent der rassistische Gedanke in ihm ist.

Am Anfang der Besserung steht deshalb die Schuldanerkenntnis. Es ist ein bisschen wie im Bußgottesdienst: Der Weg zur Erlösung führt über die Beichte und die Bitte um Vergebung der Sünden. Wer hartnäckig darauf besteht, bei ihm sei nichts zu finden, riskiert Zurechtweisung – oder die Exkommunikation.

Anfang Juni kündigte der Sportkonzern Adidas seiner Personalchefin Karen Parkin, der einzigen Frau im Vorstand. Parkin hatte vor einem Jahr auf einer Firmenveranstaltung gesagt, dass sie glaube, dass Rassismus bei Adidas kein großes Problem darstelle. Sie hatte sich weder abwertend über andere geäußert noch Anlass zur Vermutung gegeben, dass sie gegenüber Menschen dunkler Hautfarbe Vorurteile hege. Sie hatte unbedacht das Dogma infrage gestellt, dass eine von Weißen geführte Firma selbstverständlich ein Platz des Rassismus sein muss. In der Theologie des neuen Rassismus ist das ein Fehler, der entsprechend bestraft gehört.

Wenn die Hautfarbe darüber bestimmt, ob man Rassist ist, dann hängt der Grad der Schuld von der Schattierung ab. Der gängige Begriff für alle nichtweißen Menschen ist People of Color oder, in der Kurzform, PoC. People of Color scheint als Begriff eindeutig. Aber wer dazugehört und wer nicht, ist eine diffizile Angelegenheit. Schwarze sind dabei, das ist klar. Auch Inder oder Malaien. Manche Asiaten sind dunkelhäutiger, als es ein Sudanese je sein könnte.

Aber schon beim Nordafrikaner entstehen Abgrenzungsprobleme. Viele Marokkaner sind optisch kaum von einem Spanier oder Portugiesen zu unterscheiden. Und was ist mit den Türken? Niemand wird bestreiten können, dass türkischstämmige Menschen aufgrund ihrer Herkunft Abwertung erfahren.

Trotzdem gibt es Vorbehalte, sie zu den People of Color zu zählen. Die schleswig-holsteinische Grünen-Politikerin Aminata Touré, Tochter malischer Eltern, wurde kürzlich gefragt, was sie von dem Satz halte, Deutschlands Schwarze seien die Türken. Gar nichts, sagte sie, die Schwarzen seien die Schwarzen. Was man so verstehen kann, dass bei aller Solidarität nicht vergessen werden sollte, wer aufgrund seiner Hautfarbe schlimmerer Diskriminierung ausgesetzt ist.

Denkt man die Dinge weiter, öffnet sich die Tür zu einer Ahnenforschung, wie man sie seit 1945 in Deutschland für überwunden hielt. Eine Bekannte von mir entdeckte im Alter von 42 Jahren, dass sie eine schwarze Großmutter hatte. Nach der Farbenlehre der neuen Rassismustheorie macht sie das zu einer Viertelschwarzen. Ist sie damit eine Person of Color, wie sie selbst glaubt, obwohl sie in ihrem Leben nie Diskriminierung aufgrund ihrer Hautfarbe erfahren hat?

Die Grünen haben jetzt die Einrichtung einer »vielfaltspolitische★n Sprecher★in« beschlossen, aber das kann selbstverständlich nur der Anfang sein. So wie es Frauenbeauftragte gibt, wird es bald Anti-Rassismus-Beauftragte geben, erst im Bund und dann in den Ländern. Man wird in den Aufsichtsgremien des öffentlich-rechtlichen Rundfunks Fernsehräte installieren, die dafür Sorge tragen, dass im Fernsehen keine Klischees über schwarze Menschen verbreitet werden.

Natürlich wird es auch einer neuen Gesetzgebung bedürfen, die neben offensichtlichen Formen des Rassismus Mikroaggressionen und andere weniger eindeutige Formen der Herabwürdigung unter Strafe stellt. Zum Schluss wird man zur Forderung einer Quote kommen, weil nur durch die Repräsentation in Wirtschaft und Politik das öffentliche Bild der People of Color geändert werden kann.

So wird auch diese Emanzipationsbewegung in dem Aufbau einer neuen Bürokratie enden. Wo der Einzelne nichts ausrichten kann, muss eine Struktur her, die an seiner Stelle die als notwendig erachteten Veränderungen in die Wege leitet. Nichts anderes meint die Rede vom strukturellen Rassismus.

Über die Beziehung zwischen politischem Bewusstsein und ökonomischem Erfolg

Ein Freund rief an, um mich auf einen Text bei »Bento« aufmerksam zu machen. Für alle Leser, die nicht auf Anhieb wissen, wovon die Rede ist: »Bento« ist die junge, digitale Ausgabe des »Spiegel«. Eine Art Online-»Bravo« für die Generation Y. Oder sind wir inzwischen bei der Generation Z angelangt? Ich glaube, ich habe bei der Generationenbenennung den Überblick verloren. Egal, in jedem Fall richtet sich der »Spiegel« mit »Bento« an die politisch bewusste Jugend, von der es heißt, dass wir mehr auf sie hören sollten.

Der Freund ist verheiratet und hat drei Kinder im Schulalter. Er ist also eindeutig über das »Bento«-Alter hinaus. Aber ich habe den Eindruck, er liest alles, was dort steht. Es ist wie eine Sucht. Manche Menschen begeistern sich für Zierfische. Andere wollen so viel wie möglich über das geheime Leben der Bäume wissen. Sein Hobby sind die Zwangsideen der sogenannten Millennials.

Ich kann ihn in gewisser Weise verstehen. Wenn es »Bento« nicht gäbe, müsste man es erfinden. Wo sonst bekommt man einen so tiefen Einblick in die Lebens- und Vorstellungswelt junger, politisch nachhaltig sozialisierter Menschen? Ich finde schon den Titel genial. Klingt wie eine dieser Sushi-Boxen, die sie am Flughafen anbieten. Total gesund und trotzdem hip.

Eine typische Woche auf »Bento« geht so: Am Montag berichtet eine Autorin über die Angst, auf die Straße zu gehen, weil sie am Tag zuvor beim Coffeeshop den Kaffee aus Nachlässigkeit in einen Pappbecher hat füllen lassen statt wie sonst in einen ihrer eigenen Mehrweg-Coffee-to-go-Cups, von denen sie im Übrigen drei besitzt, wie sie die Leser wissen lässt, damit ihr genau ein solches Missgeschick nicht passiert. Jetzt fürchtet sie, dass eine riesige Empörungswelle über ihr zusammenschlägt, weil jemand sie mit dem Pappbecher gesehen hat, was wiederum auf »Bento« zu 200 Zeilen über »Meine Angst vor dem Shitstorm« führt.

Tags darauf geht ein Redakteur der Frage nach, was es über ihn aussagt, wenn er noch nie eine schwarze Freundin hatte (oder war das in der »Zeit«?). Dann macht sich eine Redakteurin Vorwürfe, dass sie auf Partys manchmal einfach ein Glas Wein trinkt, statt die Umstehenden mit Fragen zu löchern, warum sie nicht die Hälfte ihres Gehalts zur Linderung des Elends in Afrika spenden. Der Artikel endet mit dem Versprechen, sich keine Pause mehr zu gönnen, auch nicht auf Partys. Nie wieder Wein statt Armutstalk, nie wieder belangloses Geplänkel: »Ich weiß, dass ich damit aufhören muss. Weil es das absolut Mindeste ist, was ich tun kann.«

Was das politische Bewusstsein angeht, ist der »Bento«-Redakteur kaum zu toppen. In der Hinsicht macht ihm so schnell keiner was vor. Leider korrespondiert die Bewusstseinsstufe nicht mit der ökonomischen Anerkennung. Vor ein paar Wochen hat der »Spiegel« verkündet, die Seite einstellen zu wollen, wegen Erfolglosigkeit. Zum Ende des Jahres ist Schluss, dann müssen sich die Redakteure nach einem neuen Job umsehen. Auch ein paar Straßen weiter, am Hamburger Speersort bei der erfolgsverwöhnten »Zeit«, hat man sich entschlossen, den Jugendableger stillzulegen. »Ze.tt« heißt das Angebot dort. Es ist im Prinzip das Gleiche wie »Bento«, nur noch ökobewusster und veganer. Auch hier heißt es, dass man für das hoffnungsvoll gestartete Programm leider keine wirtschaftliche Perspektive sehe.

Die Einstellungsankündigungen wurden in den Branchendiensten vermerkt, aber darüber hinaus haben sie kaum Beachtung gefunden. Ich halte das für einen Fehler. Ich glaube, dass sich aus dem Ende für die politisch korrekten Jugendmagazine etwas Grundsätzliches ableiten lässt. Das Aus für »Bento« und »Ze.tt« ist aus meiner Sicht nicht nur eine Niederlage für eine bestimmte Form des journalistischen Aktivismus: Es lässt ganz prinzipiell Rückschlüsse zu auf die Attraktivität von politischen Angeboten, denen angeblich die Zukunft gehört.

Wenn man die Grüne Jugend ein Magazin erstellen ließe, sähe es ziemlich genau so aus wie die von »Spiegel« und »Zeit« ersonnenen Millennial-Ausgaben. In anderen Redaktionen heißen die Ressorts »Wirtschaft«, »Politik« oder »Leben«. Hier nennen sie sich »Gerechtigkeit«, »Selbstfindung« und »Gefühl«. »Was willst du später mal werden, wenn du mit dem Studium fertig bist?« »Ressortleiter Gefühl.« Wenn das kein Lebenstraum ist! Natürlich wird auch gegendert, bis es kracht, und jeder Minderheit gehuldigt, sei sie noch so klein.

Von außen betrachtet mag das eine oder andere etwas überspannt wirken. Aber man sollte sich nicht täuschen: Was bei den Jugendausgaben in exaltierter Form hervortritt, ist für eine ganze Generation von Journalisten inzwischen Leitlinie. Die 30- bis 35-Jährigen, die jetzt in die Redaktionen drängen, beherrschen alle das Vokabular des akademischen Milieus, dem sie entstammen, eine Mischung aus Politsoziologendeutsch und Befindlichkeitssprache, die stets ein wenig geschwollen klingt, aber eben auch sehr bedeutend und vor allem wahnsinnig einfühlsam.

Auf der Suche nach einer Erklärung für das Scheitern hieß es, die Corona-Krise habe die ökonomischen Aussichten zu sehr verdüstert. Aber das ist Unsinn. Corona war nur der Anlass, die Einstellung zu verkünden. In Wahrheit haben die Jugendplattformen nie die Quoten gehabt, die es brauchte, um einigermaßen kostendeckend zu arbeiten. »Bento« und »Ze.tt« lebten von der Behauptung, eine Generation zu vertreten, die queer, grün und gendergerecht denkt. Wie sich zeigt, ist diese Generation nicht viel größer als der Studiengang, dem seine Protagonisten entstammen.

Das Internet kann brutal sein. Solange man keine verlässlichen Zahlen hat, darf jeder an seine eigene Wahrheit und auch Wichtigkeit glauben. Ich habe noch nie einen Leitartikel-Schreiber getroffen, der nicht selbstverständlich davon ausging, dass der geneigte Leser als Erstes den Blick auf seinen donnernden Kommentar richten würde, wie die Kanzlerin den Konflikt im Südchinesischen Meer lösen müsse. In der Online-Welt weiß man bis auf den letzten Klick, wie viele Leser wirklich interessiert, was die Kanzlerin im Südchinesischen Meer tun sollte.

Die Desillusionierung durch die Zahlen ist altersunabhängig. Sie trifft die junge migrantisch bewegte Feministin, die denkt, dass die ganze Welt Anteil an ihrem Schicksal nimmt, ebenso wie den von ihr verachteten alten weißen Mann. Man kann sich auch nicht mehr damit herausreden, dass einen das Old-Boys-Netzwerk davon abgehalten hätte, groß herauszukommen. Alles, was es heute braucht, um berühmt zu werden, ist ein Podigee-Abo oder ein Wordpress-Account.

Dass man aus dem Stand heraus zum Netzphänomen werden kann, hat die Stand-up-Komödiantin Sarah Cooper mit ihren Trump-Imitationen bewiesen. Jedes ihrer über TikTok verbreiteten Videos erreicht ein paar Millionen Menschen. Wenn das Genderprogramm eine solche Granate wäre, wie immer behauptet, dann müssten die Zahlen auch hier durch die Decke gehen. In Wahrheit schaffen es die Betreiber netzfeministischer Blogs kaum, ihre Serverkosten zu decken. Es braucht eben etwas mehr als Gesinnung, um sich durchzusetzen. Witz und Sprachtalent wären, zum Beispiel, ganz hilfreich.

Das Phänomen der relativen Größe lässt sich auch im politischen Raum beobachten. Nur weil ein Thema auf dem Strategiekongress der Jusos ein Riesenhit ist, heißt nicht, dass es auch die Wähler begeistert. Oft verhält es sich sogar genau umgekehrt. Ich kenne das aus Redaktionskonferenzen, wo sich Leute die Köpfe über ein Thema heißreden, das außerhalb des Konferenzraums nur mäßig interessiert. Wurde lange genug gestritten, fällt unweigerlich der Satz, dass die Diskussion zeige, wie wichtig das Thema sei.

Man nennt das einen Zirkelschluss. Er kann bei Leuten, die auf das Interesse des Publikums angewiesen sind, kreuzgefährlich sein.

Über das Ende der Schauspielkunst

Die Schauspielerin Halle Berry musste sich entschuldigen. Sie hatte in einem Interview angekündigt, dass sie demnächst eine Frau spielen werde, die sich in einen Mann verwandelt. Große Aufregung in der Transgender-Community. Halle Berry könne die Erfahrungen eines Transsexuellen gar nicht nachvollziehen, lautete der Vorwurf. Außerdem würde sie einem echten Transgender-Schauspieler die Rolle stehlen.

Es täte ihr furchtbar leid, erklärte Frau Berry daraufhin. Sie hätte als eine »Cisgender-Frau« niemals die Rolle in Betracht ziehen dürfen, das sei ihr jetzt klar geworden. »Die Transgender-Gemeinschaft sollte unangefochten die Chance haben, selbst ihre Geschichten zu erzählen.« Für Uneingeweihte: »Cisgender-Frau« ist der Begriff für Frauen, die glauben, dass sie Frauen sind und nichts anderes.

Frau Berry hätte gewarnt sein können. Das Gleiche ist vor zwei Jahren schon Scarlett Johansson passiert. In dem Fall ging es um die Rolle einer Frau, die als Mafioso lebt und Massagesalons als Tarnung für die von ihr betriebenen Bordelle nutzt. »Rub & Tug« hieß das Projekt, es beruhte auf der Lebensgeschichte des Zuhälters Dante »Tex« Gill. Mit dem Geld aus der Prostitution bezahlte er später seine Geschlechtsangleichung. Ein Stoff wie gemacht fürs Kino.

Scarlett Johansson hat in ihrem Leben schon alles Mögliche gespielt: eine einfältige Journalistin, die Schwester der englischen Königin Anne Boleyn, ein Computerprogramm, eine Außerirdische, eine Superheldin. Aber Scarlett Johansson als eine Frau, die eigentlich ein Mann ist? Undenkbar. Die Schauspielerin gab aufgrund der Proteste umgehend ihre Rolle zurück. Muss man noch erwähnen, dass man nie wieder etwas von dem Film gehört hat, weil die Finanzierung nach ihrem Rückzug auseinanderfiel? So wie vermutlich auch aus dem Projekt mit Halle Berry nichts werden wird. Aber immer noch besser kein Film über eine Frau, die als Mann lebt, als einer mit den falschen Stars.

Vermutlich gingen Sie bislang davon aus, dass es die Aufgabe eines Schauspielers sei, sich in andere Menschen hineinzuversetzen. Wer will es Ihnen verdenken? Es gibt in Hollywood Tausende von Experten, die mit künstlichen Haaren, Maske und Kostüm Schauspielern dabei helfen, möglichst glaubwürdig jemand zu verkörpern, der sie nicht sind: alte Menschen, junge Menschen, Dicke, Dünne, Zombies, Aliens. Einmal im Jahr wird sogar ein Preis dafür vergeben, wem es am besten gelang, in eine fremde Haut zu schlüpfen. Der Preis heißt Oscar.

Wenn meine Freundin Maskenbildnerin wäre, würde ich ihr raten, sich schleunigst nach einem neuen Job umzusehen. Demnächst spielen nur noch Frauen Frauen, Alte nur noch Alte, und Dicke werden nur noch von Dicken dargestellt. Gut, Außerirdische und Zombies bleiben als Rolle, die haben noch keine Community, die ihre Interessen vertritt. Aber diese Marktlücke ist halt sehr klein.

Das Konzept, das Halle Berry und Scarlett Johansson zum Verhängnis wurde, heißt »Cultural Appropriation« oder zu Deutsch: »kulturelle Aneignung«. Es kommt wie alles, was derzeit als neu und fortschrittlich gilt, von den amerikanischen Hochschulen und besagt in Kürze, dass man Mitglieder von Minderheiten entrechtet, wenn man so tut, als wäre man sie. Der Begriff der Entrechtung ist dabei sehr weit gefasst. Um sich der kulturellen Aneignung schuldig zu machen, reicht es schon, dass man einen Tanz imitiert, der einem gefällt, oder sich so kleidet wie jemand aus einer anderen sozialen Gruppe oder bestimmte Worte benutzt, die in einer bestimmten Szene oder Subkultur gerade angesagt sind.

Ich würde Sie nicht behelligen, wenn die ersten Ausläufer dieser Theorie nicht bereits Deutschland erreicht hätten. Vergangenes Jahr ging ein Hamburger Kindergarten durch die Zeitungen, weil die Erzieher den Eltern empfohlen hatten, auf Indianerkostüme zu verzichten. Stattdessen sollten die Kinder weiße T-Shirts mitbringen, die sie dann bunt bemalten.

Nach meiner Erfahrung wird es nicht mehr lange dauern, bis die ersten Broschüren der Amadeu Antonio Stiftung aus Berlin über die richtige Kostümierung zu Fasching erscheinen. Keine Kindergärtnerin will in Verdacht geraten, die Gefühle anderer Menschen zu verletzen, schon gar nicht die von toten Indianern. Auch für Hexen, Piraten und arabische Prinzen sehe ich, was die Zukunft angeht, schwarz.

Am besten spielt man nur sich, das ist ungefährlich. Und schreibt auch nur noch über sich selbst. Anfang des Jahres ist in den USA ein Roman mit dem Titel »American Dirt« erschienen, in dem die Autorin das Schicksal mexikanischer Migranten schildert. Das Interesse war schon vor Erscheinen riesengroß. Die Verlage überboten sich gegenseitig bei den Abdruckrechten, die Schauspielerin Salma Hayek posierte mit dem Buchcover auf Instagram.

Dann meldeten sich hispanische Autoren zu Wort und fragten, wie es denn sein könne, dass eine weiße Frau aus der Mittelschicht das Elend migrantischer Arbeiter beschreibe. Salma Hayek erklärte, sie habe das Buch gar nicht richtig gelesen, was man ihr sofort abnahm. Auch an Frau Hayek geht das Alter nicht spurlos vorbei. Sie sieht fantastisch aus für ihre 53 Jahre, aber in dem Alter ist Lesen für eine Schauspielerin nicht mehr ungefährlich. Diese endlosen Reihen winziger Buchstaben: Da kneift man schnell mal die Augen zusammen, was sich fatal auf die Faltenbildung auswirkt.

»American Dirt« gilt jedenfalls als Sündenfall. Ich bin gespannt, wann wir anfangen, rückwärts zu denken. »Madame Bovary« von Gustave Flaubert: ein Mann, der sich in eine von ihrem Gatten gelangweilte Arztgattin in der französischen Provinz hineinversetzt? Oder »Oliver Twist« von Charles Dickens: ein Mann, der die Sicht eines armes Waisenkinds in London einnimmt? Oder »Die Blechtrommel« von Günter Grass: ein Mann, der die Welt aus der Perspektive eines wachstumsgestörten Kindes beschreibt? Machen Sie sich schon mal darauf gefasst, dass in Ihrem Bücherregal bald einige Lücken klaffen werden, wäre mein Tipp.

Cultural Appropriation hat auch seine komischen Seiten. Als eifriger Twitter-Leser stieß ich jetzt auf die Frage einer jungen Frau, wie es sich denn mit Rastazöpfen verhalte. Sie frage sich, ob sie zu »weiß« dafür sei, obwohl ein Elternteil von ihr aus Afrika stamme. Die Antwort fiel nuanciert aus. Wenn ihr Vater Schwarzafrikaner sei, gehe das mit den Rastazöpfen in Ordnung. Sei sie hingegen eine weiße Afrikanerin, wäre das wirklich problematisch. »Bist du schwarz oder of color? Haben deine Eltern und Großeltern historisch diese Frisuren getragen?«, das sei die entscheidende Frage. Twitter hat einen schlechten Ruf, aber wie man sieht, ist auch praktische Lebenshilfe möglich.

Ich fürchte, es kommen harte Zeiten auf die Tattooszene zu. Viele Motive sind anderen Kulturen entlehnt, angefangen bei den Tribalmustern ferner Südseestämme. Auch die bei der Jugend beliebten Ohrtunnel stammen, soweit ich das beurteilen kann, nicht aus dem germanischen Kulturraum. Die Regermanisierung beim Körperschmuck hielte ich für eine begrüßenswerte Entwicklung. Mich hat es immer schon irritiert, wenn der Kellner in seinen Ohrläppchen Löcher hat, durch die man ein Matchbox-Auto fahren könnte.

Die Pointe des Denkens in kulturellen Sonderzonen ist, dass es zum Verwechseln dem bei den radikalen Rechten ähnelt. Wenn es etwas gibt, was Rechte nicht ausstehen können, dann die Idee des Universalismus, diese erstaunliche Gabe, sich in fremde Menschen hineinversetzen zu können, in ihr Glück, ihr Unglück, auch das Unrecht, das ihnen möglicherweise widerfährt. In der identitären Vorstellung sind die Kulturen streng getrennt und sollten das auch bleiben. Empathie ist in dieser Welt kein Wert, sondern ein Schimpfwort.

Irgendein Witzbold hat dem Tweet der Frau mit den Rastazöpfen ein Bild von Martin Sellner, einem der Anführer der identitären Bewegung von rechts, gegenübergestellt. Überschrift: »Ethnopluralisten unter sich«. Die Zahl der Likes hielt sich hier in Grenzen.

Über die Grenzen der Freundschaft:
Ein Gespräch mit dem Verleger Jakob Augstein

Jakob, wo hört die Freundschaft auf?

Bei Verrat? Ja, bei Verrat hört die Freundschaft auf.

Denkbar wären auch politisch zu weit auseinanderlaufende Meinungen. Du hast nie eine Freundschaft beendet, weil sich ein Freund in eine Richtung entwickelt hat, wo du irgendwann gesagt hast: Da gehe ich nicht mehr mit?

Nein, aber Politik spielt, ehrlich gesagt, für mich bei Freundschaften auch keine Rolle. Ich kann mir nicht vorstellen, mich mit jemandem anzufreunden, der politisch so weit von mir entfernt ist, dass kein Gespräch oder kein Verständnis mehr möglich wäre. Damit die Politik jede Sympathie überlagert, müsste der Standpunkt schon sehr verrückt oder sehr menschenfeindlich sein.

Es müsste im Grunde eine Art Ekelpunkt erreicht werden, der Sympathie unmöglich macht. Wie das bei jemandem passieren soll, für den man schon Sympathie entwickelt hat, kann ich mir schwer vorstellen. Da müsste man ja an seiner eigenen Menschenkenntnis zweifeln. Oder der andere müsste eine Persönlichkeitsveränderung durchgemacht haben, die dann fast schon ans Pathologische grenzt.

Dass sich jemand radikal verändert, kann schon vorkommen, würde ich sagen. Ich will hier nicht in die Einzelheiten gehen, aber bei einem Freund von mir ist mir das so gegangen, dass ich ab einem bestimmten Punkt seiner politischen Entwicklung gedacht habe: Holla, wo soll das denn hinführen? Aber du hast recht: Habe ich ihm deswegen die Freundschaft aufgekündigt? Nein, habe ich nicht.

Das Bemerkenswerte war allerdings, es gab eine Reihe von Menschen, die das von mir erwarteten, darunter auch Zeitgenossen, die ich in meinem Leben noch nie getroffen habe. Im Grunde wurde verlangt, dass man sich von Freun-

den, die zu weit nach außen gravitieren, lossagt. Wenn man das verweigert, gilt man ebenfalls als politisch verdächtig.

Ist das so? Mir ist das so noch nie passiert. Aber ich habe auch nicht so viele politisch heikle Freundschaften. Für mich wiegen Vertrauen oder Verlässlichkeit zehnmal so viel wie die politische Überzeugung. Deshalb ist mir diese Art, in Verdächtigungs- oder Nachstellungskategorien zu denken, ganz fremd.

Aber du nimmst schon wahr, dass es eine erhöhte Reizbarkeit, oder sagen wir neutraler: Aufmerksamkeit, gibt, mit wem man sich umgibt? Dass es zur Frage wird, mit wem man gemeinsam auftritt, mit wem öffentlich spricht, neben wem man auf einem Podium sitzt?

Ja, absolut. Aber ich kann damit nichts anfangen. Ich bin niemand, der das Gespräch verweigert, und zwar nicht so sehr, weil ich glaube, dass man Leute im Gespräch umstimmen oder von der eigenen besseren Meinung überzeugen könnte. Sondern einfach aus Neugierde. Ich würde auch dann mit Leuten reden, die mich interessieren, wenn ich das Gefühl habe, sie wollten mich instrumentalisieren. Ich würde dann wissen wollen: Wie ist es, instrumentalisiert zu werden? Was geschieht mit einem, wenn man merkt: Oh, der redet gar nicht richtig mit dir, der will dich nur öffentlich vorführen?

Ich finde es sehr interessant, wie Moritz von Uslar in seinem neuem »Deutschboden«-Buch über die Rückkehr in die ostdeutsche Provinz die Begegnung mit AfD-Politikern beschreibt. Er hat gar keine Lust, mit denen über Politik zu reden, weil er bereits weiß, dass das nichts bringt. Also hört er ihnen nur zu oder stellt überraschende, leicht absurde Fragen und konterkariert auf diese Weise die Erwartungen seiner Gesprächspartner. Hat er sich also von diesen AfDlern vereinnahmen lassen? Nein. Er wollte diese Leute erleben. Er wollte wissen: Wie ist der AfD-Politiker in der brandenburgischen Provinz? Was ist das für ein Charakter, was ist das für ein Mensch? Mit diesem Gestus der Neugierde würde ich mich mit jedem, buchstäblich mit jedem, hinsetzen.

Ich bin fest davon überzeugt, dass beinahe niemand auf der Welt morgens aufsteht, in den Spiegel guckt und sagt: »Heute bin ich mal wieder ein richtiger Schuft. Heute gehe ich raus, um die Welt zu einem schlechteren Ort zu machen.« Die meisten Leute stehen morgens auf und denken: »Heute tue ich wieder das, was ich für richtig halte.« Komisch nur, dass der eine das eine für richtig hält und der andere etwas ganz anderes.

Dir würde entgegengehalten werden, dass diese Herangehensweise erstens schrecklich naiv ist und zweitens auch noch gefährlich. Indem du dich mit einem Vertreter der Neuen Rechten gemeinsam in der Öffentlichkeit zeigst, normalisierst du rechtes Denken, egal wie viele kluge Gegenargumente du dir dann auch im Gespräch einfallen lässt. Das wäre das Stichwort: Normalisierung. Indem du dich weigerst, einen Bogen um die Leute mit dem rechten Denken zu machen, trägst du dazu bei, dass dieses Denken in die Gesellschaft einsickert und damit, eben, normal wird.

Ja, klar, ich bin naiv und außerdem zu strategischem Denken unfähig. Das müssen andere übernehmen. Und nebenbei: Diese rechten Leute sind längst normal in dem Sinne, dass sie zu unserem Alltag gehören. Das ist keine Wertung, sondern eine Feststellung. Man kann natürlich vor der Normalität die Augen verschließen. Aber davon halte ich nichts. Wer die Wirklichkeit ändern will, muss sie zuerst einmal wahrnehmen. Ich kann allerdings Menschen verstehen, die sagen: »Wissen Sie, ich bin kein Journalist. Ich muss mich mit diesen Leuten nicht hinsetzen. Das ist nicht meine Aufgabe. Und ehrlich gesagt, will ich es auch nicht, weil sie mich anekeln.« Das finde ich völlig in Ordnung. Jeder entscheidet für sich, mit wem er reden will.

Du würdest nicht sagen, dass eine Gesellschaft Abgrenzung braucht? Dass es Tabus und Tabuzonen geben muss, die man einhalten sollte? Wenn du dich mit dem rechten Vordenker Karlheinz Weißmann in Weimar auf die Bühne setzt und mit ihm über Heimat redest, dann kündigst du diesen Konsens auf, dass Weißmann nicht dazu gehört und auch nie dazu gehören darf. Im Akt des Miteinandersprechens liegt schon die Enttabuisierung.

Da kann ich nur sagen: Bei einer Partei, die in einigen Bundesländern 25 Prozent hat, kommt die Tabuisierung erkennbar zu spät. Außerdem ist das genau die gleiche Haltung, die die CDU gegenüber der Linkspartei an den Tag gelegt hat. Ich fand diese Haltung schon damals schrecklich, weil sie nur das für Demokratie hält, was in der eigenen Welt als richtig angesehen wird. Wer so redet, wie du es gerade vorgemacht hast, verwechselt Demokratie mit den eigenen Überzeugungen. Etwas anderes wäre es, wenn die politischen Kräfte, die man durch Ausgrenzung niederhalten will, mithilfe undemokratischer Mittel ihren Platz in der Gesellschaft errungen haben. Wenn man also sagt: Wir leben in Wahrheit in einer Diktatur oder zumindest in einem manipulierten System. Die Leute, die wir bekämpfen, nutzen ihre Machtposition für weitere Manipulationen aus, und daran will ich mich nicht beteiligen. Aber das wäre dann doch eine sehr weitgehende Aussage über die demokratische Verfassung der Bundesrepublik Deutschland.

Du hast diese neue Form des Kontaktverbots selbst erlebt, bei der Vorbereitung zu deinem Film über »Die empörte Republik«, der dann auf Sat1 lief. Eine Reihe von Vertretern der Linken, die du für Interviews angefragt hattest, haben abgelehnt, mit dir für den Film zu reden, weil sie Angst hatten, mit den falschen Leuten gesehen zu werden. Darunter waren Menschen, mit denen du seit Langem gut bekannt bist. Haben die sich in Nachhinein dir gegenüber noch einmal erklärt?

Nein, aber ich habe mir darüber eigentlich auch nicht mehr so viele Gedanken gemacht. Ich fand die Reaktionen auf meine Anfrage nur deshalb so interessant, weil das Thema des Films ja Debatte und Diskurs war. Wenn es darum geht, mit wem redet man und mit wem redet man nicht, ist es natürlich lustig, wenn Leute nicht mit einem reden wollen, weil sie fürchten, man rede auch mit den Falschen. Da wird die Gesprächsverweigerung selbst zum Gegenstand des Films.

Ich habe den Eindruck, dass der Hang zur Gesprächsverweigerung, oder man könnte auch sagen: die Freude an der Sterilität, zugenommen hat. Hast du nicht den Eindruck?

Ja, die Cancel-Kultur hat zugenommen. Eine eigenartige Form der Distanzlosigkeit macht sich breit. Die Leute verwechseln immerzu sich selbst mit dem Gegenstand, mit dem sie sich gerade beschäftigen. Sie verschmelzen sozusagen mit dem Thema und nehmen sich dadurch die Möglichkeit zu irren. Oder, was noch schlimmer ist: Sie stellen fest, dass sie sich geirrt haben, sagen auch: »Oh, da habe ich mich geirrt«, machen dann aber genauso weiter wie zuvor. Das ist dann noch bitterer.

Wir haben ja inzwischen eine Art neuer Fehlerkultur entwickelt, wo das Zugeben eines Irrtums überhaupt kein Problem darstellt, weil man nichts aus seinem Fehlverhalten lernen muss. Dieser eingebaute Rechtschaffenheitsmechanismus ist ein echter Hemmschuh für jede Diskussion. In Wahrheit unterscheiden sich die Leute dadurch immer weniger von ihren Gegnern. So wie es ja überhaupt so ist, dass du, wenn du dir erst mal andere als Gegner aussuchst, deinen Gegnern immer ähnlicher wirst. Immer, wenn du meinst, dass da jemand sei, der mit allen Mitteln bekämpft werden müsse, verwandelst du dich ihm an. Das ist fast zwangsläufig so.

Ich bin auf ein Gespräch gestoßen, das der Journalist Günter Gaus mit dem Studentenführer Rudi Dutschke für die ARD geführt hat. Das Erste, was mich verblüfft hat, war: Wenn du nicht wüsstest, dass da Rudi Dutschke sitzt, wäre es anhand vieler Passagen schwer zu sagen, ob ein Vertreter der Studentenbewegung von 1968 redet oder ein Vertreter der neuen Rechten von heute. Der Glaube an das Volk als Kraft, das mit den korrupten Eliten aufräumt; die Schmähung des Parlaments als Schwatzbude; die Kritik an der Presse als Instrument der Mächtigen: All diese Gedanken findet man schon in diesem Gespräch.

Das Zweite, was mir aufgefallen war, ist, dass Gaus Dutschke relativ umstandslos als einen der Köpfe der neuen Bewegung vorstellt und ihn dann direkt zu seinen Positionen befragt. Unter den heutigen Bedingungen für ein Fernsehgespräch mit einer kontroversen Figur müsste Gaus erst mal lang und breit erklären, dass er sich selbstverständlich von seinem Gesprächspartner distanziert und dass er vieles von dem, was dieser äußert, für befremdlich und verfassungsrechtlich hochbedenklich, um nicht zu sagen gefährlich hält. Waren die Siebzigerjahre möglicherweise viel freier, als wir es in Erinnerung haben?

Wann ist das Gespräch aufgezeichnet worden?

Im Umfeld der Studentenunruhen, also 1967. Dutschke war für das damalige Fernsehpublikum vom Skandalwert, was ein rechter Verleger wie Götz Kubitschek für die heutige Fernsehwelt ist.

Aber Dutschke war natürlich für die Meinungselite kein Kubitschek. Für die Meinungselite, also Männer wie Rudolf Augstein und Henri Nannen, war er eine junge Hoffnungsfigur, die man zwar mit einer gewissen Distanz sah, weil man selbst deutlich älter war und sozial ganz woanders stand, die man aber doch unterstützte, weil der Springer-Konzern der wahre Feind war, der wiederum Dutschke hasste. Das ist aus meiner Sicht ein wesentlicher Unterschied zu heute.

Außerdem hat sich das Gespräch im Umfeld einer völlig anderen öffentlichen Kultur abgespielt, wo auch die Verbalität eine ganz andere war. Der Sound, die Begriffe, die Terminologie: Das ist jetzt 50 Jahre her. In diesen 50 Jahren hat sich die Sprache verändert, auch das Empfinden und die Wahrnehmung des Publikums. Wenn man noch etwas weiter in die Vergangenheit geht und sich die Politiker anhört, die die alte Bundesrepublik aufgebaut haben, dann klingt für unsere Ohren im Hintergrund immer noch der Wehrmachtsender mit. Ich will damit sagen, dass man aufpassen muss, wenn man über so lange Zeiträume Temperaturvergleiche anstellt.

Lass es mich anders versuchen. Wäre es vorstellbar gewesen, dass der Studentenschreck Fritz Teufel eine Einladung zu einer Podiumsdiskussion erhält und darauf sagt: »O Gott, da sind auch ein paar schlimme Rechte eingeladen. Da verkrieche ich mich lieber unter meinem Kommune-Tisch«?

Nein, das wäre nicht möglich gewesen, weil Fritz Teufel damals der Newcomer war, der ins Establishment einzubrechen versuchte und heilfroh war, wenn er überhaupt eine Einladung ergattern konnte. Wohingegen es heute so ist, dass die Linksliberalen das Establishment bilden und es gegen die Newcomer von der Rechten verteidigen. Darin liegt die Analogie zwischen diesen beiden ansonsten ja inhaltlich sehr, sehr unterschiedlichen Vorgängen. Du hast einen Mainstream, der wird beherrscht von diesem und jenem Personal. Und dann kommen Neue dazu, die sagen, wir wollen aber auch einen Platz am Tisch. Diese neuen Rechten wollen vor allen Dingen mitreden. Sie sind furchtbar gekränkt, wenn man ihnen nicht zuhört. Dieser Spott, den sie in ihrer Sprache mitführen, der Hohn, das ist ja vor allen Dingen der Sarkasmus der Abgewiesenen. Das Establishment verweigert ihnen das Zuhören, das ist ihr Drama.

Du redest vom linken Establishment.

Nein. Das Establishment ist nichts links. Unter links stelle ich mir etwas anderes vor. Aber ja, das Establishment, das Medien und Politik beherrscht, aus dem sich Medien und Politik rekrutieren, das will diese Aufsteiger von rechts nicht an den Tisch lassen. Darum geht der Streit.

Das hieße, Vermeidung der Auseinandersetzung aus Ängstlichkeit. Das wäre auch meine Erklärung: Wenn du dich zu lange daran gewöhnt hat, dass du an der Macht bist, erschlaffst du irgendwann und bist dann furchtbar erschrocken, wenn plötzlich Herausforderer auftauchen, mit denen du nicht gerechnet hast.

Ich interpretiere es anders. Es geht nicht um Angst, sondern um Macht. Das Establishment hat die Macht am Tisch, und es sieht keinen Grund, sie mit jemandem zu teilen. Nicht, weil es nicht kämpfen will, sondern weil es das Gefühl hat, es nicht nötig zu haben.

Wenn unsere Kollegin Margarete Stokowski eine Einladung erhält zu einer Lesung in einer linksliberalen Buchhandlung in München und ihr jemand ein paar Wochen, bevor diese Veranstaltung stattfinden soll, das Foto eines Bücherregals schickt, in dem etwa hundert Bücher über die Neue Rechte stehen, alles Werke der Aufklärung verfasst von aufrechten Linken, bis auf drei Bände mit Originaltexten – und darauf wird diese Lesung abgesagt, weil Margarete, wie sie erklärt, den Verkauf dieser drei Bücher im Regal nicht durch ihre Anwesenheit adeln will: Da geht es nach meinem Eindruck um mehr, als nur zu sagen »Wir wollen den Tisch nicht mit Rechten teilen«.

Margarete weiß sehr gut, wie sie ihre Community bedienen muss. Das ist aber nur ein bestimmter Ausschnitt der Öffentlichkeit. Man sieht zum Beispiel, dass der öffentlich-rechtliche Rundfunk, weil er einen besonderen Auftrag hat und ein daraus resultierendes Selbstverständnis, durchaus mit dem Brandenburger AfD-Vorsitzenden Andreas Kalbitz ein Sommerinterview führt. Es gibt dann die zu erwartende Aufregung. Ich bin sicher, dass es im Vorhinein viele Leute im RBB gab, die dagegen waren, Herrn Kalbitz auftreten zu lassen. Aber der Sender hat sich für dieses Gespräch entschieden, weil es zum Programmauftrag gehört, das ganze politische Spektrum abzubilden, weil die öffentlich Rechtlichen eben nicht

Twitter sind, wo man nach Gutdünken entscheiden kann, wen man zu Wort kommen lassen will und wen nicht.

Ich finde, dass die Selbstabschließung zum Teil beängstigende Züge angenommen hat. Der Pianist Igor Levit, der in Teilen der Szene wegen seines Engagements für die gerechte Sache geradezu kultisch verehrt wird, hat mir erzählt, dass ihn Bekannte angeschrieben haben, weil er eine Kolumne von mir auf Twitter geliked hat. Er solle sich dazu bitte erklären. Zunächst einmal hat ihn erstaunt, dass sich Menschen offenbar die Mühe machen, die Liste seiner Likes daraufhin durchzusehen, ob da irgendetwas Verdächtiges dabei ist. Und zweitens fand er es natürlich wahnsinnig anmaßend, dass er Rechenschaft ablegen sollte, warum er einen Text von mir gelesen und auch noch für gut befunden hat.

Da kommt alles zusammen, klar: Kontaktschulddenken, Eiferertum, McCarthyismus. Aber eigentlich ist es vor allem ein Problem der sozialen Medien. Facebook spielt kaum noch eine Rolle, andere soziale Medien wie Instagram und TikTok sind bislang eher unpolitisch. Also reden wir meistens über Twitter, über seine Zuspitzungs- und Belohnungsdynamik, der sich fast niemand entziehen kann, der da mitmacht. Wofür werde ich von meinen Follower belohnt und wofür nicht: Das sieht man sofort und das prägt. Und es wiederholt sich in den vielen Iterationen, beim Tweeten, beim Retweeten, beim Checken der eigenen Performance. Das ist ein sich selbst verstärkendes und beschleunigendes System. Ich halte die sozialen Medien für eine echte Geißel.

Ich bin neulich im »ARD Presseclub« auf Christian Bangel gestoßen, einen Redakteur der »Zeit«, der mir in den Wochen zuvor durch besonders scharfe Auftritte bei Twitter aufgefallen war, wo er jeden gewissermaßen am Rock zog, von dem er fand, dass er etwas Falsches gesagt hatte. Ich hatte also eine Art Mini-Robespierre erwartet und bin stattdessen auf einen ganz sanften, geradezu schüchternen Menschen gestoßen. Seine Performance im »Presseclub« war entsprechend mau, weil er im echten Leben viel zu vorsichtig formuliert. Ich dachte, das ist ja Wahnsinn, diese beiden Persönlichkeiten nebeneinander zu halten, also den echten Christian Bangel und den Twitter-Bangel.

Das Gleiche gilt für die »taz«-Autorin Hengameh Yaghoobifarah, die zu zweifelhaftem Ruhm kam, als sie in einem Artikel Polizisten mit Müll

verglich. Zuvor hatte sie schon Deutschland zum Teufel gewünscht und alle
»Kartoffeln«, wie sie die Deutschen nennt, gleich mit. In dem Fall hätte ich
eine Amazone erwartet, aber dann entdeckte ich bei YouTube ein Video, das sie
im Gespräch mit einer antirassistischen Genderaktivistin zeigte. Man bekam
fast Mitleid beim Zusehen. Sie ist eine ganz verhuschte Person, die mit leiser,
leiser Stimme redet, fast devot.

Nur, und jetzt käme mein Einwand: Für das, was wir gerade in Amerika
sehen, in der sogenannten Cancel Culture, also dem Versuch, missliebige Pro-
fessoren aus den Hörsälen zu drücken, die Meinungsräume enger zu machen,
Podien von Leuten zu reinigen, die nicht des reinen Glaubens sind – bei all
dem spielen Twitter und Facebook nur eine untergeordnete Rolle.

Das stimmt. Aber du redest aus gutem Grund von Amerika. Unsere Situation ist eine andere.

Wir haben erste Versuche in Deutschland. Um seinen Job als Chef der Hes-
sischen Filmförderung zu verlieren, reicht es, wenn du dich zum Mittagessen
triffst mit dem Chef der größten Oppositionspartei im Deutschen Bundestag,
der AfD. Das Posten eines Fotos vom Mittagstisch beim Italiener in Frankfurt
hat 600 Filmschaffende eine Unterschriftenaktion starten lassen, das sei nicht
hinzunehmen, mit dem Ergebnis, dass der Mann aus seinem Amt entfernt
wurde. Wenn ich das lese, denke ich: Wow, auf welchem Weg sind wir hier?
Vielleicht sollten wir beide langsam auch anfangen, uns Sorgen zu machen,
Jakob. Hast du keine Angst, dass es auch dich erwischen könnte?

Man sollte immer Angst haben. Angst ist gut, die hält einen wach. Was du
da beschreibst, ist, ganz wertfrei gesprochen, eine Veränderung der Dis-
kursmechanik. Vor zehn, 15 Jahren, vor dem Siegeszug der sozialen Medien, als Journalisten noch die Rolle als Gatekeeper der Öffentlichkeit
einnahmen, waren sie eben auch Moderatoren, im Sinne von: moderie-
ren, besänftigen. Das war ein vergleichsweise überschaubarer Kreis von
Teilnehmern, mit einem Interesse an einer fortlaufenden Unterhaltung,
die nicht dauernd explodiert. Wenn du morgen oder übermorgen wieder auf dieselben Gesprächspartner triffst, kannst du dir es nicht leisten,
jeden, der anderer Meinung ist, zu erschlagen. Wir sind diese Gatekeeper
los, wir sind selber Teil der Maschine geworden. Das ist in gewissem Sinne eine Befreiung. Jeder Mensch hat jetzt seine eigene Stimme und kann

sich einmischen. Aber wir sehen, dass der nicht moderierte Diskurs zum populistischen Diskurs führt. Die nicht moderierte Demokratie wird zur Volksdemokratie und dann zur Volksdiktatur.

Unser demokratisches System hat viele Vermittlungsebenen, um den Willen des Souveräns abzufedern, bevor es zu politischen Entscheidungen kommt. Manchmal sind es zu viele, manchmal funktionieren sie nicht. Aber dass es sie gibt, halte ich für richtig. Wenn sie wegfallen, landet man beim Brexit. Oder im Chaos des Internets. Die direkte Veröffentlichungsmaschine führt im Prinzip zu Gewalt, weil die temperierenden, moderierenden Schichten und Filter, die der Journalismus auch immer war, wegfallen.

Das sage ich nicht pro domo, als Journalist, sondern als Leser. Ohne Filter führt der direkte Diskurs ins Gebrüll, in den Hass, und zwar auf allen Seiten. Ich nutze gerne die Gelegenheit dieses Gesprächs, um zu sagen, wie bitter ich es finde und wie traurig, dass die Leute, die zu meiner politischen Feldpostnummer gehören, gegen diese Mechanismen überhaupt nicht gefeit sind. Unvernunft, Brutalität, Rechthaberei sind flächendeckend über alle politischen Lager verteilt, ohne Ausnahme.

Mein toter Vater hat gesagt, unsere Kultur werde an der Fernsehwerbung sterben. Ich würde heute sagen: Er hat sich geirrt. Sie stirbt am Internet. Allerdings könnte der Umstand, dass er sich seinerzeit geirrt hat, auch darauf hindeuten, dass ich mich heute irre. Wer weiß. Es kann durchaus sein, dass wir im Lauf der Zeit lernen, mit unseren Freiheiten besser umzugehen. Ich halte die Wahrscheinlichkeit nicht für sehr groß. Aber ich will es nicht ausschließen.

Ich will dir, was den unseligen Einfluss des Internets angeht, nicht widersprechen. Wir unterschätzen allerdings möglicherweise die Bedeutung der Universitäten als Antreiber des Hysterischen. Wir haben es zum ersten Mal mit einer Generation zu tun, für die eine Fokussierung auf die eigene Betroffenheit selbstverständlich ist. Viele der Leute, die jetzt in die Redaktionen drängen, sind von einem akademischen Milieu geprägt, das geradezu panisch versucht, Menschen von allem fernzuhalten, was Irritation auslösen könnte, seien es falsche Texte, falsche Bilder, falsche Witze. Das ist ja eine ganz eigenartige Form der Infantilisierung, die an unseren Bildungseinrichtungen Einzug gehalten hat. Jemand sagt ein schlimmes Wort, und alle halten sich die Ohren zu und rufen: Sag das Wort nicht, sag das Wort nicht. Und wir reden hier nicht von Amerika. Diese Ermunterung zur Regression findest du auch an der Humboldt-Uni.

Wenn du jetzt auf Jörg Baberowski anspielst, das wäre kein gutes Beispiel.

Bei uns ist es noch nicht so weit, dass Professoren ihres Amtes enthoben werden, weil sich die Studenten in ihren Gefühlen verletzt sehen, das ist wahr. Aber das Konzept der Mikroaggression, das ist komplett bei uns angekommen. Wer nicht Rücksicht nimmt insbesondere auf die Empfindlichkeiten von Minderheiten, der gilt als Sexist und Rassist.

Es gibt diese überschießenden Reaktionen, klar, es gibt Lächerlichkeiten. Aber wenn du mehrere Hundert Jahre Rassendiskriminierung hinter dir hast, musst du halt irgendwo anfangen. Und wenn du am Anfang dieses Kampfes stehst, muss du eine gewisse Wucht entwickeln, um die alten Strukturen wegzuräumen. Ohne Übertreibung funktioniert das nicht.

In der »Zeit« gab es ein lesenswertes Gespräch zwischen dem Literaturkritiker Ijoma Mangold und der Schriftstellerin Jackie Thomae, die beide einen schwarzen Vater haben. Frau Thomae erzählte, dass sie neulich eine Einladung zu einer Lesung in Leipzig erhalten habe. Die erste Frage sei gewesen, wie man sie denn ansprechen solle. Naja, habe sie geantwortet, mit meinem Namen halt. Nein, nein, das sei nicht gemeint: ob als People of Color oder Schwarz mit großem S. Das Zweite, was kam, war ein Angebot, für sie in der Buchhandlung einen »Safe Space« einzurichten. Sie brauche keine Safe Spaces, sagte sie, viel wichtiger sei für sie die Frage des Honorars. Das fand ich ziemlich cool. Aber ich will jetzt gar nicht auf der Migrantennummer herumreiten. Was die Pflege der eigenen Empfindlichkeiten angeht, sieht es bei den weißen Mittelschichtskindern im Genderseminar keinen Deut besser aus.

Wenn ich mich an meine Jugend zurückerinnere, an mein Elternhaus – mein Vater war beim Norddeutschen Rundfunk, meine Mutter aktiv bei der SPD –, wer hat bei uns zu Hause verkehrt? Natürlich der Chef von »Panorama«, der gerade ein neues Feature gegen Franz Josef Strauß und die Waffenlobby fertiggestellt hatte, der SPD-Bürgermeister Henning Voscherau, die Kollegen vom NDR.

Das waren alles Leute, die ähnlich auf die Welt schauten, die neben den politischen auch ästhetische und kulturelle Vorlieben teilten. Im Sommer ging es nach Frankreich, im Herbst nach Italien. Amerika hat man eher kritisch gesehen, dass war eh viel zu weit weg. Aber es gab nicht dieses enorme Abgrenzungsbedürfnis. Man hatte ja schon gewonnen. Willy Brandt war an der Macht, die Sozialdemokraten stellten die Regierung. Damit ging eine gewisse Lässigkeit einher, auch ein großes Selbstbewusstsein. Klar, es gab Nazis, in dem Fall sogar noch echte. Doch von denen war eigentlich nie die Rede. Oder wenn, dann nur ganz abstrakt, aber nie als wirkliche Bedrohung. Dabei gab es in den Siebzigern vermutlich sehr viel mehr Nazis als heute. Was hat sich verändert? Ich suche nach einer Erklärung.

Ich weiß nicht, ob das jetzt eine kausale Erklärung ist oder nur eine Korrelationsbeobachtung: Ich finde es jedenfalls bemerkenswert, dass viele auf der Linken sich so viel mit Identitätspolitik beschäftigen und so wenig mit Machtpolitik, also so viel mit Herkunft und so wenig mit Verteilung. Ich meine, eine dieser Twitter-Königinnen könnte doch mal mit ihrer ganzen Twitter-Macht dafür kämpfen, dass endlich eine Kapitalverkehrssteuer eingeführt wird. Oder dass die Kapitalerträge nicht mit 25, sondern mit 45 Prozent besteuert werden. Stattdessen beschäftigen sich diese Leute unablässig mit sich selbst. Die Frauen beschäftigen sich mit den Frauen, die Schwarzen beschäftigen sich mit den Schwarzen, und alle gucken, wo ist ihre Stellung in der Gesellschaft: Bekommen sie genug Respekt, bekommen sie Zugang zu den richtigen gesellschaftlichen Posten? Aber die Machtfrage stellen sie nicht.

Es ist dem neoliberalen Kapitalismus, 'Tschuldigung, wenn ich das jetzt so sage, scheißegal, ob Feminismusdiskussionen geführt werden. Es ist ihm auch schnurz, ob Rassismusdiskussionen geführt werden, weil das die Machtverhältnisse in keiner Weise tangiert. Wenn man fantasiebegabt ist, könnte man zu der Auffassung gelangen: Dem System kommen diese Debatten ganz gelegen. Da geht so viel Energie und Aufmerksamkeit rein, da bleibt für die wirklichen Themen gar keine Zeit mehr. Ich fürchte, dass sich die Identitätspolitiker für die realen Lebensbedingungen der sozial Benachteiligten nicht interessieren, schon weil sie diese gar nicht mehr wahrnehmen. Die Wahrnehmungswelten sind inzwischen so weit auseinandergefallen, dass auch dort kein Kontakt mehr stattfindet.

Du meinst, die Solidarität mit den entrechteten Klassen ist vor allem Gestus und Behauptung?

Wenn ich jetzt zynisch wäre, würde ich sagen, der Kapitalismus hat der modernen Linken ein Spielfeld zugewiesen, eine Art Spielplatz, wo es heißt: Hier könnt ihr euch austoben. Hier ist eine Rutsche, da ist ein Sandkasten, und da könnt ihr euch gegenseitig mit Förmchen bewerfen. Aber das bleibt schön eingezäunt, und draußen, wo die wirkliche Welt ist, da bestimmen weiterhin wir die Spielregeln. Da habt ihr nichts zu suchen.

Der Identitätspolitiker würde dir vehement widersprechen. Der würde sagen: Wir sorgen jetzt dafür, dass es bei Adidas in Zukunft eine Quote von 30 Prozent für People of Color gibt. Das ist doch ein gewaltiger Fortschritt!

Aber sorgen die 30 Prozent dann auch dafür, dass sich die Arbeitsbedingungen, unter denen man die Turnschuhe in irgendwelchen Drittweltländern herstellt, verbessert werden, oder bereichern sie sich dann ihrerseits an der Ungerechtigkeit der Welt? In dem Maße, in dem in den letzten 25 Jahren die Vermögensungerechtigkeit zugenommen hat, und das hat sie objektiv, in dem Maße ist die Identitätspolitik in den Fokus der Aufmerksamkeit gerückt. Deshalb sage ich ja, man kann der Meinung sein, das hat kausal nichts miteinander zu tun, das ist eine reine Zufälligkeit. Aber an eine solche Zufälligkeit glaube ich nicht. Ich glaube, dass die Identitätspolitik im Grunde eine Art Hygienemaßnahme der liberalen Gesellschaft ist, die sich von ihrem eigenen Schuldkomplex freiwaschen will, weil sie merkt, dass sie das soziale Thema nicht in den Griff bekommt.

Wir haben beide vor zehn Jahren als Kolumnisten bei »Spiegel Online« angefangen. Du hast 2018 aufgehört, mit einer Kolumne über die Vergeblichkeit der Empörung. Hatte dein Ausscheiden auch mit dem Thema zu tun, worüber wir sprechen, also der politischen Selbstabschottung?

Ich hatte den Eindruck, es gab am Ende zu viele Stimmen, die so ähnlich klangen wie ich. Der Chor der Kommentatoren war mit den Jahren sehr laut und vor allem auch sehr groß geworden. Ich dachte, da muss ich nicht mitsingen, das geht sehr gut ohne mich. Das war das eine. Das andere war, dass die Zuspitzungsdynamik, die im Kolumnistendasein liegt, gefährlich ist.

Ich finde, das merkt man manchmal auch bei deinen Texten, wo ich dann das Gefühl habe, du lässt dich wegtragen vom Zwang der Form. Da übernimmt das Medium zu sehr die Kontrolle, dann gehen auch bei dir Nuancen oder Differenzierungen verloren, manchmal sogar die Distanziertheit, die ich sonst an deinen Texten schätze. Da gehst du dann in deine eigene Falle. Ich habe das jedenfalls bei mir selbst gemerkt und dachte, das ist nicht gut. Dem möchte ich mich entziehen. Insofern hat das schon sehr viel damit zu tun, worüber wir hier sprechen.

Vielleicht hast du einfach eine andere, wie soll ich sagen: romantische Vorstellung vom Kolumnistendasein. Als eine Stimme, die durchdringt in der Gesellschaft, die etwas bewirkt. An so etwas habe ich selbstredend nie geglaubt.

Das stimmt. Bei mir kommt natürlich eine Enttäuschung aus der Zeit nach der Finanzkrise dazu, wo man eigentlich hätte sagen müssen: Wir haben gelernt, wohin dieser Kapitalismus führt. Die Fakten liegen auf dem Tisch. Es wäre jetzt Zeit für entsprechende politische Maßnahmen. Stattdessen ist so gut wie nichts passiert. Das kann man ja schon daran sehen, dass Angela Merkel, die wie keine andere für das entschiedene Weiterso steht, bis ins linke Lager hinein für die kompetenteste und beste Bundeskanzlerin aller Welten gehalten wird.

Ich kann nur sagen: Die Zahlen sprechen für sich. Wenn ihr's mir nicht glaubt, dann guckt halt auf euren Lohnzettel. Rechnet einfach mal eure Einkommensentwicklung in den letzten Jahren aus und dann die Einkommensentwicklung der oberen zehn Prozent. Aber das kümmert die Leute gar nicht. Beziehungsweise, was noch schlimmer ist: Die Leute, die einem zuhören, gehören zu den Begünstigten des Systems. Die zucken mit den Achseln und sagen: Was willst du, ist doch super gelaufen. Und die anderen, die nicht zu den Begünstigten zählen, die erreichst du nicht mehr, jedenfalls nicht mit unseren Medien.

Ich habe ein frivoleres Verhältnis zu meinem Beruf und meiner Tätigkeit, das macht es mir leichter, das ist wahr. Es war nie mein Anspruch, die Leute aufzurütteln. Wenn überhaupt, dann schreibe ich aus einem Akt der Notwehr heraus auf die Zumutungen und den Blödsinn, dem ich mich tagaus, tagein ausgesetzt sehe.

Mich triggern andere Dinge: der Sentimentalismus, der unfassbare Kitsch der Grünen, der Betroffenheitsfimmel, der natürlich auch ein terroristisches Element hat, das darf man nicht verkennen. Wenn Leute wie Sascha Lobo die

Welt regieren würden, dann hätte ich nichts mehr zu lachen. Ich wäre unter den Ersten, die unter Hausarrest gestellt würden. Das ist natürlich auch ein Motiv, am Ball zu bleiben und weiterzuschreiben.

Aber diese Leute werden nie regieren. Das können sie nicht, das wollen sie nicht, und das werden sie auch nicht. Ich sehe, was du meinst. Andererseits, man weiß nie, wie Menschen sich entwickeln.

O doch. Ich war beim »Spiegel« noch nicht halb zur Tür raus auf dem Weg zu Burda, da hat mich Lobo schon auf Twitter geblockt. Hast du schon mal jemanden geblockt?

Nein, noch nie.

Ich verstehe das Prinzip dahinter nicht. Es gab ja zwischenzeitlich sogar eine Bewegung mit dem SPD-Mann Martin Schulz an der Spitze, die sich »Unfollow Me« nannte und die aktiv dazu aufgefordert hat, nicht das zu lesen, was jemand wie Schulz schreibt, wenn man politisch ganz woanders steht. Wie verrückt ist das denn, habe ich gedacht. Ich dachte immer, Journalisten und Politiker wollten im Gegenteil möglichst viele Menschen erreichen, auch diejenigen, die sich verirrt haben, um sie eventuell auf den rechten Weg zurückzubringen. Und jetzt sagen Leute wie Lobo: Ich will, dass nur die Menschen mich lesen, die genauso denken wie ich?

Twitter ist stärker als die Leute. Das muss man wirklich so sehen. Ich habe deshalb auch mehr oder weniger aufgehört zu twittern. Das ist einfach ein böses Medium. Ich nutze es jetzt vor allem als Rezipient, wie einen Nachrichtendienst. Das funktioniert toll. Aber man sollte sich nicht an der Debatte beteiligen. Weil es eben keine richtige Debatte ist, sondern etwas anderes, Eigenartiges, Atavistisches, Brutales. Vielleicht bin ich für diese Brutalität auch einfach nicht gemacht.

Ich halte es für ein echtes Problem, dass es sich immer weiter normalisiert, dass man permanent Twitter zitiert. Du kannst heute ganze Artikel schreiben aus sechs Tweets. Du suchst dir einfach zusammen, was Leute im Netz so hinterlassen haben, und gibt's das als eigenen Beitrag aus. Es ist natürlich verheerend, wie sich die Internet-Eskalation auf diese Weise in die normalen Medien schleicht.

Ich muss sagen, ich finde es faszinierend zuzuschauen, wie die sozialen Medien einen ganz anderen, intimen Blick in die Seele und auch in die Gehirnstube anderer Menschen erlauben. Wenn du als Politikchef der »Zeit« einen Artikel von drei Seiten absetzt, bist du nicht so kenntlich, wie wenn du das Ganze auf 140 Zeichen eindampfst, mit der nötigen Wut. Es heißt immer, in der Kürze liege die Würze. Aber für manche Leute ist die lange Form deutlich vorteilhafter. Der mäandernde Vortrag kann auch ein Schutz vor sich selbst sein.

Wenn du den Leuten die Gelegenheit gibst, sich wie Arschgeigen zu benehmen, werden die allermeisten Leute diese Gelegenheit nutzen.

Du und ich haben das nicht getan. Ich glaube, es gibt keinen Tweet von mir – und ich bin ja schon relativ lange dabei, seit 2009 –, bei dem ich meinen Emotionen freien Lauf gelassen habe. Ich habe mich auch noch nie dazu hinreißen lassen, Leute wild zu beschimpfen oder Dinge, die mir nicht passen, als »ekelhaft« oder »widerlich« zu bezeichnen. Dieses ganze Empörungsvokabular ist mir ein Graus. Gut, ich trinke nicht beim Twittern. An die Regel halte ich mich eisern. Don't drink and twitter.

Ich würde jetzt nicht meine Hand dafür ins Feuer legen, dass ich niemals über die Stränge geschlagen habe.

Doch, doch, Jakob, du bist auch als Internet-Bewohner ein wohltemperierter Mensch geblieben, keine Sorge. Du hast in deinem Leben noch nie dazu aufgerufen, jemand in effigie zu teeren und zu federn, jedenfalls nicht, seit wir uns kennen.

Das ist nicht meine Art. Aber ich bin auch inzwischen Mitte 50 und in einer anderen Zeit sozialisiert, in einer anderen Medienkultur. Leute, die jetzt 35 sind, scheinen da geringere Inhibitionen zu kennen.

Findest du nicht auch, dass das Gefühlsspektrum auf interessante Weise auseinanderfällt: Auf der einen Seite diese ausgesprochene Empfindlichkeit und Ängstlichkeit gegenüber fremden Meinungen. Und dann gleichzeitig diese erstaunliche Gewaltbereitschaft und Unerbittlichkeit. Da haben wir alten weißen Männer uns besser im Griff, würde ich sagen.

Du vielleicht. Aber es gibt eine Menge alter, weißer Männer, die sich überhaupt nicht im Griff haben. Aber klar, das ist eine interessante Beobachtung, weil die Leute, an die wir dabei denken, das selber so nicht sehen würden. Die wären gar nicht der Meinung, dass sie aggressiv sind.

Wenn Margarete Stokowski schreibt: »Wo ist das Scheißproblem, 'ne Scheißmaske in einem Scheißgeschäft zu tragen. Was sind eure Scheißargumente?« – dann würde sie das nicht für einen aggressiven Tweet halten. Ich halte es dafür, weil es nämlich gleichzeitig bedeutet, dass die Leute, die sagen: »Ganz kurz, warum brauche ich in Mecklenburg-Vorpommern eine Maske, wenn es hier keine Infizierten mehr gibt?« buchstäblich niedergebrüllt werden mit der viermaligen Wiederholung des Wortes Scheiße.

Wenn du das, was du heute vorfindest, in 50 Jahren mit dem dann Üblichen vergleichst, kommst du möglicherweise zu ähnlich merkwürdigen Ergebnissen wie bei deinem Vergleich von Dutschke mit Kubitschek. Es ist einfach eine sehr spezielle Kommunikationskultur, die sich da entwickelt hat, und die mir, ehrlich gesagt, sehr fremd ist.

Vermisst du manchmal die Kolumniererei?

Ich habe es in der Corona-Krise vermisst, weil ich das Gefühl hatte, dass ich da etwas zu sagen gehabt hätte, was sonst im »Spiegel« nicht stand. Es klingt eitler, als ich es meine: Aber wenn das, was ich schreibe, auch fünf andere Leute schreiben, dann braucht es mich nicht. Ich habe das Kolumnengeschäft nie betrieben, damit ich damit im Fokus der Öffentlichkeit stehe, sondern weil ich dachte, einer muss das sagen. Wenn das andere Leute statt meiner erledigen, ist es mir recht. In der Corona-Krise aber hatte »Spiegel Online« ein riesiges Loch, so groß wie das Pazifikbecken. Nämlich die Frage: Macht das eigentlich alles Sinn, was hier passiert? Da habe ich die Kolumne echt vermisst, weil ich da wirklich wieder eine Aufgabe gehabt hätte. Aber davon abgesehen, vermisse ich nichts.

Das ist bei mir anders. Ich habe nicht den Eindruck, dass bei dem, was ich schreibe, fünf Leute um mich herumstehen, die im Prinzip das Gleiche machen.

Das stimmt. Du hast Glück, weil der Mainstream nun einmal linksliberal ist und damit meinem politischen Standpunkt deutlich näher als deinem. Das ist unbestreitbar so. Das wirklich linke Argument will interessanterweise niemand hören. Wenn du wirklich links argumentierst, so wie zum Beispiel mein Kollege Tom Strohschneider, der früher beim »Freitag« war, dann beim »Neuen Deutschland«, der wirklich ein vorzüglicher linker Journalist ist, dann bist du publizistisch ganz, ganz einsam.

Die Wahrheit ist, auch in den Siebziger- und frühen Achtzigerjahren in der Blütezeit der Theoriebildung, als die materialistische Geschichtsanalyse hoch im Kurs stand, waren diejenigen, die das gelesen haben, alles Akademiker. Der Arbeiter am Fließband bei Opel hat sich nie wirklich für das interessiert, was die Achtundsechziger von sich gegeben haben. Das Publikum ist das gleiche geblieben. Auch jetzt besteht es zu 99 Prozent aus akademisch zumindest angebildeten Menschen und zu einem Prozent aus der bildungsbeflissenen Frau vom Fließband oder der Ladenkasse. Nur die Mode der Theoriebildung hat sich halt geändert.

Tja, du weißt ja, die Gefangenenmissionierung hat auch nicht so gut funktioniert.

Das ist ein schönes Ende, dann verabschieden wir uns doch damit an dieser Stelle. Du gehst jetzt wieder in deinen Garten, nehme ich an.

Ja. Il faut cultiver notre jardin.

Siehst du, in der Hinsicht bist du mir voraus, das muss ich erst noch hinkriegen: diese innere Gelassenheit, um Abschied zu nehmen dann auch vom Schreiben. Der Weg des Swamis, den habe ich noch vor mir.

Jakob Augstein ist Journalist und Buchautor (»Die Tage des Gärtners«). 2008 erwarb er die linke Wochenzeitung »Der Freitag«, der er seit 2013 auch als Chefredakteur vorsteht. Er ist Miteigentümer des »Spiegel« und Sprecher der Erbengemeinschaft, die am »Spiegel« 24 Prozent der Anteile hält.

Über fünf Kategorien von Kolumnisten:
Ein Nachwort von Stefan Kuzmany

Es gibt, das habe ich bei meiner Arbeit mit dieser Spezies gelernt, fünf Arten von Kolumnisten.

Da ist zunächst der versierte Analyst, der die aktuelle Debatte betrachtet, aufsaugt, hin und her wendet und dann, mit Abstand und Autorität, an seinem Erscheinungstag den Leserinnen und Lesern einen Text präsentiert, der diese Debatte mit einem neuen, überraschenden und brillant formulierten Gedanken bereichert. Die Debatte ist nicht beendet, bis sich dieser Kolumnist geäußert hat. Erst dann ist alles gesagt, sein Urteil ist endgültig.

Es gibt den verlässlichen Satiriker, der in jedem Text mindestens drei gute Gags und am Ende eine Pointe unterbringt, der sich lustig macht über alle, die sich allzu ernst nehmen, der die Luft herauslässt aus der aufgeregten Diskussion und sie, während andere noch empörte Tweets abfeuern, als das entlarvt, was sie tatsächlich ist: ein Sturm im Wasserglas.

Es gibt den Kolumnisten mit Mission, der ein immer wiederkehrendes Thema beackert; der seine liebgewonnenen Feindbilder pflegt und jede Schwäche seiner Zielpersonen zum Anlass nimmt, ihnen einmal mehr eine scharfe Abrechnung um die Ohren zu hauen.

Es gibt den suchenden Kolumnisten, der lange nicht weiß, was sein Thema der Woche sein könnte, der zunächst das eine verfolgt und dann das andere, der Rat sucht beim Redakteur und in langen und interessanten Gesprächen gemeinsam eine These entwickelt, der sich auch beraten lässt, um dann endlich mit dem Schreiben zu beginnen.

Und es gibt den eitlen Kolumnisten, der sich für den Mittelpunkt der Welt und jeden seiner Gedanken für einzigartig hält, der die Einwände des Redakteurs abtut und die Hinweise der Faktenprüfer ignoriert, wenn sie nicht zu seiner These passen, der zu jeder Tageszeit anruft und meint, jetzt sofort müsse man sich anhören, was er zu sagen hat, ganz selbstverständlich.

Ich habe sie als Meinungschef alle erlebt, den Analysten, den Satiriker, den Missionar, den Suchenden, den Pfau. Jan Fleischhauer entspricht keiner dieser Kategorien. Er ist mal dieser, mal jener. Und wenn er in Hochform ist, dann ist er alle gleichzeitig in einer Person.

Kennengelernt habe ich Fleischhauer vor etwa zehn Jahren im Hauptstadtbüro des »Spiegel«, das damals noch am Pariser Platz mit Blick auf das Brandenburger Tor residierte. Diesen Blick hatten allerdings nur die Redakteurinnen und Redakteure, die für das Heft schreiben durften. Wir Online-Arbeiter waren in einem großen Raum mit Blick auf einen tristen Hinterhof untergebracht. Es waren andere Zeiten. Kaum einer der Print-Fürsten verirrte sich mal in die Legebatterie dieser vermutlich höchstens halbjournalistisch gebildeten Internet-Hanseln.

Anders Fleischhauer. Nicht nur schrieb er als einer von wenigen Print-Redakteuren regelmäßig für die Online-Ausgabe des »Spiegel«, er hatte da bereits seine Kolumne »Der schwarze Kanal«. Nein, er interessierte sich sogar grundsätzlich dafür, wie dieser neumodische Online-Journalismus funktionierte. Und so stand er eines Mittags neben meinem Schreibtisch und wollte wissen, wie viele Leserinnen und Leser sein aktueller Text gefunden hatte. Er ließ sich die Klick-Statistik erklären, die typischen Kurvenverläufe des Interesses, das direkt messbare Ergebnis eines gelungenen oder missratenen Zusammenspiels von Thema, Überschrift und Vorspann, die Bedeutung von Zeitpunkt und Platzierung. So begann unsere Bekanntschaft, und wenig später wurde daraus eine enge Zusammenarbeit.

Jede Redaktion, das ist jedenfalls meine Erfahrung, ist gespalten. Es gibt Kolleginnen und Kollegen, denen es vor allem wichtig ist, ihre eigenen Themen und höchstpersönlichen Sichtweisen im Blatt unterzubringen. Ob die Texte zu lang, zu unverständlich, zu ausschließlich für die eigene Bezugsgruppe geschrieben sind, interessiert sie kaum. Es sind wichtige und politisch richtige Texte, sie sollen die Welt ein wenig besser machen. Diesem Teil der Redaktion gegenüber stehen meist Redakteurinnen und Redakteure, denen es vor allem darum geht, ein handwerklich gut gemachtes und vielleicht sogar unterhaltsames Medium zu produzieren, das noch mehr Leserinnen und Leser gewinnt.

Zwischen diesen Gruppen herrscht ewiger, im besten Fall durchaus produktiver Streit, wie ich ihn auf zahllosen Konferenzen in der »taz« erlebt habe, wo ich lange war, und wie ich es auch heute beim »Spiegel« erlebe: Die Experten argumentieren leidenschaftlich für ihre Fachthemen, die Generalisten kümmern sich um die richtige Mischung. Ungut wird es nur dann, wenn die höchstpersönliche politische Weltsicht zum Maßstab für journalistische Arbeit erhoben wird, wenn die Reproduktion der eigenen Meinung mehr gilt als die stilistische und argumentative Qualität eines Textes.

Zum Glück habe ich immer Kolleginnen und Kollegen gefunden, denen klar war, dass eine Zeitung, eine Zeitschrift nur dann interessant, anregend und relevant ist, wenn sie ihren Leserinnen und Lesern nicht ständig nur das vorsetzt, was diese längst wissen und denken. Sie muss die Kundschaft herausfordern. Mit Texten, die man gerne liest, weil sie gut geschrieben sind, über die man sich vielleicht auch ärgert, weil sie Risse ins eigene Weltbild ziehen. Gegen die der innere Widerstand aber dennoch erlahmt, weil sie brillant formuliert sind. Fleischhauer ist einer von diesen Kollegen, vor allem dafür schätze ich ihn.

Politisch könnte ich ihm dabei kaum ferner stehen. Er ist ein durch nichts zu erschütternder Fan der CSU. Er hält die »Südstaaten« der EU für unersättliche Nutznießer der fleißigen deutschen Steuerzahler. Genderpolitik ist für ihn höchstens Anlass für Witze, die SPD will er offenbar endgültig ins Grab schreiben, und Grüne an der Regierung sind ihm ein Gräuel. All das sehe ich diametral anders. Und doch ist Fleischhauer einer der Kollegen, mit denen ich am besten zusammengearbeitet habe. Denn in einem waren und sind wir uns einig: Eine Kolumne muss eine klare These haben und gute Argumente für diese These. Sie kann auch mal ungerecht sein, nicht jede und jeder muss sie mögen. Vor allem eines aber darf sie auf keinen Fall: langweilen. Langweilig wird es mit Fleischhauer nie.

Manchmal, das muss ich zugeben, ist es allerdings auch schwierig mit ihm. Als wir einmal zusammen in München beim Essen waren, begrüßte er im Hinausgehen freundlich einen mir unbekannten Mann, der sich dann als örtlicher AfD-Funktionär herausstellte. Ich war froh, dass ich zwei Taschen trug und nicht in die Verlegenheit kam, ihm explizit den Handschlag zu verweigern. Als Fleischhauer auf die Idee kam, für eine Kolumne den Titel »Nazis rein« zu wählen (sie beschäftigte sich mit der Entnazifizierung von Rechten und ihrer Reintegration in den demokratischen Diskurs), war ich zum Glück außer Haus.

Heute reicht eine Überschrift, um jemanden zum Nazi zu erklären. Da kann er noch so oft geschrieben haben, warum er die AfD nie wählen würde oder weshalb er ihre Repräsentanten für manisch oder verrückt hält oder beides zusammen. Es nützt nichts: Fleischhauer zieht Vorurteile auf sich, weil sie einfache Erklärungen bieten für alle, die sich an seinen Thesen stören.

Tatsächlich ist Fleischhauer vielleicht Provokateur, einer, der die Gegner mit Lust ärgert. Vor allem aber ist er ein Journalist, der Freude an der freien Debatte hat. Er tritt ein für die Möglichkeit eines breiten politischen Spektrums – und schreibt pointiert auf einer Seite dieses Spektrums, ohne die andere Seite auslöschen zu wollen. Im Gegenteil: Nichts freut ihn mehr als ein würdiger Gegner.

Ich möchte jemanden wie Fleischhauer nicht als Kanzler haben. Wenn ich darüber nachdenke, möchte ich ihn eigentlich nirgendwo in der Nähe politischer Macht sehen. Aber seine Kolumnen will ich nicht missen. Denn selbst wenn ich mich über seine Thesen ärgere, wenn ich denke, das kann doch nicht wahr sein, dass jemand so einen unaufgeklärten, fortschrittsfeindlichen, in jeder Hinsicht ärgerlichen Humbug schreibt, so weiß ich doch, dass das Aushalten von Ärger über den politisch Andersdenkenden unverzichtbar ist für die Debatte in einer lebendigen Demokratie. Und Fleischhauer ist ein aufrechter Demokrat, davon bin ich zutiefst überzeugt. Jedenfalls bis zu seiner nächsten Kolumne.

Stefan Kuzmany ist Leiter Meinung und Debatte beim »Spiegel«.

Mein Dank gilt

den tapferen Fahrensleuten beim »Spiegel«, die zu mir gehalten haben, auch wenn das Schiff mal schwankte;

der neuen Mannschaft bei Burda, die mich in ihren Reihen willkommen geheißen hat, allen voran Philipp Welte, Stephan Sattler und Robert Schneider, ohne die ich den Wechsel zum »Focus« nicht angetreten hätte;

und natürlich den Lesern, die der Grund sind, dass ich jede Woche wieder fröhlich in See steche. Ihnen allen ein beherztes Ahoi!

Quellennachweis

Die in diesem Band versammelten Kolumnen sind zwischen Juli 2012 und Juli 2020 unter dem Titel »Der schwarze Kanal« zuerst bei »Spiegel Online« und im »Focus« erschienen; sie wurden für den Druck leicht überarbeitet.

Das Gespräch mit Deniz Yücel wurde am 8. August 2020 über Skype geführt.

Das Gespräch mit Armin Nassehi entstand in seinem Büro am Soziologischen Institut der Ludwig-Maximilians-Universität in München und erschien erstmals im »Spiegel« 2/2019.

Das Gespräch mit Klaus Bittermann wurde zwischen dem 3. und 10. August 2020 per Mail geführt.

Das Gespräch mit Margot Käßmann ist die gekürzte Fassung eines Web-Talks, der im Rahmen der Reihe »Gespräche der Freiheit« der Karl-Hermann-Flach-Stiftung am 15. Juli 2020 stattfand.

Das Gespräch mit Mathias Greffrath wurde in seiner Wohnung in Berlin-Mitte geführt und erschien erstmals im »Spiegel« 13/2017.

Das Gespräch mit Jakob Augstein wurde am 9. Juli 2020 geführt, zwischen Bodensee und München-Pullach.

Die bereits im »Spiegel« erschienenen Gespräche wurden für diesen Band leicht gekürzt.

Personenregister